闽鐸聲聲　孙绍振主编

赵坤 著

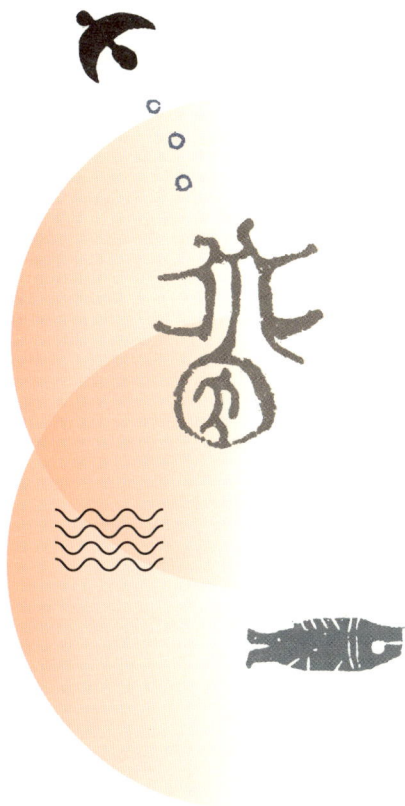

语文教育：立足实践的多维思考

梦山书系

海峡出版发行集团 | 福建教育出版社
THE STRAITS PUBLISHING & DISTRIBUTING GROUP

图书在版编目（CIP）数据

语文教育：立足实践的多维思考/孙绍振主编；

赵坤著. —福州：福建教育出版社，2024.12.

（闽铎声声）. —ISBN 978-7-5758-0290-1

Ⅰ. H19

中国国家版本馆 CIP 数据核字第 2024J5Q910 号

闽铎声声

孙绍振　主编

Yuwen Jiaoyu：Lizu Shijian De Duowei Sikao

语文教育：立足实践的多维思考

赵坤　著

出版发行	福建教育出版社
	（福州市梦山路 27 号　邮编：350025　网址：www.fep.com.cn
	编辑部电话：0591-83716932
	发行部电话：0591-83721876　87115073　010-62024258）
出 版 人	江金辉
印　　刷	福州报业鸿升印刷有限责任公司
	（福州市仓山区建新镇建新北路 151 号　邮编：350082）
开　　本	710 毫米×1000 毫米　1/16
印　　张	19
字　　数	291 千字
插　　页	2
版　　次	2024 年 12 月第 1 版　2024 年 12 月第 1 次印刷
书　　号	ISBN 978-7-5758-0290-1
定　　价	45.00 元

如发现本书印装质量问题，请向本社出版科（电话：0591-83726019）调换。

总　序

孙绍振

　　去年，为纪念福建师大 110 周年校庆，文学院决定出版一套"闽铎声声"丛书，计划从毕业于福建师大文学院、从事中学语文教学的名师中，选录一部分人的著述辑成，并命我为丛书作序。我欣然应命。我在文学理论方面的许多研究，就是从语文教育实践中获得灵感，并希望回到实践，服务于实践的。第一批入选的七位作者的许多文章，我过去就曾看过，其中四位的著作（有两本就是入选本丛书的），我都曾作过序。

　　我在给陈成龙的个人著述所作的序中说过："一个教师，即使他被评为特级教师，被评为名师，但如果不能形成自己的教育理念，这名师也是名不副实的。"我还说："可喜的是，陈成龙的许多论文都能很自信地亮出自己的教学理念。"我以为，这些话，正可以作为本套丛书总序的宗旨。

　　陈日亮先生的理念就是"我即语文"。十几年前，我就为日亮先生的大作《我即语文》作过序，今天看他的《知困者言》，印象最深的仍然是其"我即语文"。"我即语文"就是他和王立根等老一代名师，力挺钱梦龙先生力主的"学生为主体，教师为主导"的教育理念，就是旗帜鲜明传承韩愈的"师者，所以传道、授业、解惑也"。我特别赞赏他就此提出的"落差"理论，认为教师所教的与学生所学的应该有一种"落差"，课堂才会如水之于电那样产生"有用功"；如果二者等同，没有落差，教学效果等于零；如果落差达到一个"峰值"，就可能出现最佳课堂效果；如果越过这个峰值，导致学生不理解，教学效果也可能等于零。我当时在《我即语文》序中说，就当时的教学现状，主要危险不是落差过大，而是落差严重不足，唯一的办法就是提高教师的文本分析能力。十几年过去了，情况当然有所改观，但问题仍然是突出的。所以在《知困者言》中，他再次对"我即语文"做了阐述，其中一条说："语文教师既要用语文育人，更要以语文修身"，这也是他历来主张的。他身体力行，自己动手解读文本，为此出过一本解读专辑《如是我读》。此次的《知困者言》，一半的篇幅又都是具体课文的解读、细读，有二十多篇。"我即语文"还昭示语文教师首先自己要懂语文，用《知困者言》中的表述，就是语文既是教形式的，也是教内容的，但归根结底是教形式的，要"因文悟道，因道学文"，即从语言形式进入内容，然后再从内容回到形式，得走一个来回，而且不止一个来回，"形式—内容—形式"不断往返，总归要回到"学文"。不仅要懂得语文学科和数理化学科的区别，还要懂得自己的国情、校情、班级情，不能照搬外国的模式。我在《我即语文》序中，曾花大量笔墨，阐述了陈日亮并不尾随当年风靡一时的所谓北欧对话模式，描述了他对当时出现的无效的多元对话如何痛心疾首，尤其介绍了他多次提出的"框子"说。他认为，这几乎是一个铁定的"框子"，无论你教什么和怎么教，都不能不顾及——四五十分钟一节课，五六十平米一间教室，五六十个学生群体，你只能在这被框定的舞台上活动，你不能"飞天"，你没有人家班级学生只有二三十人的条件（在小学，甚至减半），无法像他们那样，坐在交椅上，和学生从容对话，你只能站在讲台上，考虑你应该教什么和怎么教。由此，陈日亮进一步提出，非得你一言，我一语，才叫对话吗？只要交流存在，有声无声都应该是对话，一节课从头到尾，教师用启发式主讲，讲的内容合适，听的学生受用，理所当然应视为成功的"对话"。其实，这是有学术理论依据的，我在《我即语文》序中已经介绍过，我们常说的与文本对话，与作者对话，就是无声的，就是隐喻意义上的交流对话；按美国的演讲学，演讲就是一种交流，就包含无声的心领神会，无声的质疑评判，听者当场一言未发，但日后可以在另一场合发表他的高见，所以，一个教师从头讲到尾，讲得很有启发，学生很有感应，就是精彩的对话。陈日亮还就语文的特殊性角度，进一步认为，语文能力的养成如果主要靠课外"习得"，那么，每周仅有的三五个钟头的课内"学得"，以接受性学习为主，为什么不可以呢？当然，教师的讲授，应该是能使学生很有感应的启发式讲授。陈日亮甚至更进一步不止一次发出呼喊，能不能一堂课将文本讲到底，作为考核青年教师的一个准则？然而他发现，很可惜，并不是很多青年教师都过得了关。我认为，这就是基于国情，基于当下现实，基于语文学科特殊性的考虑。无疑，语文课堂并不是只有一种教学模式，今后我们的条件改善了，班级学生少了，也能出现学生发言机会更多的语文课堂对话。但就今日现实而言，练就教师精彩的讲解能力，恐怕尤为急迫。故其《知困者言》所收录的2016年的"语文阅读教学的'教'与'不教'"演讲中，对他多次批评的两种极端现象，再次提出了批评：一是引述了我形容过的"所问肤浅，所答弱智，热热闹闹，空空洞洞"，批评了虚假无效的对话；二是说他经常去听课，坐在教室后面，观察学生听课的反应，发现有的学生听着听着就伏在桌子上，脖子变短了，甚至没了脖子，趴在桌子上休息去了，这样的讲，同样是没劲的。近期，我就多次宣传陈日亮这个观点，许多教师一节课都讲不下去；实际上，哪怕半个小时、十五分钟的精彩演说，都并非轻而易举，都值得我们许多教师努力去训练。

王立根先生的核心理念是"作文智慧"。这绝不是说立根先生不重视阅读教学和文本解读，后文中，我将另以专门介绍。这里，先就读、写间的辩证关系，借此机会，我做点强调。

我给本套丛书入选之一的郭亚丹的《守正·出新·突破·超越——中学语文教学耕耘录》作序时有一段话："我曾经说过：'说到阅读，这在中学语文教学中是很重要的一环，也是问题最突出的一环'，'作文和口语的问题不能孤立地解决，语感不能离开阅读的实践'。郭亚丹的主张从理论和实践两方面都论证了'阅读与写作是相辅相成、无所谓轻重的'。他说：'从现实生活来看，任何人都是阅读比写作多得多的，生活中的多数人一生中写作量相当少，即使是以写作为专业的作家，应该也是阅读比写作更多的。'这当然是事实。基于此，郭亚丹认为，'写作永远也取代不了阅读，阅读是生存必须掌握的一种本领'。这样的领悟，显然透露出郭亚丹自身成长经历的体会。而当他把这与语文教学结合起来之后，就有了理性的高度。把阅读提高到生命存在的一种必需，这样的真知灼见，本身已超越了语文教学。"我之所以毫不犹疑对郭亚丹的命题作出这样的肯定，一是我大概觉得我有这样的"资本"。许多人都知道，我是从文学创作论进入文艺学的，我的学术生命的奠基之作和发轫之作就是《文学创作论》，我是从创作论的角度解读文本，介入语文课改的，我文本解读的核心观念就是揭示作品的创作奥秘。我大概也算一位作家，多种文体都尝试过，发表过，幽默散文尤被一些偏好人士推崇。总之，就我的身份肯定阅读的不可替代性和普及性，大概更有说服力些。二是，多年前，针对一些极端的争论，我比较公允地说过："我们自古只说读书人，没有说写书人。"在学术争鸣中，我自认自己一向观点尖锐鲜明，不搞骑墙折中，但同时主张全面、辩证地看问题。我历来认为，语文能力的最高体现是写作，一个人的语文水平如何，最重要的检验是写作，我理想的语文高考，应该是以作文为主，与其用似是而非、纠缠不清的阅读题考学生，不如好好地出一篇作文考他们，当然，改卷者也要认真地改好。但是，对于最大多数学语文的人，我们不仅不可能要求他们都成为作家，也不可能企望他们个个毕业后都会写一手较漂亮的文章（还只是某一种文体，会写诗的不一定会写公文，会公文的不一定会诗），甚至不可能希望他们都热爱写作（某种意义上，写作是最艰苦的劳作之一），而要求学生普遍地热爱阅读，爱读经典，在爱读的同时会读，则是可能的。物质生活之外，追求精神生活，填补精神空虚是人类的天性，而阅读，尤其是愉悦的阅读，特别是当今非纸质文本阅读、跨文本阅读的广义阅读，几乎就是现代人的天性。但是，一则，作为语文教师，不能因此降低写作的定位，相反应永远抱持理想，以文学的理想、诗意的写作引导青少年学子，这无论何时都是文学教育永恒的课题，即使从"取法乎上，得乎其中"的实用角度，也值得如此施教，何况，阅读经典，可能还有其他人文学科可替代，而写作能力之培养，唯语文学科要承载，非他人可代劳；二则，从当今社会人际交往的实际需要看，写作，包括口头表达，尤其是论辩性表达，也越来越重要。

总之，看问题要全面辩证，形成特色又必须有所侧重，我在肯定郭亚丹重点突出阅读时，就特地补了一段："对于作文教学的必要性，其回答是肯定的。肯定之后还有建设……"具体的内容，我就从略了，大家可以看我的序和他的书。我还说"每一位出色的语文教师都有自己的风格"，而风格就是片面的，丛书中七位作者，都是因"片面"突出某一方面，从而形成了他们独到的风格，但从他们的著述看，他们的教学实践又都并未走极端。再则，人们阐述问题，往往会针对论题的需要，此时强调某一点，彼时又强调另一点，我也并不例外，读者对一个人观点的判断，也应该全面去看。

现在回到王立根。立根先生的《作文智慧》一书十五年前面世时，我就应约写过序。序中，最重要的，我说了三点：第一，"我特别欣赏他始终把语文教学的重心放在作文上，这本来是天经地义的事"。个中理由，前文已做阐述。第二，"许多语文教师之所以不重视最应该受到重视的作文，除了受到高考客观题的震慑以外（当时客观题的过重比例，已经引起公愤），还因为，作文和知识传授不一样。知识传授可以用大工业的方式，一个老师就能应付数十个学生，而作文教学只有用手工业的，所谓一把钥匙开一把锁的方式最为有效"。因而，我又特别赞赏其《作文智慧》不是去建构那种吓人的、系统的、复杂的所谓"作文原理"，而是提供了大量的个案，一共有200例，并且不是案例堆积，我当时说："立根先生善于从具体个案的分析中作触类旁通的点拨。这种点拨正是从感性上升到智性的桥梁。"我当时举了一例，个案中有一则写母亲的习作，小作者笔下出现了一位娇滴滴的少妇妈妈，文章最后说："拜托你，快快成长起来吧，亲爱的妈妈！"我当时说，光是发现这篇好作文还不算真正完成一个语文教师的任务，更高的层次是对之加以点拨，王立根是这样点评的："在都市里，我们不是经常会遇见这种少妇形象吗？只不过从来没有一个女儿对她的妈妈这样写过。"我在序中接着说："在生活中经常遇到，并不需要什么水平，而敢于、善于把它写到作文里，则是需要水平的。"我还说，阅读经典，使我们大开眼界，但是，重复大师名家，则是用自己的嘴唱别人的歌，冰心写过母爱、母亲，而小作者写出了和冰心不一样的母爱、母亲，因而是别开生面的。因而王立根的全部作文教学就是善于开启孩子自己的心灵体验。书中这样的例子举不胜举。第三，"王立根先生并没有把自己的思考局限于孩子的经验层次，光是贴近孩子的经验，完全离开成人的文化创造，可能是作茧自缚"。正是基于这一点，立根先生在《作文智慧》中又提供了一系列和当代作家、教授的对话，包括采访谢冕、曹文轩、叶永烈、高洪波、张晓风、江浩、北村、梁小斌等多位著名作家的实录。于是，两个系列，一个是少年儿童的习作及其评点个案，一个是成人名家的访谈个案，由此构成了这本《作文智慧》的奇异特色。本次组编丛书，立根先生提供的是

《问道语文》，我想就此也补充三点：第一，《问道语文》面更宽，不限于作文教学，阅读教学、文本解读、课改、高考等都有涉猎，但通观全书，一半多的篇幅、最大的篇幅，仍然是谈作文教学、作文智慧，其中，《作文智慧》原书中的重要篇章，包括上述作家采访录的几乎全部，都收入现在的《问道语文》中，可见王立根的核心理念、特色风格，仍然是"作文智慧"。第二，钱梦龙先生说《作文智慧》的书名起得好，我以为，好就好在"智慧"两字，好就好在书名与内容名实相副，正如立根先生自己说的，孩子们点点滴滴、火花闪烁的智慧之星，作家们真知灼见、汩汩奔涌的智慧之泉，把它们贯串、排列起来，可以使读者领悟出许多写作的规律。这就是王立根的智慧。第三，最值得补充的是实践之检验。许多冠以"作文法""作文教学方法"之类的书籍，之所以无效，不仅在于其内容可能枯燥无味，更在于它可能未经实践检验，而王立根先生以他《作文智慧》内容所进行的施教，数十年间，他培养的中学生，竟有数十人次获得全国性、华东六省一市、福建省等学生作文比赛大奖。实践是检验真理的唯一标准，这是其"作文智慧"理论最有价值的。今年四月份，他从教数十年的福州三中与福建省语文学会联合主办了王立根作文教学研讨会，会议邀请我出席，我恰逢在外地，否则，我一定到会，说说我的上述感悟。

许更生先生，可能是我省中学语文界发表文章最多的名师了，从他书中的材料看，有 400 多篇，他还出版过多部著述，甚至富有余力，著作广及莆田地方文化。许先生从自己的实践和研究中上升出的理念就是"以词汇为核心、以'联词组段'作为课堂改革的强力抓手"。这无疑是富有特色、别具一格的。他在他的《解语索文》论著中，主要做了五方面的论证和阐发。其一，中学各学科，主要是学内容，唯独语文课本，主要教学目的不是指向课文内容本身，而是构成这些内容的语言材料及其建构方式，即所谓"更重要的还在学习语言，接受新的词和句式"。语言文字虽不是语文教学的全部，但肯定是语文学科的"核心知识"，是语文教学"个性特征"之所在。其二，当代脑科学和语言学的最新研究成果证明：人类口语和书面语的学习是两个不同的运作过程。人类的口语是几百万年的大脑积淀遗传的自然产物，其中"文化继承单元"（又称"敏因"）起主要作用，依靠口传耳受的"唤醒"和"激活"便可"习得";而只有几千年历史的书面语却非得下苦功不可,从一个一个的字词开始学习,主要是从名家名篇学习和模仿典范、优美、高雅的书面语词。其三,书面语的"学得",是一个有目的、有意识的学习过程。首先还是靠记忆和模仿,从积累和运用词语入手,再通过无数次的"尝试错误"才可能正确掌握。从"会说"到"会写",需要质的转化或飞跃。要想从能说会道转化为笔头过硬,一要靠文化素养,二要靠表述能力,三要靠文采训练。想不经过艰苦练笔就从嘴灵自发地跳到笔灵,那是不可能的。其四,究竟必须掌握多少词汇才能基本"达标、过关"呢?当代众多学者借助电脑统计等手段提出:必须识字 3000,掌握词语近 9000。许先生提供了其他著名特级教师、专家学者研究得出的不同词汇量的数据。他自己研究的结论是:1 万个左右的典范、优美、高雅的书面词汇。其五,他特别以此运用于指导莆田地区的中考、高考,以有关的成绩说明其"以词汇为核心、以联词组段为强力抓手"理念的可行性、可操作性。也就是,许先生的理论和理念同样是实践检验的产物。作家的创作,学生的习作,最后都要落实到一个个字词,我的《文学创作论》里有专章论述语言文字的重要性,我的《文学文本解读学》也专门提出了关键词语解读法。我以为,许更生先生"词汇核心、联词组段"说,与陈日亮先生的最后落到形式,王立根先生的作文智慧说,有异曲同工之妙。我还认为,他们的实践型研究,对我多年的理论学术建构也是有力的支持。

陈成龙是我到福建师大后的第二届学生,俞发亮、郭亚丹、赵艺阳是改革开放之初,1977 级(俞、郭)、1979 级(赵)的学生,都是我的学生,我就说简略一点。

陈成龙的教学理念是"真语文"与"智教"。针对"假大空"的课堂,他和他的同仁提出了"真语文"的口号,在《语文建设》发表后,引起了热议。"真语文"的内涵是什么?一时众说纷纭。陈成龙于是联系我国教学名师的教学实践,在《语文建设》又发表了《"真语文"是真知、真教、真学的融合》的近万字论文,认为真正的语文教学必须是"真知、真教、真学"三者的融合,如果缺了某一项,这样的语文教学都不是真正的、科学的语文教学。我认为这一观点既鲜明,又符合语文教学的实际。比如,他用巴班斯基的"是教学目的和内容'选择'方法，而不是其相反"这段话，阐明教学内容与教学方法的关系，也就是三"真"中最重要是"真知"。这个观点与王荣生的"教什么比怎么教重要"，陈日亮、王立根都强调的"教学内容永远比教学方法重要"的观点，以及我历来主张的文本解读是最重要的观点，可谓不谋而合。作为实践中诞生的名师，陈成龙的许多名课、公开课，又以他的精彩设计闻名遐迩。在这基础上，他提出了"智教"说，见于他的《"少教多学"的关键在于"智教"》一文。他说的还是与"真知"的关系，但把那与之配合的"真教"，改为更有灵性的"智教"。其内涵就是"对文本的深入钻研和巧妙的教学设计，运用教育智慧，打造富有灵性的课堂，用尽可能少的教学时间切实有效地对学生进行学习兴趣的激发、学习方法的指导"。文中，举了他的《最后一课》教例。他利用课文中的插图，请学生以文解图，学生总结出了图中的小弗郎士眼神中包含着仇恨与懊悔的感情。接着，话锋一转，他说图中少了另一主人公韩麦尔先生，请大家根据课文内容，为韩麦尔设计一幅最精彩的画像。学生七嘴八舌，最后认为，最精彩就是画出他"悲情告别"一刻的表情，这样的活动，既有趣又到位。陈成龙的集子命名为《追梦灵性课堂》，我猜想，他意在既抓住文本的灵性，又力求教学设计的灵性。这也是他的语文教学理念，这样的理念同样很有新意。

俞发亮的核心理念就是他的书名："议论文写作与理性思维"。写作的重要，尤其是人际交往和发展竞争日益频繁的当代社会，议论文写作及其相关的理性思维、逻辑思维的重要，不仅在前文中，我已阐明，过去也为此写过不少文章，几年前出版的《孙绍振论高考语文与作文之道》，主要就是讨论这方面内容的。俞发亮做出了他自己的系统建构、鲜活论述。一是，他提供了富有说服力的调查数据。如，一则资料，受访者为高校教师。在"您认为高考语文应当考查的能力有哪些"的问题中，78.1％的受访者认为，应当考查"语言的逻辑能力"，远远高于其他应当考查的能力。又一则资料为：2017年在广东八所中学所做的问卷调查，778名学生受访者中，认为应加强对逻辑思维能力考查的占43.66％，也远高于其他能力。二是，他认为，写作教学的"序列"问题，是一个国际性的教学难题。眼下我国中小学写作课可能是所有学科中最自由、散漫的一门课。认为绝对、封闭、不变的"序列"肯定行不通，然而，就班级授课制而言，在目前语文教师敬业精神、专业水平参差不齐背景下，若没有适宜的作文教学"序列"，不少作文课难免走向随意、无序，从而导致低效、无效。并且认为，重要的是不能再停留于介绍、阐释陈述性知识（议论文"是什么"），而应当结合程序性知识（"怎么写"议论文），逐项加以训练。于是，他构建了他的"序列"，其书共四章，从"高中生议论文写作之意义"到"议论文写作起步——人格"，再到"议论文写作要务——分析"，最后到"议论文写作追求——深刻"。各章又循序渐进，逐步深入，分为若干节，如最后一章的最后四节："运用演绎、归纳：逻辑推理""反弹琵琶求创新：逆反思维""求同并善于求异：隐喻去蔽""论证更严密周全：初步证伪"，既深得逻辑推理之要领，又结合了高中生的思维实际。三是，书中有大量鲜活的案例，许多是他近 20 年参加高考阅卷工作以及作为厦门市中学"教头"的实践心得，既富有说服力，又可读性极强。

郭亚丹，我前面已做不少介绍，这里着重补充他的理念。支撑其阅读教学的核心理念就是"坚持文本细读，坚持微观分析"。关于微观分析的训练，我曾提出两个方面的原则：第一，对个别作品，主要从艺术形象还原，抓住还原出来的原生感性现象与经过艺术加工的作品之间的矛盾，提出问题。第二，避免孤立地分析问题，尽可能把作品放在可比较的语境中，有比较才有鉴别，才能提出问题。而郭亚丹根据自己的教学经验总结出的语文阅读教学的三个层次，即学会快速提取信息和整体感知，学会深入分析和鉴赏的细读，学会审美阅读和创造性地阅读，可以说和我的主张相辅相成。而且，从以学生为本的立场出发，他进一步提出了指导学生进行阅读教学的方法，包括品味语言，循着语言的路径追寻文本的意义；品味语言的用词、语境、表现手法，分析比较文本的意蕴，深入想象进行有创造性的阅读等等。如果说我在《名作细读》中主要是提供对名作微观分析的范本，意图通过这样的细读揭示其方法，而郭亚丹的经验，则为中学语文教师提供了很强的可操作性。他在书中为此介绍的三个教学设计，也为我们提供了三个范本。尤为值得重视的是，郭亚丹认为，提高教师文本解读能力是提高阅读教学有效性的重要手段，也是提高课堂教学效率的必要前提，更是课堂教学的目的。的确，"教师为主导"，教师首先应像郭亚丹说的，把自己提高到引领者的水平。郭亚丹担任龙岩二中校长多年，作为专家型的管理者，这无疑是他的切身体会。

赵艺阳的核心教学理念是"情感语文"。他在他的《教海拾贝》中，就此做了两方面的阐述。一方面，他认为情感语文是人文的语文，他说："没有情感的课堂是死寂的课堂，没有情感味的语文是死寂的语文。"他阐述道：一首首诗歌是人类情思的抒发，一篇篇小说是人类悲欢离合的述说，一则则寓言是人们智慧的结晶，一个个童话是人们心灵的倾吐。文章，包蕴了人们多少的情感；文章，凝聚了人们无限的智慧。另一方面，赵艺阳又同时认为情感语文是"工具语文"。他指出，离开了语文的工具性，情感语文则成了水中花、镜中月。他又进一步说，语文，一个词能生出情感之根，一句话能长出情感之叶，一段文能开出情感之花，一篇文章能结出情感之果；情感语文是扎根在工具语文这片沃土中的大树，根深才能叶茂，才能枝繁，才能花艳，才能果硕。我以为，赵艺阳"情感语文"观对于语文的工具性与人文性的辩证处理，是独到而又切合了青少年读者的心灵特点的。他并不像许多论者那样，拘泥于工具性是第一性，而是基于青少年富于感性、富于情感、富于想象、富于理想的血气方刚的心性特点，把更容易使少年读者有感觉，易切入的人文语文放在首位，甚至不惜可能带来的"片面性"，把他的整个理念命名为"情感语文"。他说的不无道理，如果课堂是死寂的，其他的一切都可能是空谈。但是，赵艺阳又清醒地意识到，工具语文才是根本，所以，他又把工具语文比喻为"沃土"，情感语文只有把根扎在这片沃土上，才能根深叶茂，花繁果硕。赵艺阳是当年分省命题时，最早担任福建省高考语文命题组组长的新生代名师，我当时对福建的语文高考题目赞誉有加，现在回想起来，似乎约略可见他教学理念的早年风采。

如果要对七位作者的书稿做个小结归纳，我最想归纳的就是文本解读及其文本解读教学。我们正面临两方面的重大变革。首先是正在全面铺开的统编教材，大幅度增加了优秀作品，尤其是传统经典文本的阅读量。有关专家正大力倡导海量阅读，倡导多读书，读好书，好读书，读整本书。这无疑是十分正确的。好作品，用王富仁当年的话，就是"好文章一看就懂"；用歌德的语言就是"（表层）内容人人可知"；用我的语言，称为"一望而知"。我十几二十年前这样说，更重要还基于当年令人忧心如焚的教学实际，因为语文教师"面对的不是惶惑的未知者，而是自以为是的'已知者'。如果不能从已知中揭示未知——指出他们感觉和理解上的盲点，将已知化为未知，再雄辩地揭示深刻的奥秘，让他们恍然大悟，就可能辜负了教师这个光荣的称号"。这就是我们语文学科和数理化学科的最大区别。如果我们仅仅提供了好文本，而没有进一步的揭示，没有形成如陈日亮说的"落差"，我们和学生无甚区别，我们就失去了主导者、引领者的责任，甚至成为毛泽东批评的"群众的尾巴"。而如何处理师生间已知、未知的矛盾，我在建构文本解读学的进程中，说过许多话，我自认为最好的说法是揭示文本的创作奥秘，我把作品比喻为苹果，人们手里拿到苹果，而其从种子入土，到生根发芽，浇水施肥，到长成大树，开花结果的整个过程"不见了"，被苹果"遮蔽"了，如果光就苹果"阅读"苹果，一望而知的是，苹果是红的、甜的，最多加上是有营养的。这是绝大多数的学生都可以说出来的，如果教师也仅限于此，何苦来教师辛苦一场？所以，我们的任务，是要揭示其"生成秘密"，换到文本，就是"创作奥秘"，哪怕揭示一二点也好。哪怕一部分经典文本能这样施教也好。果能如此，教师的权威树立了，学生的兴奋激发了，不仅带来阅读经典的二度快感，而且写作的秘密也发现了，读与写都各得其所，如此一箭三雕，何乐而不为？我看丛书中的七位作者，都不同程度特别关注到了文本解读。陈日亮和王立根两位先生是介入最深的，他们是改革开放初期从实践中涌现出来的老一辈著名特级教师，他们当年靠的不是"软"论文，而是真刀实枪的"硬"功夫评上特级教师的。我当年就解读说过的许多话，他们十分认同，现在他俩自选入丛书的集子里，都保留了许多当年就此的精辟论述，立根先生在引述了我的有关言论后，曾说："忽视文本，不善解读，成了语文课最大的痛。"现在的状况，当然有不小的变化，但面临大量阅读的新形势，会不会再度忽视解读，产生新的"痛点"？但愿这是多余的担心。十几二十年前，由于立根先生的牵线，我深深介入了他和日亮先生主持的福建省语文学会的活动，与我省语文界的同仁结成了深厚的学术友谊，乃至与国内著名的于漪、钱梦龙先生有了许多学术往来。日亮、立根先生还参与了我主编的初中课标语文教材的编写，我们甚至形成了被学术界称为"闽派语文"的学术风格，这风格的最大特色就是文本解读，因为阅读的涉及面最广，一望而知，最具普及性，而又花时最多，效率又不见得最高，如能突破，也许我们的语文教学就可能如上所述，产生一箭三雕之效。这是我省语文界的好传统，包括大学与中小学的紧密学术联系，包括文学院出版这套丛书，都是值得珍惜的好传统。发扬这些好传统，用以应对语文教学改革的新形势，聚八闽英才而育之，不亦乐乎？其次就是新高考这一新形势，有人夸张地说，现在高考拉分、高分看语文，甚至说，状元看语文。这当然不能全当真，但也不能全当假。如果在文本解读教学，尤其是揭示创作奥秘上有所作为，在如此大量经典名篇阅读的基础上，培养出读写尖子，尤其是出类拔萃的作文高手，不是没有可能的。

最后，愿闽铎声声，铎声悠远，铎声不绝。福建师大文学院的校友成千上万，分布于八闽大地，愿丛书入选更多的校友名师佳作，反哺于教学一线。愿越来越多的后起之秀，茁壮成长于"海滨邹鲁"的人文福地。

2018 年 8 月 7 日

序

倡导立足实践的语文教研之风

孙绍振

赵坤是我的学生，我是他的大学老师。他硕士毕业后去福州一中教书，教书时还读了博士，教书十一年后工作调动到福建师大文学院，从事语文教育研究。他有中学教学经验，教过高中也教过初中，也拿到了博士学位，经受过学术训练。来到福建师大文学院后，他一方面积极"转型"，努力适应高校工作，另一方面注重专业阅读与写作。他前来拜访我，外观上看起来憨厚甚至有些拘谨，似乎并不健谈，专注地聆听，也会适时予以回应，呈现出他的思考和见解，给我的感觉是很朴实很真诚，熟悉中学语文教学现状，很有上进心。赵坤邀请我为他的语文专著《语文教育：立足实践的多维思考》作序，我是乐意的。

这部书稿汇聚了赵坤十余年来有关语文教学教研的思考。这里汇编的不少文章都已经发表。他将书稿的标题定为"语文教育：立足实践的多维思考"，我认为是恰当的，这也体现出了这本书的特色。总体来说，这本书具有以下几方面特点：

第一，视野开阔，体现出立足实践的多维探索。本书包含"第一编：理念探讨""第二编：文本解读""第三编：阅读与评论""第四编：教学实践"四部分。"第一编：理念探讨"，赵坤展示了他面对新课标、大单元、学习任务群、群文阅读、情境、立德树人等新潮理念时所产生的思考。有些思考颇有见解，如对大单元教学逻辑路径的阐述，对语文新课标四"新"的剖析等。"第二编：文本解读"，紧贴着教材中经典课文展开文本细读，解读的课文跨度大、文体广、数量多，既有初中教材课文，也有高中教材课文，解读课文多达23篇，文体覆盖到散文、戏剧、小说、童话、科学论著、演讲词、说明文等。既有对课文的专题解读也有微专题系列解读，解读形式灵活。赵坤告诉我，这些课文，他都教过，都是带着教学实践体验进行的文本艺术奥秘的解读。这就使得这些文本解读不仅注重挖掘作品的审美价值还重视提炼教学价值。第三编：阅读与评论"中对我和陈日亮先生的评论，来自于他扎实的阅读与细致的研究，这部分的几篇论文，文献资料丰富，框架结构合理，分析合理，语言文字富有学理性，指向对文本解读、课堂教学、教师素养的深层实践审视，显示出他经过学术训练后形成的自觉学术意识。"第四编：教学实践"，评课、片段教学、课程思政、备考、教材助读系统的使用，都被赵坤归为教学实践的研究对象，这些文章都带着鲜活的课堂气息，都立足于学情，又兼顾教师专业素养的提升，很接地气，如《善用教材助读系统，有效落实深度学习——以七年级上册〈猫〉为例》一文不仅强调助读系统重要性，指出助读系统尚需完善之处，而且还提供了善用助读系统的有效策略，具有极强的可操作性。

第二，文本解读能揭示作品特殊矛盾，有效指导学生理解课文。对于语文教师而言，具备必要的文本解读能力太重要了。我以前说过，语文教师如果不能引导学生从文本阅读中的已知揭示未知，指出学生感觉和理解的盲点，进而揭示文本奥秘，就可能辜负教师这个光荣称号。新世纪初期盛行的"多元解读"习惯于在作品与现实的统一中做重复无效的分析，套用西方理论对文本进行"装腔作势"的演绎。后来情况会有一些好转。随着新一轮课改推进，文本解读似乎在大单元、大概念、情境、任务群、项目化学习等新潮理念面前有些失宠，甚至没得到相关研究者应有的重视，但耕耘在课堂现场的一线教师大都不会轻视文本解读，深知"提高教师文本解读能力是提高阅读教学有效性的重要手段"这一常识。赵坤对教材中多篇课文进行解读，他没有陷入机械唯物论和狭隘社会功利论的泥沼，也没有如有些高校研究者那样过度依赖西方文论，没有胡言乱语，而是实实在在地从具体个案分析中发现文本特殊矛盾，并作触类旁通的点拨。如在《林觉民〈与妻书〉的语脉与语言》中，他通过对文章抒情意脉的逻辑还原，尽力将语言因素和情感内容予以深度交融，凸显这一封烈士家书作为立德树人经典篇目的独特感染力；在《"还原"法、"史家笔法"与古典散文抒情意脉的整合——对归有光〈项脊轩志〉的另一种解读》中，他敏锐地把握到"诸父异爨"的细节描写对于"史家笔法"的继承，在此基础上进行赏析。赵坤告诉我，本书中"教材文本的微专题系列解读"是为当时学校网校的网络精品课准备的，这些均以微专题的形式落实到课堂教学中；对于《赤壁赋》《项脊轩志》的解读是为 2017 年、2018 年福建省省级公开课准备的，也都落实到课堂教学中。其他篇目的解读均是教后形成的思考。这说明，本书呈现的文本解读落脚点是通过对教学价值进行挖掘，引导学生更好地理解课文。

第三，理论联系实际，理论为实践服务。理论和实际统一，这是马克思主义和毛泽东思想基本原则。马克思在《关于费尔巴哈的提纲》中强调实践的作用，"人的思维是否具有客观的真理性，这并不是一个理论的问题，而是一个实践的问题"。我在《直谏中学语文教学》一书中曾说，"过去，把苏联的凯洛夫当作神明，今天又把美国和西欧的教育理论教条主义地照搬"。当前我们依然过度依赖西方教育理论、西方文论，有些研究者执迷于以定义为纲领，一味对理论概念作抽象的辨析，满足于在概念上兜圈子，不注重将理论联系实践，反而容易把本来简明的事物和观念说得玄而又玄。就语文教育而言，所有的理论都要落实到语文教学的知与行，所有理论必须要有实践对话并接受实践检验。赵坤当过中学语文教师，又保持思索的习惯，也接受过硕博阶段学术理论训练，而今转到高校工作，这种特殊的经历使得他能自觉以实践的目光来审视理论，以理论的视野观照实践，注重理论的落地研究。赵坤拜访我时，说过他阅读国外教育理论时的困惑和警惕。这也许与他理论修养尚不够深刻有关。但我认为这也与他理论联系实际的追求有关。本书在理论探讨方面，还有一定的局限性。面对让自己感到困惑的理论，赵坤完全可以再做进一步的研究，哪怕只是呈现困惑也是有意义的。就本书呈现的有关理论阐述而言，赵坤能将理论联系实际，把理论解释得清楚，提供的一些见解也给人启发。如《明晰大单元教学的逻辑路径》从理论逻辑、历史逻辑、现实逻辑三层面全面审视大单元教学理论，指出大单元教学不应盲从国外大单元统整观，要依托教材，重视单篇分析以及在此基础上的单元归纳，《〈义务教育语文课程标准（2022 年版）〉的新理念、新变化、新探索和新挑战》将新课标的理论放在与 2011 年版课标相比较的范畴中，揭示新课标的四"新"，提供落实新课标理念的案例或措施，直言新课标落地面临的挑战。

在学术争鸣中，我自认自己一向观点尖锐鲜明，不搞骑墙折中，但同时主张全面、辩证地看问题。几十年来，我的学术研究从未离开过现实的土壤，我始终关心与我的学术领域密切相关的实践领域。赵坤很用功也很勤勉，积累了丰富的中学语文教学经验，而今人到四十，想必也有了相关人生阅历。从本书内容来看，他的阅读量还要更多些，理论功底还需强化，有的文章还显得稳稳当当，不敢批判，思辨的锐气不足。此外，本书是论文汇编，从体系上来说系统性还不够周密。我希望赵坤立足实践，继续在语文教研道路上前行，有一番成就。

闽派语文提出"求实、去蔽、创新、兼容"的主张，指向的也是实践。愿闽铎声声，铎声悠远，铎声不绝！

目　录

第一编

理念探讨

《义务教育语文课程标准（2022年版）》的新理念、新变化、新探索和新挑战

　　语文课程标准是国家教育行政部门依据国家的教育方针和教育法规，以纲要的编排形式规范语文课程的指导性文件。它从整体上规定语文课程的性质、理念，规范和确定语文课程目标、内容、实施建议。语文课程标准具有权威性和指导性等特点，在语文课程与教学中发挥着巨大作用。

　　2001年7月，教育部颁布的《全日制义务教育语文课程标准（实验稿）》把1949年以来一直使用的"教学大纲"的名称改为"课程标准"，强化课程的本体性与科学性。这一版的课程标准重视语文课程的人文内涵，重视语文学习的多元理解，积极倡导自主、合作、探究的学习方式，努力建设开放而富有活力的语文课程，注重培养语文实践能力，明确了语文课程"工具性与人文性相统一"的性质。十年之后，教育部颁布《义务教育语文课程标准（2011年版）》（以下简称为"2011年版课标"）对语文课程标准进行了微调，取得了明显效果，但也存在一些问题。如，在学段目标和内容之间的逻辑衔接层"有些条目之间缺乏必要的梯度，导致不同学段的要求几乎相同……有些目标的要求在学段间跳跃性很大，不符合学生身心发展渐进性的特点"①；在实施过程中有些教师课程意识不强，导致语文学科特点弱化等。随着时代的快速发展，人们的生活、学习、工作方式发生了巨大改变，中小学生成长环境深刻变化，这给义务教育提出了新的挑战——义务教育必须与时

---

　　① 申宣成，李倩. 基于调查研究的义务教育语文课程标准修订建议［J］. 中学语文教学，2019（9）.

俱进，必须修订课程标准。

2018 年 9 月，全国教育大会召开后，党和国家出台一系列旨在深化基础教育改革的文件，为课标修订提供了方向性引领。2019 年 1 月，教育部启动新一轮义务教育课程标准修订工作。2022 年 4 月，教育部颁布《义务教育语文课程标准（2022 年版）》（以下简称为"2022 年版语文课标"）。无论是课程标准的设计思路、结构框架，还是课程改革的方向、课程的基本理念与内容等，2022 年版语文课标不再是微观调适，而是直面新起点展开较大幅度的突破和创新。

一、新理念：素养导向、任务群表征与丰富实践空间

2011 年版课标从"全面提高学生的语文素养""正确把握语文教育的特点""积极倡导自主、合作、探究的学习方式""努力建设开放而有活力的语文课程"四个方面介绍了语文课程的基本理念。提出语文课程要引导学生丰富语言积累，发展思维，培养生活所需要的语文能力，促进学生和谐发展，提高思想道德修养和审美情趣；要正确把握语文教育富有人文性、实践性的特点，注重课程内容的价值取向与课程人文熏陶作用，注重培养学生语文实践能力；要积极倡导学生自主学习、合作探究的学习方式，变革学习方式；要在继承我国语文教育优良传统的同时积极开发与时代发展相一致的课程资源。语文课程改革虽然提出了不少新潮理念，但在实施中也出现了一些问题，如"教师课程意识欠缺"[①]"语文课堂学科特点的失落，表现在语文内容淹没了语言形式"[②]"落实自主学习，加强学习方法、策略指导的研究有所不足"[③]

---

① 戴正兴.《义务教育语文课程标准》（2011 年版）施行十年全观察［J］. 语文教学通讯（小学），2021（11）.

② 戴正兴.《义务教育语文课程标准》（2011 年版）施行十年全观察［J］. 语文教学通讯（小学），2021（11）.

③ 戴正兴.《义务教育语文课程标准》（2011 年版）施行十年全观察［J］. 语文教学通讯（小学），2021（11）.

"对一些很'新颖'、很流行的提法不加分析地迷信"[①] "过度强调阅读的多元化，泛化了文本特定的指向性"[②]。2022年版语文课标完善了语文课程理念，主要表现为素养导向、任务群表征与丰富实践空间等层面。

（一）素养导向

2022年版语文课标新增了语文"核心素养"并进行具体阐释，指出语文核心素养是学生在积极的语文实践活动中表现出的文化自信、语言运用、思维能力、审美创造的综合体现，强调语文核心素养是在真实的语文学习情境中逐步形成的正确价值观、必备品格和关键能力。它与《普通高中语文课程标准（2017年版，2020年修订）》中对学科核心素养的界定有密切的衔接性与连贯性。2022年版语文课标可从三个方面理解这种素养导向的课程理念。

第一，将立德树人的根本任务渗透到语文课程实践，使语文课程立足核心素养，全面把握语文教学的育人价值。"学科核心素养是学科本质和学科育人价值的体现。"[③] 语文教育教学要从培养核心素养出发，以落实核心素养为目的，把握核心素养四个方面整体交融的特点，设计学段目标、课程内容，描绘学业质量，确保教育计划和目标得到有效实施。

第二，要以识字与写字、阅读与鉴赏、表达与交流、梳理与探究等语文实践活动为主线，在真实情境中综合构建素养型课程目标体系，重视课程目标的整合。

第三，素养导向的课程理念要求我们着重构建学生核心素养发展，明确语文课程应着力培养的正确价值观、必备品格和关键能力，并在学段学习中将其细化为务实有效的学习任务。

（二）任务群表征

2022年版语文课标在"课程理念"部分指出要构建语文学习任务群，注重课程阶段性与发展性；明确规定"以语文实践活动为主线，以学习主题为

---

① 戴正兴.《义务教育语文课程标准》（2011年版）施行十年全观察［J］. 语文教学通讯（小学），2021（11）.

② 戴正兴.《义务教育语文课程标准》（2011年版）施行十年全观察［J］. 语文教学通讯（小学），2021（11）.

③ 余文森. 核心素养导向的课堂教学［M］. 上海：上海教育出版社，2017：46.

引领，以学习任务为载体，整合学习内容、情境、方法和资源等要素，设计语文学习任务群。学习任务群的安排注重整体规划，根据学段特征，突出不同学段学生核心素养发展的需求，体现连贯性和适应性"①。学习任务群是语文课程内容的组织方式与呈现方式。"设计语文学习任务，要围绕特定学习主题，确定具有内在逻辑关联的语文实践活动。"② 设计指向具体课程目标的任务时，要围绕革命文化、中华优秀传统文化、社会主义先进文化等主题，将特定具体目标任务分解为几个具有一定层次、逻辑的实践活动，从而在具体实践活动中落实任务群要求。

"语文学习任务群由相互关联的系列学习任务组成，共同指向学生的核心素养发展。"③ 语文学习任务群能不断丰富学生知识积累，提升语言运用能力，发展学生思维，为核心素养发展不断聚能。目前，义务教育阶段语文学习任务群根据学生年龄特征，呈现不同的侧重。在彰显任务群理念优势的同时，6个学习任务群如何与教材使用、课堂教学、语文学习密切关联起来，如何消除一线教师的陌生感，如何将理念落到实处，都亟须教学实践的检验。

（三）丰富实践空间

2022 年版语文课标在"课程理念"中指出要增强课程实施的情境性与实践性，促进学习方式的变革。"情境"在 2022 年版课标出现了四十多次。美国心理学家瑞斯尼克认为，学习就本质而言，其意义大多是从复杂情境中获得的；教育心理学家格里诺提出"情境是一切认知活动的基础"的观点；李吉林专门对语文课程中情境作用进行了本土化探索并指出情境是人为优化的环境。语文课程性质、目标及课程实施都离不开情境。因此，语文教育要创设丰富多彩的情境，激发学生学习兴趣，促进学生自主、合作和探究学习，引导学生乐于实践，丰富语文课程实践空间。

---

① 中华人民共和国教育部. 义务教育语文课程标准（2022 年版）［M］. 北京：北京师范大学出版社，2022：2.

② 中华人民共和国教育部. 义务教育语文课程标准（2022 年版）［M］. 北京：北京师范大学出版社，2022：19.

③ 中华人民共和国教育部. 义务教育语文课程标准（2022 年版）［M］. 北京：北京师范大学出版社，2022：19.

二、新变化：重构结构框架，建构课程内容

《义务教育课程方案（2022年版）》指出，"落实党的教育方针，依据义务教育培养目标，凝练课程所要培养的核心素养，体现课程独特育人价值和共通性育人要求，形成清晰、有序、可评的课程目标"，"基于核心素养培养要求，明确课程内容选什么、选多少，注重与学生经验、社会生活的关联，加强课程内容的内在联系，突出课程内容的结构化"，"体现正确的学业质量观，明确核心素养发展水平与具体表现"。2022年版语文课标强化了语文课程育人导向，立足学生核心素养的发展，进一步明确了课程性质，突出课程目标的独立功能，更加注重学段目标的基础性、整合性、阶段性、连贯性的融合，明确建构了课程内容，形成学业质量标准，增强了"课程实施"的指导性，呈现出较为明显的变化。较之2011年版课标，2022年版课标的新变化主要体现在重构结构框架以及建构课程内容等方面。

（一）重构结构框架

国家课程标准规定课程性质、课程理念、课程目标、课程内容、学业质量和课程实施等，是教材编写、教学实践、考试测评以及课程实施的直接依据。2011年版课标努力落实《国家中长期教育改革和发展规划纲要（2010—2020年）》提出的相关要求，坚持语文课程"工具性与人文性的统一"的价值追求，形成"知识和能力、过程和方法、情感态度和价值观"三个维度的课程目标系统，推进学习方式及教学、评价方式的转变。它在结构框架方面由"前言""课程目标与内容""实施建议""附录"四部分构成。2022年版课标的结构框架由"课程性质""课程理念""课程目标""课程内容""学业质量""课程实施""附录"七部分构成。仅从目录来看，就呈现出课程标准结构的巨大改变。显然，2022年版课标重构了2011年版课标的结构框架。这种"重构"主要表现在以下方面。

第一，将"课程性质"与"课程理念"单列为两个独立的部分，突出各自对语文课程标准本体价值建构的重要作用，更加合理。2011年版课标将"前言"视为"第一部门"，包括"课程性质""课程基本理念""课程设计思

路"，这种结构设置不利于彰显"课程性质""课程理念"的功能属性，会带来理解上的歧义——忽视了这两者作为课程标准内在构成，而仅作为"前言"部分的存在。2022年版语文课标的"前言"介绍了课程标准的"指导思想""修订原则""主要变化"，更贴近"前言"的本义。2022年版新课标"课程性质"指出"语文课程是一门学习国家通用语言文字运用的综合性、实践性课程。工具性与人文性的统一，是语文课程的基本特点"[①]，并且对"语言文字""语言文字运用"以及课程性质对语文课程的要求，乃至语文课程在课程性质规范下应承担的学科教育使命等都作了言简意赅的阐述。2022年版语文课标"课程理念"立足学生核心素养发展，构建语文学习任务群，突出课程内容的时代性和典范性，注重课程内容整合，增强课程实施的情境性和实践性，倡导课程评价的过程性和整体性，这与2011年版课标中的理念阐述相比，更注重"理念"的针对性与实效性。

第二，"课程目标"新增了"核心素养"，既使得"课程目标"的"总目标"关键表现特征有了共同的指向，也使学段目标在"核心素养"建构的"文化自信""语言运用""思维能力""审美创造"四大部分中实现阶段性与发展性的有效融合[②]。语文课程要围绕着核心素养，应呈现素养目标的融合与共生。

第三，学段目标由原来的"识字与写字"、"阅读"、"写作"（第一学段为"写话"）、"口语交际"、"综合性学习"改为"识字与写字""阅读与鉴赏""表达与交流""梳理与探究"，体现出统整型学习策略以及情境性、实践性学习活动特征。2022年版语文课标学段要求突出了阶段性与整合性的融合，既尊重学情，又兼顾了核心素养的发展。比如，第一学段（1—2年级）"识字与写字"，2011年版课标第一条目为"喜欢学习汉字，有主动识字、写字的愿望"，第二条目为"认识常用汉字1600个左右，其中800个左右会写"，而2022年版语文课标则将这两点整合到第一条目。这种整合使得这一学段有关

---

① 中华人民共和国教育部. 义务教育语文课程标准（2022年版）[M]. 北京：北京师范大学出版社，2022：1.

② 中华人民共和国教育部. 义务教育语文课程标准（2022年版）[M]. 北京：北京师范大学出版社，2022：4.

"识字与写字"要求更集中，也将学习兴趣与实践活动相结合，突出了基于兴趣的有效识字的素养导向，有助于开展情境化、任务化教学。

第四，新增了课程内容。为了改变聚焦知识点、能力点的简单线性式课程内容，2022 年版语文课标构建了以学习任务群为"内容组织与呈现方式"，以中华优秀传统文化、革命文化、社会主义先进文化等为"主题与载体形式"的课程内容，突出语文课程"以文化人"的价值取向。6 个学习任务群贯穿四个学段，螺旋发展，体现学段特征，坚持阶段性、层次性与整体性的统一，追求课堂内容、学生生活、语文实践之间的协调与融通，强化任务群的育人功能。

第五，新增了"学业质量"，描述学生相应的学业成就表现。以往的课标没有"学业质量"，使得对学生学习后学业成就表现的描述与评估较为主观、随意，不够科学合理。2022 年版语文课标结合课程内容，依据日常生活、文学体验、跨学科学习三类语言文字运用情境，整合识字与写字、阅读与鉴赏、表达与交流、梳理与探究等语文实践活动，对学生语文学业成就具体表现特征有更完善的学业质量描述。

（二）建构新型的课程内容

王荣生曾指出："语文课程内容，是语文课程的支柱。语文课程内容，是语文课程研究的关键。"[①] 语文课程内容问题"是困扰语文课程与教学的老大难问题，也是语文课程改革和语文教学改进必须妥善处理的问题"[②]。王荣生认为，语文课程内容在语文课程层面要面对"学什么"与"教什么"的问题，要与语文课程目标相呼应，要受制于语文课程多样的课程形态。1949 年以来，我们的语文教学大纲包含基础知识、基本技能以及思想教育。而到了 2001 年版的课标没有了课程内容，只有阶段目标。2011 年版课标对此试图做一些突破，包含学段目标和内容，但是大部分的内容都是学段目标。与其他学科的课程标准相比，2011 年版语文课标在课程内容建设方面存在明显的差距。2022 年版语文课标明确了课程内容，以任务群的方式组织和呈现课程内容，

---

① 王荣生. 语文课程与教学内容［M］. 北京：教育科学出版社，2015：34.
② 王荣生. 语文课程与教学内容［M］. 北京：教育科学出版社，2015：34.

这不仅是突破，也是创新。不难看出，2022 年版语文课标研制组希望通过对课程内容的组织和呈现，带动教的突破和学的突破，内容主要有以下特点。

第一，主要以学习任务群组织与呈现义务教育语文课程内容。学习任务群以语文学科核心素养为纲，以任务为导向，以学生的语文实践为主线，以学习项目为载体，整合学习情境、学习内容、学习方法和学习资源，引导学生在运用语言的过程中提升语文素养。2022 年版语文课标从学习目标、学习内容、教学提示等三个层面介绍相关学习任务群。与高中语文课标中学习任务群相比，义务教育语文课标中学习任务群由互相关联的学习任务组成，充分考虑不同学段的学情，呈现课程内容的基础性与发展性，重视学习情境、学习资源、学习方法等的整合，关注核心素养在语文实践中的落实。这使得基于任务群的课程内容具有情境性、实践性、综合性的特征。但如何将它们落实，还需要进一步思考、实践。

第二，以六个不同的"学习任务群"来对义务教育语文课程内容进行整体梳理与说明。为了找到一条比较清晰的框架线索来对课程内容进行总体性梳理与说明，2022 年版课标沿用了高中语文课程标准的策略与思路，以六个不同的"学习任务群"来厘清课程内容，分三个层面设置学习任务群。"第一层设'语言文字积累与梳理'1 个基础型学习任务群，第二层设'实用性阅读与交流''文学阅读与创意表达''思辨性阅读与表达'3 个发展型学习任务群，第三层设'整本书阅读''跨学科学习'2 个拓展性学习任务群。"① 原来的语文课程内容更多从知识点和能力训练这种线性、零碎的角度编排，如何从静态的知识转化为动态的实践，是课程内容建设要直面的问题。2022 年版课标三个层次 6 个学习任务群的设置，体现出课程内容的探索姿态。

第三，新增的课程内容"主题与载体形式"，有助于增强课程实施的情境性与实践性，充分发挥语文课程育人功能，将中华传统文化、革命文化、社会主义先进文化融入课程内容之中，增强课程的思想性。除此之外，课程内容"主题"还有反映科技、自然、生活等方面的应用、说明、记叙类作品。

---

① 中华人民共和国教育部. 义务教育语文课程标准（2022 年版）［M］. 北京：北京师范大学出版社，2022：20.

作为课程内容的"主题"在 2022 年版课标中得到较为具体的阐释,这会推动实施的细化。而"载体形式"从教材与生活情境溯源,具体且丰富,为学生有效把握课程内容"主题"提供了足够真实的实践空间。

三、新探索:强化实践活动,促进学习方式变革

回顾我国语文课程内容,长时间里将语文学习和教材编选的重点放在阅读上,把其他语言文字的实践活动视为辅助性活动,而语文活动包括听说读写思等多种实践活动。显然,无论是语文学科自身建设的诉求还是时代发展对于语文课程的要求,都迫切需要课程和教材内容跟上发展步伐。2022 年版语文课标增强了课程实施的情境性和实践性,促进学习方式的变革。无论是"课程性质"中对于"积极的语言实践"的强调,"课程理念"中有关"创设丰富多彩的学习情境"的阐说,还是"课程目标"中"学段要求"指向的"识字与写字""阅读与鉴赏""表达与交流""梳理与探究"四大实践活动,"课程内容"中相关学习任务群确定的具有内在逻辑关联的语文实践活动,及"课程实施"中有关"凸显语文学习的实践性"的教学建议,都体现了对语文实践活动的重视。突出语文实践活动在培养学生核心素养中的意义,是必要的。实践活动固然可以通过学生躬身入局的行动,追求显性可见的结果,能在个人体验情境、社会生活情境和学科认知情境中提升核心素养。但是"要收到实效,方法必须切实"①,不要如一些项目学习那样架空对语言文字的揣摩与运用。语文教师一定要意识到"实践出真知,语文教学的实践者是教师"②,在教学中将实践活动与学习任务对接,将活动指向的任务与对相关文本语言文字的研读相统筹。例如,义务教育课程标准修订组核心成员吴欣歆主张让学生自己设计演讲实践活动,创设情境,激发学生主动学习演讲词的兴趣,不需要先让学生学习相关演讲词。这种设想未免过于理想化。

基于语文文字揣摩、运用乃至文本研读的实践活动才是求真务实的语文

---

① 叶圣陶. 叶圣陶语文教育论集 [M]. 北京:教育科学出版社,2015:4.
② 叶圣陶. 叶圣陶语文教育论集 [M]. 北京:教育科学出版社,2015:111.

活动。笔者以统编版初中语文八年级下册第四单元为例探讨语文实践活动有效开展的路径。该单元是"活动·探究"单元,有三项任务。任务一:学习演讲词。要求阅读教材提供的四篇演讲词,理解作者的思想观点,把握演讲词的特点。跟进安排的三项学习实践活动,全都是指向对演讲词语言的揣摩与体悟——演讲词针对的因素是怎样体现出来的;关注演讲者如何围绕观点设计思路;演讲者往往借助哪些语言技巧来增强感染力。任务二:撰写演讲稿。在把握演讲词特点的基础上,学习演讲稿的写法,自己撰写一篇演讲稿。任务三:举办演讲比赛。学生课外搜集视频或者音频资料,了解演讲的基本技巧。以任务二撰写的演讲稿为基础,举办一次班级演讲比赛。安排的实践活动,由于有了之前对相关语言文字的揣摩,所有活动指向的语言文字运用就有了足够真实的学习支撑,发挥了实效。

以往的课程理念往往抽象、笼统,难以直接落实到教学行为中,需要借助课程开发与实践来实现。作为课标精神落地的最后一公里,一线教师不重视课标的情况并不少见,这其中原因是较为复杂的。

四、新挑战:立足核心素养,创新育人方式

2022 年版课标在"课程实施"部分指出,教学要立足核心素养,清晰而明确地体现立德树人的根本任务以及教学目标的育人立意,设定教学目标时要体现核心素养整体交融的特点,注意在语文实践活动中整体提升学生核心素养。教师要避免核心素养走向概念化,依据课标相关学习任务群,把握课程内容、学段目标、教材内容、学情,展开富有针对性的教学转化,力求其真实而具体。此外,还要准确明晰每个学习任务群的学习内容和教学提示,综合考虑教材内容和学生情况,设计不同类型的学习任务,注重语文和生活的结合,将结构化的课程内容落实为有效的学习任务。

如何变革以往线性教学的观念,使得既能保障义务阶段语文教学的基础性,又能以统整化的学习任务群,融合常态化的单元教学中的"语文素养"与"人文精神"?如何在"双减"背景下既保证日常的教学课时又能在繁忙的教学中创设真实而有效的学习情境、丰富学习资源?如何在层层束缚的教学

现状下耐心地研读学生学业质量描述，且给出富有现代教育学价值的评价建议？这一切都充满了挑战，还有待实践的检验。

2022年版语文课标强化了育人导向。如对社会主义先进文化、革命文化、中华民族优秀传统文化等的呈现、阅读、理解、体悟、认同，渗透在课程性质、课程理念、课程目标、课程内容、教学建议、评价建议中。教师要特别关注育人导向的具体落实，将其转化为基于素养型语文课程目标基础上的真实、真切的教育教学行为。可按照如下的流程展开相关的教学转化：明确育人主题—把握主要载体—整合教材内容及要求—联系学段目标—研读相应任务群内容及教学提示—设计学习任务—安排相关的语文实践活动—对学生的学习表现进行科学评估。以统编版小学四年级下册第七单元教学为例，这单元包括《为中华崛起而读书》《梅兰芳蓄须》《延安，我把你追寻》三篇革命题材文本。

首先，明确这单元的育人主题是革命文化，依据2022年版课标所言主要载体是有关革命传统人物、事件等方面的作品，阐发革命精神的作品等，那么把握这个单元育人主题的载体以单元课文为主，对课文的研读至关重要。随后，整合单元教材内容和要求。该单元人文主题为"天下兴亡，匹夫有责"，单元要素为"关注主要人物和事件，学习把握文章的主要内容"以及"学习写书信"。接着，联系学段目标，第二学段在"阅读与鉴赏"中指出要借助圈点、批注等方法初步把握并能复述文章主要内容，体会文章表达的思想感情，与他人交流自己的阅读感受；在"梳理与探究"中指出要学会组织有趣味的语文实践活动，能提出学习和生活中的问题，有目的地搜集资料，共同讨论。在此基础上，研读相应的学习任务群，该单元应属于"文学阅读与创意表达"学习任务群。具体到四年级上册第七单元的教学，所谓的学习任务群对教学设计及实施的意义不在于具体细微的任务指导，而是为开展革命文化教育教学提供了相对结构化系统化的内容支撑与策略统筹，有助于规范化、系统化革命文化课程内容的教学，可做如下设计。任务一，课前学生认真阅读本单元课文，课堂上设计"讲讲作品中的爱国故事"的任务活动，关注作品的人物和事件；任务二，查找资料，深入理解爱国人物与延安精神；任务三，美文共享，你说我说大家说。分享同样有关爱国题材的文章；任务四，传承家国情怀，研学革命好传统——我想对他们说。教师应在相关任务中安排适宜的实践活动，并对学生全程学习表现进行科学评估。

　　2022 年版课标关注核心素养，要求用情境性、综合性的学习活动构建课程内容，让静态的语文知识变为动态的语文实践，以学业质量描述来规约、指导教学行为。但将学习任务群作为课程内容对于一线教师是不小的挑战。如何将 6 大任务群与教材的使用联系起来？如何对待学习任务群中的内容与学习目标中的学段要求的重叠之处？如何兼顾课标精神，并传承语文教学的优良传统，在知识教学与情境教学中寻求平衡点？如何在坚守义务教育语文教学"基础性"的前提下整合学习内容、学习方法、学习资源、学习情境，设计契合课标要求又能行之有效的"任务"？这些都需要一线教师不断学习，不断更新教学观念，不断落实最新教学理念，做进一步尝试。

（本文发表于《教育评论》2022 年第 5 期）

明晰大单元教学的逻辑路径

大单元教学是当前语文教研的热点。不过，当前大单元教学的理论研究与实践状况，并未实现良好的互动。我们有必要梳理它的逻辑路径，以便有效理解与运用。

一、理论逻辑："统整"理念在单元教学中的集中体现

2017 年版的高中语文课标倡导统整化的课程理念，这使得大单元成为教研热点。"统整"课程理念意在扭转零散、片面、分离的课程观念，将分散、零碎的东西加以归纳与整理，以核心素养为本，以学习任务群为课程内容组织方式，整体设计学习活动。对大单元教学进行学理阐释时必须体现鲜明的课程理念元素。从理论逻辑上讲，中国传统哲学强调的整体观以及 20 世纪西方"结构主义""要领概念"等体现出的"把离散的事实和技能聚合起来形成意义"的整体思维，以及系统论、信息论、布鲁姆"掌握学习"等教育思想，都为大单元教学提供了学理支撑。

大单元教学的理论逻辑，即为"统整"理念在单元教学中的集中体现，这体现在两个层面：一是"统整"的课程理念在单元教学中的集中体现；二是"统整"的文化观在单元教学中的集中体现。需要特别强调的是，这里的"统整"必须契合课程标准的理念，基于我国传统思想中的整体观，不能盲从于国外大单元统整观，而应以包容而自信的理性姿态对其进行创造性转化。

二、历史逻辑：单元教学传统的现代演进

从现有研究成果来看，不少人忽视了对我们语文单元教学的本土传统进行深入研究，对我国语文单元教学传统进行回顾与梳理十分重要。

"单元"是课程开发的基本单位。单元型的语文教学框架在 20 世纪早期就已基本形成。早在 20 世纪 80 年代，就有一批教师注重以控制论、信息论、系统论等为理论基础展开单元教学探索。比如钟德赣的"五步三课型反刍式单元教学法"、吴心田的"四步骤多课型语文单元教学"、宁冠群的"六环节四步迁移单元教学法"等，他们注重依据现行教材单元特点，基于学习任务范畴将单元教学分为若干步骤或环节，围绕知识点、学情分析、文本特征等展开课型建构。

大单元教学应借鉴单元教学传统，改进传统单元教学的短板，具体可从如下几方面展开思考：第一，大单元教学要依托教材，重视单篇分析以及在此基础上的单元归纳；第二，大单元教学侧重课程内容的统整与任务的单元化，但绝不应该刻意贬低单篇教学；第三，大单元教学以单元大概念为统整载体，实现对单元教学篇目、内容、主题、方法、资源、情境、任务等进行结构化课程聚合，彰显基于语言实践活动的具有结构化的综合性课程理念，但一定要紧扣语文学科的特点，引导学生提升自身分析能力与综合能力，在"立体交叉"、互相渗透中螺旋上升；第四，大单元教学借鉴美国基于思维过程组织教材单元的编制原理，设计出项目单元、问题单元、课题单元、作业单元、活动单元、经验单元等多样单元，以概念性思维激发协同思考的整合思维，有助于改进以往单元教学过度依赖知识的弊端，但具体应用到我国语文教学中，一定要重视学生对课文的情感体验；第五，大单元教学固然要弘扬大概念，但更要融入到中国式语文单元教学特色中，继承并优化"异中求同"与"同中辨异"的双重视角。

三、现实逻辑：课程结构化的时代需求

实现课程内容结构化，是新时代对于课程教学提出的新要求。《普通高中课程方案（2017年版2020年修订）》指出要"重视学科大概念的核心作用，实现课程内容结构化"。课程方案层面对大概念的纳入，使得大概念成为当下教研的热点。应用大概念最主要的目的是促进课程内容结构化，以语文学科大概念为统领、以核心素养为取向的大单元教学的兴起是课程结构化的现实需求。从语文教学的实际来说，单元教学对单篇教学的过度依赖带来的课程内容松散化、零碎化、机械化、刻板化、封闭化，也需要以大概念为依托完成单元教学理念的重构。

据笔者观察，当前的大单元教学存在一些问题，比如：忽视对课文的具体分析，课程结构化空有形式；片面追求"大"而导致内容宽泛；脱离学生真实需求，忽视真实情境的创设；过度看重对大概念的统整掌握，缺乏教学实践的检验与评估，等等。

比如，有教师将统编高中语文必修一年级下册第三单元的大单元教学设计如下：任务一，阅读比较相关作品，体会几位作家不同的戏剧风格；任务二，熟读三篇文章，如果你是一位导演，对《雷雨》《窦娥冤》《哈姆莱特》节选部分的情节会怎么处理？"任务一"任务宽泛，没有具体的认知支架，"任务二"在情境创设中并没抓住戏剧文本的特性进行问题提炼。这样的教学难以引导学生走进文本进行深层对话，教学效果也就可想而知了。

大单元教学强调对单元内容进行整合后形成大内容、大概念、大任务、大活动，但大单元需要"大"到什么程度才合适，才便于教和学，才能产生最好的"效益"？这个值得深入研究，我们需要的是有效的统整与务实的优化，而不是空摆架子、强行拼接、高调造势。

课程结构化主要是通过课程内容的重组、整合，优化内部结构，使其形成有机关联、层次分明、前后贯通的结构统一体。大单元教学是课程结构化的落实方式，目前在实践层面尚处于探索阶段，有必要对其教学策略进行深入的研究探讨。大单元教学以结构化的学习任务为组织载体，既可融入多文

本的综合阅读，也应重视单篇细读。正如有些研究者所言，"扎实的单篇教学是开展大单元教学的前提，学生在单篇细读的基础上持续思考，才能深入探究单元的核心问题，才能发挥核心问题在大单元教学中的统摄作用"。大单元教学指向的综合性的阅读鉴赏能力，不是轻而易举就能生成的，需要单篇教学的引领。忽视单篇教学、无视文本具体分析、强行整合的大单元教学，很难真正实现课程内容的结构化。

（本文发表于《中国教育报》2023 年 3 月 31 日）

高中语文学习任务群与群文阅读的
内在关联及其实施路径

"学习任务群"是一线教师们亟需理解的核心理念、内容，如何将其有效渗透进我们的教学实施之中？笔者认为必须先认真研读《普通高中语文课程标准（2017年版）》（以下简称"课标"）对于学习任务群的相关阐述，进而将这一略显抽象的课程内容与"群文阅读"这一新型阅读策略关联起来，探究相关的实施路径。课标中对于"学习任务群"的权威阐述，主要包含如下特点：

第一，以任务为导向，具有整合性。学习任务群使得语文教学有了明确的学习任务，走出了盲目随意的误区。"以任务为导向"主要体现为：18个学习任务群，各自的任务属性明确，并且课标中对每个学习任务群的学习内容、目标及教学提示均作了明确的规定；部编高中语文教材各单元对应着明确的学习任务群，学习任务群是单元设计的一条线索。所谓的"整合"主要是指对学习情境、学习内容、学习方法和学习资源的整合。

第二，以学习项目为载体，创设真实的学习情境。项目学习主张围绕一个具体的项目创设情境，引导学生在解决问题的过程中习得知识；创设真实的学习情境是为了使得语文学习成为任务驱动的言语实践活动。

第三，学习任务群是高中语文新课标的核心理念，课标以学习任务群建构语文课程内容。近几年致力于群文阅读教学理论建设的西南大学于泽元教授提出："群文阅读是师生围绕着一个或多个议题选择一组文本，而后师生围绕议题进行阅读和集体建构，最终达成共识的过程。"议题是群文阅读区别于其他形式的教学理论的重要特征。所谓议题，就是一组选文中所蕴含的可以供师生展开议论的话题。从任务型教学角度看，就是要达成的学习任务；从呈现形态看，就是一组激发学生学习的问题。如何进行群文阅读呢？一种比较务实的操作策略是将群文阅读由课内向课外拓展，实现课堂内外阅读的相互交叉、渗透——这种群文阅读的组文策略可描述为"1＋X"群文阅读。此外还有其他方式，比如课内多篇、课外多篇等。

接下来，我们来探究学习任务群与群文阅读的内在关联及其实施路径。

一、内在关联

（一）"群文阅读"要基于"学习任务群"，"学习任务群"为"群文阅读"教学模式的实施指明了方向。

从概念范畴来看，学习任务群指向课程内容，群文阅读是一种阅读策略。当我们将群文阅读介入高中语文学习进程时就要明白，作为一种阅读策略，群文阅读若想有效融入到高中语文课程场域中还需打上课程内容的底色，要遵循课程内容的要求，因为被课程内容内化的群文阅读与广泛意义上的群文阅读是不同的。此外，从概念本身构成及表述而言，群文阅读远没有学习任务群表述得规范、严谨。课标明确规定了18个学习任务群的相关学习内容、目标与教学提示，而群文阅读更多是以组文的方式呈现在统编教材之中，缺乏严谨到位的实施。整体来看，当前的群文阅读已显露出主题宽泛、课堂虚设、架空文本等不足，有待改善。从这个意义来说，学习任务群为群文阅读教学模式的实施指明了方向。

统编高中语文教材必修上册第二单元第四课三篇人物通讯分别是《喜看稻菽千重浪——记首届国家最高科技奖获得者袁隆平》《心有一团火，温暖众人心》《"探界者"钟扬》，都是实用类文本。这个单元对应的学习任务群是"实用性阅读与交流"。我们应从单篇阅读讲解中抽身出来，基于"实用性阅读与交流"学习任务群的相关目标与要求，进行整合式群文阅读教学实施。

课标中对"实用性阅读与交流"的目的、学习目标、内容、教学提示作了如下的规定：第一，"实用性阅读与交流"学习任务群旨在引导学生学习当代社会生活中的实用性语文，包括实用性文本的独立阅读与理解；增强适应社会、服务社会的能力。第二，通过学习"实用性阅读与交流"学习任务群，学生掌握当代社会常用的实用文本，丰富自身的生活经历和情感体验；有关的具体学习内容，可选择社会交往类文本、新闻传媒类文本、知识性读物。第三，"实用性阅读与交流"学习任务群教学以社会情境中的学生探究性学习活动为主。这就要求我们对以上这三篇人物通讯进行群文阅读时，一要把握人物通讯这一新闻文体的基本特征，学会掌握独立阅读"通讯"这种实用性文体的方法，二要注重在真实情境中落实学生的探究性专题化学习活动，丰富学生自身的相关生活认知与情感体验。基于此，我们以"把握'时代劳动楷模'题材人物通讯的'劳动者'精神及其文体特征"为议题展开群文阅读，设置学习任务如下。

任务一，人物通讯要深入挖掘典型事件以表现人物精神，并在其中体现作者的立场和态度，请阅读本单元的三篇人物通讯，以表格形式梳理其中的具体事件、人物精神和作者立场。

任务二，在优秀的人物通讯作品中，作者往往会通过不同渠道采集材料，从多个角度来报道人物。请阅读本单元三篇人物通讯，说一说它们分别主要从哪些角度来展开报道。

任务三，人物通讯注重刻画细节，通过具体生动的细节描写让人物形象更加丰满，内容更加真切感人。请阅读本单元三篇人物通讯，从每一篇作品中分别列举出两处细节加以赏析。

任务四，袁隆平、张秉贵、钟扬，他们三个人的工作岗位各不相同，但在他们身上却体现着许多共同的精神品质。请阅读本单元三篇人物通讯，简要概括一下他们具有哪些共同的精神品质。

任务五，如何写好一篇人物通讯？请同学们结合本单元的三篇人物通讯写一篇300字左右的随感，题目自拟。

通过以上任务的实施，我们可以基于学习任务群的相关规定，以项目为载体，创设真实学习情境，以任务为导向，驱动对群文的整合阅读。我们会在这样接地气的群文阅读中引导学生把握人物通讯的主要特征：第一，人物通讯较为注重通过典型意义的事件来表现人物的优秀品质，同时体现出作者对报道对象的态度与立场，凸显通讯新闻价值；第二，人物通讯对选择的材料予以详略处理，从多方面、多角度刻画人物形象，没有固定结构格式，但讲究行文的逻辑性；第三，人物通讯着力刻画细节，与其他表达方式相互映衬，从而使得人物形象更加生动、丰满。同时，通过群文阅读，我们可以将这三篇人物通讯中的袁隆平、张秉贵、钟扬共同具备的"劳动者"精神予以专题化整合——热爱本职工作，致力于做好本职工作；有责任，有担当，有着崇高、远大的理想；面对困难、挑战，不屈不挠，不懈奋斗；主动探索，勇于实践；不计个人得失，无私奉献。这无疑会丰富学生们对于本单元"崇尚劳动"这一人文话题的认识。

（二）学习任务群的实施要借助群文阅读这一载体，群文阅读是落实学习任务群的有效抓手。

学习任务群视域下的整合式的语文学习生态，必然要求在语文教学中，将不同的文本、不同的学习方式引入教学。学习任务群的落实可通过群文阅读来实现。有关这方面内容，我们从教学设计实施及统编版高中语文教材的单元学习任务审视这两个方面来展开分析。

《语文教学通讯（高中版）》2019年第7—8期围绕"必修课程"学习任务群教学方案设计专门开设了相关专栏，刊发相关教学设计，引发了志于探索新教材使用策略的一线教师的广泛关注，产生了一定的教研影响力。在这一期中，有一份教学设计以鲁迅《狂人日记》中"狂人"、郁达夫《沉沦》中"我"、巴金《家》中"觉慧"、路遥《平凡的世界》中农村少年"孙少平"、余华《十八岁出门远行》中初次看世界的"我"为阅读对象，以"从多文本中选择最能代表中国青春形象的人物"为主任务，落实"文学阅读与写作"学习任务群。该份教学设计教学任务为"请你选择一个人物，通过学习活动为他制作一个中国青年青春形象代言人的展示材料包，材料包必须有展示视频（3分钟之内）、相关佐证材料，并在青春秀场上为自己的人物代言"。其教学内容及目标为"阅读以上文本，用分析小说的方法把握文本人物形象特征，从多个角度深入解读人物行为逻辑、人物与其他人物的关系、人物与环境的关系，以及人物对于困境的处理方式；依据'人物形象特征'，按照方法贴士有步骤有逻辑地完成辩论、写作、制作网页等任务，并结合自己阅读经验对人物进行创造性阅读；能运用不同媒介的呈现方式，将个体阅读体验与研究结论表达出来。"如果我们认真研读了新课标中对"文学阅读与写作"学习任务群的相关规定，就会发现这份针对"文学阅读与写作"的教学设计其学习目标设置得比较杂乱。一方面，未能紧扣"文学阅读与写作"任务群的学习目标与内容展开；另一方面，将"跨媒介阅读与交流"学习任务群一些学习目标植入到这里，导致目标不集中。此外，此份教学案例将"从多文本中选择最能代表中国青春形象的人物"作为主任务，但相关的组文不合理，群文阅读难以有效实施——围绕着《狂人日记》中的"狂人"（反抗封建礼教）、《沉沦》中忧郁的"我"（有追求但个性忧郁压抑）、《家》中新青年觉慧（思想觉醒但未成熟尚带有阶级局限性）、《平凡的世界》中农村青年孙少平（奋斗拼搏）、《十八岁出门远行》中初次看世界的"我"（有现代意识但有些荒诞，有探索精神），难以形成有逻辑、有价值的议题予以有效关联。可见，若要有效实施整合了学习情境、内容、方法、资源的"学习任务群"，往往需要关联不同文本，但如果只是在教学设计中毫无逻辑地呈现多文本而没有对其进行必要的群文关联，没有展开真实的群文阅读，那么其对应的学习任务群在实施层面上往往少了有效抓手。

统编高中语文必修上册第七单元选取了郁达夫《故都的秋》、朱自清《荷塘月色》、史铁生《我与地坛》（节选）、苏轼《赤壁赋》、姚鼐《登泰山记》这几篇文章，对应的人文主题是自然情怀，对应的学习任务群是"文学阅读与写作"学习任务群。

教材呈现了该单元学习任务，第一个学习任务如下：

平时你是否留意过身边的自然景物？哪些景物曾经激起你心灵的涟漪，引发你对生命的感悟？本单元的写景抒情散文，都表现了作者眼中的自然美，表达了他们对生命的感悟与思考。阅读这些文章，完成下列任务——

1.《故都的秋》《荷塘月色》和《我与地坛》描写的是同一个城市的景物，呈现出多姿多样的美。选取你认为最精彩的段落，反复朗读，细加品味，写一段评点文字。

2. 这几篇文章都有融情于景、情景交融的特点，字里行间蕴含着作者的思想感情。结合《赤壁赋》，分析文中的景和情是怎样完美融合在一起的。如有兴趣，可以选取文中的一个片段，拟写视频拍摄脚本，挑选合适的音乐和场景，制作一个小视频。

可见，该项单元学习任务提供情境，结合我们生活经验和阅读经历设置任务，要求学生在多文本阅读（群文阅读）中根据文本艺术样式，从语言、构思的角度欣赏作品，获得审美体验。在这里，群文阅读成为了落实"学习任务群"的有效抓手。

二、实施路径

（一）探索"基于学习任务群的群文阅读"策略，落实学习任务群规约下群文阅读教学规程。

群文阅读不仅仅是多文本的组合，也不仅仅是形成议题，还要有明确的课程内容意识，要基于相应的学习任务群。学习任务群整合式的学习生态特点，要求群文阅读做好多文本的有效整合；学习任务群以项目学习为载体，要求群文阅读放在项目学习活动中展开；学习任务群致力于创设真实情境，这给群文阅读提出了要求。所以，我们要探索基于学习任务群的群文阅读策略。

笔者认为，我们可以这样安排学习任务群规约下群文阅读的教学流程：基于学习任务群，确立主项目任务—生成议题—编定文本（主读文本、辅读文本）—设定议题指向下的次任务，落实活动环节—阅读交流—凝聚共识。

接下来，我们以鲁迅《记念刘和珍君》为例，探讨"学习任务群"规约下"1＋X"群文阅读策略。我们可以设置如下的群文阅读教学环节：

1. 基于"中国现当代作家作品专题研讨"学习任务群（该学习任务群的学习目标：梳理中国现当代文学发展的重要作家作品，发现有价值的文学现象与问题，从中选择自己感兴趣的专题进行研讨；围绕中心论题进行有准备的研讨，围绕专题选择合适的方式展示探究的成果），确定主项目任务"把握民国文人纪念'三·一八惨案'时呈现出的不同特点"。

2. 生成议题：探究"民国文人悼念'三·一八惨案'遇害爱国青年及其文学书写风格"。

3. 确定群文。以鲁迅《记念刘和珍君》、林语堂《悼刘和珍杨德群女士》、石评梅《痛哭和珍》、朱自清《执政府大屠杀记》、周作人《关于三月十八日的死者》为群文阅读文本。

4. 设定议题指向下的次任务，落实活动环节，从情感、场景等层面设置情境明确次任务，展开对比；还可以设置"假如你是刘和珍的好友，你读了以上这些作家的悼念文后，对他们的悼念审美表达有何感受？请给这些作家回一封信，谈谈自己的感受与思考"的次任务。

5. 阅读交流，可成立学习小组，自主研讨。

6. 凝聚共识。

通过实施这样的群文阅读，我们会得出如下的发现——从情感而言，林语堂文章重在叙事，刘和珍"温柔可亲"特征不突出，形象单薄，文章偏客观，感情不强烈；石评梅文章重在抒情，突出刘和珍"微笑"特点，表达对朋友牺牲的伤痛、深切缅怀之情，感情炽烈，但情感单一；周作人《关于三月十八日的死者》开篇就以平实语气陈述了自己在事件发生后心绪的变化——从愤激到平静，从事件本身进入到理性思考阶段；而鲁迅《记念刘和珍君》情感则复杂得多。

从场景审视来看，在描写屠杀情景时，朱自清《执政府大屠杀记》细致描写了场景惨状，情感激愤，但描写点散，人物多，不集中；鲁迅则以郑重的史笔，从射击角度、中弹部位等角度细致描述，描写点小而集中，人物少，情感悲愤。

（二）高中语文学习任务群的专题化实施

我们实施统编高中语文教材单元教学时要落实学习任务群与相应的人文主题，要有单元整体意识，要有单元学习核心任务，要在群文阅读中优化单元学习结构。无论是单元导语，还是课后的"学习提示"，以及每个单元后面的单元学习任务，都指向单元的整体教学。也就是说，我们在落实学习任务群时要在具体项目活动建构起的真实情境中确定主任务、大任务，而后再形成次任务，保证彼此的呼应与衔接。这既是对学习视野的拓展，也是对学习方式的变革——它使语文学习趋于专题化、深度化。从这个意义上来说，我们要重视高中语文"学习任务群"的专题化实施。

过去的语文专题教学，如读杜甫的诗等，总体上显得较为宽泛。现在我们倡导的专题化教学遵循课标学习任务群内容要求，立足学情，从小的角度切入。

比如，针对"中华传统文化专题研讨"任务群，可以从杜甫的诗歌教学切入，将教材中的杜甫诗歌汇总，予以整合重组，引导学生从意象入手进而展开探究性学习。按照这样的精细化思路，我们还可以设计一系列传统文化的学习"小专题"：《论语》里的"仁"，《老子》里的"道"等。

我们还可以针对"中国现当代作家作品研习"任务群设计另一系列"小专题"：鲁迅小说里的"我"，沈从文小说里的"湘西"，老舍小说里的"老北京"，刘亮程笔下的"村庄"等。

再比如，可以通过阅读鲁迅小说集《彷徨》，围绕着"鲁迅小说世界里的婚姻观"的主题研习来落实相关学习任务群要求。《离婚》和《伤逝》中鲁迅探讨了婚姻的问题，传统方式结合的婚姻是不幸福的：八抬大轿娶进门的爱姑与丈夫闹腾了两三年不得不面对离婚困境，泼辣的爱姑在前面几次闹腾中取得了胜利，但在七大人的封建威严下顿时失去了基础，被取消了合法性；自由结合的婚姻就幸福吗？子君和涓生的婚姻告诉我们——没有面包基础结合的婚姻是不可靠的。子君为了幸福而出走，却在琐碎的生活中失去了婚姻的幸福。

总之，课标以学习任务群建构语文课程内容，引发了关于学习任务群教学的研究热潮，而作为适应时代需求的新型阅读策略的群文阅读对于开拓学生阅读视野、提升学生阅读速度、变革学生阅读方式，为学生带来崭新的阅读收获意义显著。具体到我们日常的高中语文教学，无论是学习任务群还是群文阅读都应找到合适的文本实施对象，否则就可能会出现情境宽泛、活动虚化、缺乏精读、游离文本、课堂虚设等问题。从这层意义上来说，把握学习任务群与群文阅读的内在关联及其实施路径是值得深入探讨与实践的。

（本文发表于《福建教育·中学版》2020 年第 12 期）

中学作文教学"情境"说及其需面对的三种敞开空间

自古以来，我们对于创作"情境"之于创作的自洽性与圆通性的重要作用，是有着较为自觉与深刻的认知的。比如，刘勰在《文心雕龙》中指出"缀文者情动而辞发，观文者披文以入情"，唐代诗僧皎然在《秋日遥和卢使君游何山寺宿敳上人房论涅槃经》中认为"诗情缘境发"，宋人魏庆之在《初学蹊径》中告诉我们"诗文不可凿空强作，待境而生，便自工耳"等。改革开放以来，全国高考作文趋向于为考生们提供具体的写作情境。1978年到1997年的全国高考作文提供"情境"的方式主要是文字式和图画式。所谓的"文字式"供"情境"作文主要是指考场作文为考生提供一篇短文或一个语段，包括根据给定的故事情节写文章。所谓的"图画式"供"情境"作文主要是指考场作文为考生提供图画情境，让考生通过看图搜索写作情境"库存"展开限时写作。随后的高考作文，尤其是进入到21世纪"课改"后的高考作文，经历了从话题作文到材料作文再到新材料作文的发展过程。自2015年开始兴起的"任务驱动作文"则重新强调在真实具体情境中展开就事说理的写作策略。在新课改理念的潮流下，我们对于中学写作的研讨也呈现出多元化的"繁荣"局面。无论参与者们以怎样的姿态介入到这一时期的作文教学探索之中，至少他们出发点大体是一致的——让作文贴近学生们的日常生活，让学生们喜欢上写作。《义务教育语文课程标准（2011年版）》中对于初中语文写作诸如"写作要有真情实感，力求表达自己对自然、社会、人生的感受、体验和思考""写作教学应贴近学生实际，让学生易于动笔，乐于表达，应引导学生关注现实，热爱生活，积极向上，表达真情实感"等的理念指导与纲领，意在引导中学作文教学在"初中"阶段就要在贴近学生们现实生活情境的前提下展开过程体验与实践操练。

吊诡的是，尽管我们的写作教学理念是遵循"情境"的，但在实践中，"情境"还是很难真正嵌入到作文教学中，较少学生能在限时作文中有效地将相关的内容"情境"渗透到文章之中。这也直接导致作文教学的低效。有人将当前的作文教学问题归结为"六无"："学科无地位""课标无细目""教学无课本""教材无序列""老师无方法""学生无兴趣"[①]。目前的中学生写起作文，往往显得"心浮气躁"，在"写作任务"的"驱动"下，急于下笔成文，由于没有特定的"情境"植入，使得学生的写作状态趋于"匆匆"化。那种被人调侃的"脚踩西瓜皮，滑到哪里算哪里"的写作方式，是大面积存在的。"假""大""空"，是始终存在的中学学作文现状。前些年，那种主打"文化"情怀、无病呻吟、形式远胜于内容的"小文人"作文备受青睐。不久，这种脱离学生自我青春生活情境的类型作文遭到专家批判。后来，材料作文的"多义性"使得学生们寻觅到将"备用"素材植入合理多义的缝隙之中的可能性，进而以打磨日久的"宿构""套作"来实现与考场材料作文的"限时"对接，竟也能拿个说得过去的分数。多年来，这种不良的写作倾向影响了不少学生。我们的中学写作研究者以及一线教师们对此也展开不少思考，但似乎都在说"困境""现状"，大都在进行"初探""浅论"，似乎受到一维思维的局限，大家所思考的方式及解决问题的策略，针对性一直不强。

当然，中学生作文写作时不懂得、不善于情境代入，有着自身的原因。比如，游戏、明星、潮流等分走了学生们观察生活、提炼生活写作情境的注意力。再比如，有些学生将写作学习局限在作文的"宿构"与对无自我主体"套作"的模仿之中，有意将考场作文与日常生活隔绝起来。除此之外，还有很多复杂的因素。本文拟从学生写作情境内部敞开空间、教材文本情境对于学生写作情境的敞开空间、教师批改情境对于学生写作情境的敞开空间三个角度来论述中学写作教学"情境"的渗透与生成。

---

① 吴立岗. 当前中小学作文教学改革须关注的三大问题 [J]. 课程·教材·教法，2014（7）.

一、根植于青春个体视角的写作情境内部敞开空间

当前，中学写作教学被人广为诟病的是学生鲜活的主体性在写作实践中的缺失。这主要表现在：第一，作文教学目的错位，"技法至上"的理念成为写作教学课程的"务实"策略，忽视对写作内容情感的启发与充实。第二，作文教学陷入"无序列"或"序列杂乱"的尴尬处境之中。近些年来，有不少教研者在文章中提倡重塑写作序列、构建写作教学梯度的方向与措施。这固然是值得肯定的。但在笔者看来，对于广大学生而言，"写作情境"的有效创设是比所谓"作文序列"的重构更为必要的教学目标。

我们知道，无论中、高考作文怎样出题，写作立意范畴基本可分为"生命意义""自然景物""情感体验""道德修养""哲理品悟"等五大类。"生命意义"立意范畴主要是指写感悟生活中的滋味，"自然景物"主要是指写对周遭世界的感悟，"情感体验"主要是指写珍藏在内心的人与事、成长的丰富感触、酸甜苦辣诸多滋味的经历等，"道德修养"主要是指写生活中展现的如诚信、真诚、和谐、互助、友善等宝贵的品质，"哲理品悟"主要是写自己从生活细节中提炼出的理性认识。总体而言，结合中学生不同阶段的成长特征规律，初中生写作主要是面向"生命意义""自然景物""情感体验""道德修养"等这些"感性"立意范畴，而高中生写作主要面向"哲理品悟"的"理性"立意范畴。我们进行初中写作教学时，主要训练学生写记叙文，引导学生学会观察并表达家庭生活、学校生活、社会生活、自然生活——而要写好记叙文，创设具体到位、真实感人的叙事"情境"是最为关键的。

高考作文新兴的"任务驱动作文"的提法来源于教育部考试中心张开老师的一篇文章《注重题型设计，强化教育功能——2015 年高考作文的特点及相关问题的解读》。笔者认为，"任务驱动型作文"是在贴近当下社会现实的作文材料引发考生根据材料情境激活自我写作情境、激发写作欲望的基础上，通过增加所谓的"任务型指令"增强写作的针对性，促使考生在真实情境中辨析关键概念，在多维的比较之中说理论证。这种看似别扭的"任务驱动"赋名是为了从写作任务层面对考生审读、思考材料作文文本内部的情境内容

29

做一番直接要求，从更深层次来看，是为了引导学生在写作时，要始终围绕着"情境"展开具体的富有针对性的表达。可见，无论是初中写作还是高中写作，创设写作情境，是极为重要的。

那么应怎样为学生创设情境？

首先，应厘清在中学生自我写作场域中"写作情境"的概念及内涵。顾名思义，"写作情境"是指作者写作时自我主体所处的具体细微的场景、环境、氛围。但在这里，我们要强调的是"写作情境"还受写作者直面的"语境"的制约。即使写同一题材，受年龄特征、学业现状、成长程度、考试形式等因素影响，中学生与大学生写作情境所处的语境是不一样的。以初中写作为例，初中生写记叙文时，其本身要统筹并创设完善的自我写作情境至少包含以下几种结构内容要素：一是写作情境要与自我年龄（13 岁到 16 岁）相协调，贴近自己的生活实际；二是在具体可感的青春个性化叙事之中构建写作情境；写作情境要注重富有层次感甚至是矛盾纠结的心理描写；三是要学会在写作情境叙写中表达真实动人的自我成长经验；四是要处理好自我生活经历的"情境"素材与作文蕴含的"情境"类型之间的切换、对接、融合。

其次，我们要引导学生们学会不断拓展自我写作情境内部的敞开空间。对于中学生而言，他们从接触写作开始，就被老师们叮嘱要学会观察生活、记录生活、从生活经历中取材、写作要有真情实感。可是直到初中阶段，不少学生还是怕写作文、不会写作文。从学生自身来说，或许更多是因为他们没有学会观察生活、提炼生活以及不善于在这一过程中积累适宜的写作情境。这个问题，可以从学生们生活体验的维度、写作情境创设的视角这两个层面加以分析。现在的初中生，生活经历并非是单调的，从他们年龄阶段特征来看，生活是丰富多彩的。面对这多样的青春生活，当今的不少初中生在体验生活的维度却出现偏差，他们不是尝试着贴近活生生的，充满"物""人""事""情"的现实生活，而是依据其所乐于阅读涉猎的诸如以青春、玄幻、惊悚等为标签的网络文学、影视所熏陶出的自我狂欢的体验为所认同的生活经验，这当然会抑制他们在日常生活中创设真实感人的写作题材情境。此外，初中阶段的记叙文写作，并不需要写作者秉承什么宏大的视角，并不需要学生们展开过多的超越他们认知程度的深沉思考，需要的是学生们的个体青春视角。离开了青春视角的生命体验，青春叙事也会在失真中式微。记叙文本质上是个性化写作，是作文主题内容面向写作者个体生活情境的召唤，以及个体生活情境在这一召唤中的适度合理的展开。所以从这个意义上来说，学生若想真正创设并且拓展自我写作情境内部展开空间，应重视"学生个体视角"对于"写作情境"的型塑作用。王栋生曾不无感慨地指出学生的生活是自我写作的大地，"相当多的学生没能正视自己的生活，没能从生活中有所发现，不明白'贴近生活'的要义是展示自我心灵"①，也是强调这个道理。

笔者任教班级有一位学生，曾在 2016 年 1 月份某一天找到笔者。他向笔者动情地谈起他去年暑期与家人去西藏旅游的一次经历：有一天，他父母在宾馆休息，他独自和导游去附近的高原景点闲逛，正玩得高兴时，附近有一位长相"凶恶"的藏民赶着拉车的牦牛爬坡却始终不成功，这时藏民向他求助，希望他帮忙推车，他这时心理出现了一番斗争，最后才勉强帮忙，推上坡后却不小心崴了脚，而藏民二话没说直接拿出随身带的自家酿制的祖传药膏帮他疗伤，热情温馨的场景温暖了他的内心……笔者也被他的故事所感染，这位学生却向笔者提出他的困惑——当时决定帮忙藏民时，他的内心经历了不小的斗争，如果写出这种内心活动会不会削减文章的思想深度（在他看来，果断决定帮藏民，更有"正能量"）；后来决定帮藏民，也是勉强的，甚至推车时都没使出全力，如果这样"照实"写，会不会影响文章的情感高度？笔者为他解惑，指出他的"担心"是没必要的，把矛盾的心理写出来，文章看起来才像是初中生的记叙文，也更契合自我的青春视角，这样叙述下的情境才是真实的感人的。后来这位学生根据笔者的建议，在作文表达中有针对性地叙述了这一故事情境，也对此留下了深刻的印象。2016 年福州市中考作文是半命题作文《和谐之美，美在_____》（从"互助""友善""诚信"这三个词语中任选一个词语填空），这位学生很快地联想到了上述这一生活情境，他围绕着"和谐之美，美在互助"，以个体自我的青春视角展开情境表达，拿到了一个相当理想的成绩。

---

① 王栋生. 王栋生作文教学笔记［M］. 南京：江苏教育出版社，2013：222.

二、教材文本情境对于学生写作情境的敞开空间

　　法国批评家朱莉娅·克里斯蒂娃提出"互文性"的概念，认为任何作品的文本都是像许多行文的镶嵌品那样构成的，任何文本都是其他文本的吸收和转化。这一理论阐述给予我们这样的启示——每一个文本都不是孤立存在的独白式封闭体，在创作过程中都要参照其他文本，进而因其最终成文的自我文本样式建立起与其他文本相互参照的审美关系状态。"互文性"不仅体现在教材的文本之间的彼此参照之中，而且也渗透在教材文本情境与学生写作情境之间的呼应之中。从这个意义上来说，教材文本情境对于学生写作情境是有着丰富的敞开空间的。

　　我们用教材的目的就是为了以教材中的文本为"例子"来创设特定的系统的审美情境，让学生学会将课文文本关涉到的人生审美情境与自我的成长生活情境相联系，进而形成健康积极的价值观与人生观，在这个基础上适时合理地培养语文能力。从整体上来说，当前我们的中学语文教学，将"课文文本学习"与"写作学习"相割裂了，这直接导致教学文本情境向学生写作情境敞开的空间被大幅度弱化，这主要体现在以下几点：其一，有些教师主观上将"课文学习"与"写作"视为是两回事，认为学课文就是为了培养相关的阅读能力，而写作主要是训练技巧，功夫在课外。其二，有些教师缺乏以教材文本情境有效启迪学生写作情境的自觉意识。其三，受目前教材不尽合理的编写范式的影响，教师的教学思维被大加束缚。其实，正如叶圣陶所言"不要把指导阅读和指导作文看成是两回事，实际上写作基于阅读，把课文讲好，使学生理解每篇文章的思路是怎样发展的，语言是怎样运用的，这就是很好的作文指导"①，将教材文本情境与学生写作情境相分离开的教学理念，是不可取的。写作不仅"功夫在课外"，也应得"情境"于课内于教材文本中。我们进行课文教学时，要致力于拓展教材文本情境向学生写作情境的敞开空间。

---

① 叶圣陶. 叶圣陶文集（第13卷）[M]. 南京：江苏教育出版社，2004：176.

目前，写作指导主要包括陈述性写作知识和程序性写作知识。"陈述性写作知识"是指关于"是什么"的知识，从结构、表达、语言、主题、文风等层面展开对写作"知"的构建与体验。而"程序性写作知识"是指关于"怎么做"的知识。比如我们平时讲授给学生的"脉络句构篇法"等就属于这种侧重于写作技巧润色的程序性写作知识。以人教版初中语文教材为例，教材的编写初衷也是试图将两种类型的写作知识融入其中。比如单元导语往往侧重于陈述性写作知识，而单元后的写作单元则更多地侧重于"写作技法"的点拨。但是纵观多达六册的人教版初中语文教材，它在很多地方出现了教材单元文本情境与写作情境相脱节的现象，这不仅会使教材文本情境向写作情境的敞开空间受到"不对称"的混沌挤压，而且甚至会使这种"敞开空间"没有了"敞开"的可能。人教版初中语文教材是以统一的主题来编排单元课文，每一个单元都有一个明确的契合初中生现实的主题。按理说，这样的编排范式是有利于创设阶段性明确的文本情境的。不过让人遗憾的是，单元后面的"写作"部分呈现出的写作情境往往与本单元的教材课文文本情境出现错位。

这种情境错位的现象主要体现在两个方面：第一，从"情境"的属性特征以及外延范畴来看，同单元的学生写作情境与教材文本情境关联性不大，单元写作导引中创设的写作情境过于宽泛。比如七年级上册第二单元所选的课文文本情境大都是回忆在青少年时期的学习生活中给自己留下深刻影响的长者形象。应该说这样的文本情境是容易激发学生相关写作情境的，可是本单元后的写作训练目标却是宽泛的"说真话，抒真情"，并且"写作导引"引入的文本是上一单元的《秋天的怀念》中"抒真情"的部分，这会让学生们不知所云，也很难借由本单元的教材文本情境的熏陶实现对单元写作情境的敞开与丰富。其实，本单元写作训练部分完全应该依据教材文本情境来创设写作情境——引导学生们描写在成长过程中给自己留下深刻印象的长者形象。这样就能创设恰当合理的写作情境，也会激发学生们对本单元文本情境的回忆与再体会。在这个情况下，教材文本情境对学生们写作情境的敞开空间才会真正形成。而一切所谓的写作技巧，都应该建立在这样形成的"敞开空间"之中。否则就会本末倒置。第二，单元后的写作部分一味强调学生们已知的写作技巧，与单元教材文本情境相分离，学生很难实现通过单元课文学习融入自己生活体验、迁移写作情境的目标。比如，七年级下册第一单元的几篇课文记叙的是作者成长的足迹与成长的历程，这种文本情境是非常易于促使学生思考"成长"的内涵与外延的，可是后面的写作部分却是学生们已知的常识"叙事要完整"，使学生们失去借助文本情境敞开空间展开思考并迁移自我成长写作情境的契机。

近些年来，教材中写作训练序列的编排引起越来越多的讨论。在笔者看来，目前教材中写作部分偏重于写作技巧指导，而对创设写作情境强调得不够，尤其是将写作情境与教材文本情境相分离，很难实现教材文本情境对于学生写作情境的敞开。学生如果空有写作技巧的积累与训练，而没有具体真实的写作情境的创设，写作便会空洞无物。

三、教师批改情境对于学生写作情境的敞开空间

这些年来，中高考作文阅卷被人诟病最多的就是为了赶速度而不追求改卷质量。目前，批改作文的方法依然有争论。无论采取何种批改作文的方式，教师都要创立合理有效的"情境"。当前，教师批改作文的常规化情境是批改"面面俱到"，似乎每一次写作文，学生都要把方方面面的"要点"写完整，而教师作文评语更趋于雷同。这样的批改"情境"是没有针对性的，也无法有效实现对学生写作情境创设的鼓励，更谈不上对学生写作情境的适度敞开。教师应明确，学生每一次作文都要有特定的写作任务，也就是说，教师要为学生创设富有针对性的写作情境。教师批改学生作文时，重点针对的应是他们围绕特定的写作情境展开的写作是否规范，至于其他的，能少谈就少谈。学生可根据老师的评语再次审视、反思自己表达的写作情境，具体真实地进行完善。

在创设有效的写作情境、激发学生写作动力的基础上，教师再植入相关的写作技巧指导，写作教学的效果可能会更好。中学作文教学的写作"情境"不仅指从教学需求出发，教师单方面创设某种情境，还需要兼顾学生的"学"与教材的"文本"。也就是说，只有教师的"教"、学生的"学"、教材"文

本"知识三者实现和谐"对话"、良性同构，教学才能真正发挥实效。从目前现状来看，笔者认为，学生写作内部情境敞开空间、教材文本情境对于学生写作情境的敞开空间、教师批改"情境"对于学生写作情境的敞开空间这三者还存在发展不足和错位现象。教师只有完善以上三种敞开空间，中学写作"情境"教学才能真正得以有效创设。

（本文发表于《中学语文教学参考·中旬》2016 年第 10 期）

改革开放以来我国语文阅读教学理念
"本土化"研究述评

　　阅读教学理念是指有关阅读教学的具有理性高度的观念、理性化的看法、思想以及理论，它侧重的是基于阅读方法、策略、经验而形成的具有理性的认知，呈现的方式较为灵活与多元。它不等同于阅读理念，它是以阅读理念在教学场域中的实施、运用为中心议题。本土化研究指向的是借助对我国语文阅读传统理念的追溯、探索、反思、创造性转化、创新性发展、应用从而促使新课改背景下语文阅读教学守正创新的真正落实。笔者认为，立足于改革开放以来我国语文阅读理念的"本土化"研究述评，能更好发掘我国语文阅读教学理念的优秀传统与宝贵资源，增强我们在阅读教学的文化自信，更为真实有效地提升学生的阅读素养。总体而言，研究者主要从如下几个方面展开"本土化"研究：

　　第一，对阅读教学传统进行介绍，注重倡导根植于传统又能关联现实的阅读习惯的养成、阅读方法的规范，注重阅读教学的实践，强调阅读教学的实效与现实启示。

　　这方面的代表作是张定远主编的《阅读教学论集》（新蕾出版社，1983年）。编者选取了叶圣陶、朱自清、吕叔湘、周振甫、张志公、颜振遥、张鸿苓、刘国正、章熊、于漪、钱梦龙等人在阅读教学方面的文章。无论是叶圣陶对于阅读形式的讨究，对于阅读历练、讨论的强调，对于文本细读、参读的倡导，以及对于"逐句讲解"的批判，还是吕叔湘对于阅读能力构建的号召，周振甫对于传统诵读法优点的极力弘扬，对于阅读知人论世传统的思考；无论是张志公"一字不苟的精读与略观大意的泛读是相辅相成的"的见解，对于由理解、记忆和速度三要素构成的语文阅读能力的阐述，以及对于语文阅读教学实践的侧重，还是颜振遥在指导学生良好的阅读习惯构建时对于阅读方法的具体教育，张鸿苓等人对于阅读能力培养要经历积累性阅读阶段、理解性阅读阶段、评判性阅读阶段等三个阶段的划分，章熊对于阅读课职能的理解，都较为突出地体现出二十世纪八十年代阅读教学根植传统、弘扬本土化经验的务实之风。

此外还有研究者研究名师的教学艺术，提炼他们依据本土化经验而形成的阅读教学策略，能进入这些名师的阅读教学策略的叙事空间中，汲取养料。雷玲主编《中学语文名师教学艺术（第二版）》（华东师范大学出版社，2014年）列举了钱梦龙、赵谦翔、程红兵、邓彤等名师的教学艺术，无论是钱梦龙的"导读法"中对于"自读""教读""复读"的阐述，还是邓彤"素读"所侧重的文本意识、问题意识、课堂效率意识，都较为明显地体现出我国阅读教学的优良传统，作者试图剖析出这些名家对于本土化经验的继承与创造性发展，比如钱梦龙"复读式"对于阅读结构化的践行，邓彤"素读"中"问题意识"的境界辨析，都传达出阅读教学传统在当下的新价值。

也有研究者关注以叶圣陶、夏丏尊为代表的语文前辈的阅读教学观念对于当下阅读教学的启示。郭金庭、管然荣《"精读"与"略读"——夏丏尊、叶圣陶语文阅读教育观的启示》（《语文教学通讯·高中》2022年第6期）指出两位先生的语文阅读教育观给我们最深刻也最具矫正力的启示是，当下的专题阅读、群文阅读、项目式阅读、整本书阅读等名目繁多的教学样态，不管是"精读"还是"略读"，在实施过程中，考察其是否科学有效，至少要有两个相关联的指标：一是其基本目标和主要任务是否为培养学生的阅读能力、提升学生的阅读素养；二是其着眼点是否注重"语言文字运用的形式"，着力点是否将"形式"与"内容"始终相融合。此外，文章还认为叶圣陶"精读指导必须纤屑不遗，发挥净尽；略读指导却需提纲挈领，期其自得"的阅读观念对于当下通过整合式、任务式、群文式阅读理念落实语文核心素养有效提升的操作策略具有重要的启示意义，该文章对于当下新型阅读过度重视"内容"、忽视"形式"提出了批评。

第二，在对语文教育名家教育思想的研究文章、论著中，能阐述对名家语文阅读教学观念、思想的理解与感悟，揭示这些思想观念的当下价值，但大都是从名家论著中截取相关观点，从常识化的角度展开阐述，其指向的超越一般操作层面的深刻程度有限。

比如张厚感、王本华《广博天地与精深研究——张志公先生的治学》（《中学语文》1993 年第 8 期、第 9 期、第 11 期）指出张志公先生治学范围广、博闻强识、心胸宽广，在治学方面实事求是、从汉语本身出发研究汉语修辞、从本民族特点出发总结传统语文教育的利弊，借鉴语文教育传统探索语文教学改革之路，这对于我们当下通过感受语文名家教育思想来联通语文阅读教学传统从中汲取经验依然是有意义的。王丽波《吕叔湘课外阅读教学思想的当代启示》（《语文建设》2021 年第 4 期）侧重呈现吕叔湘就课外阅读教学存在的问题提出的真知灼见，从语文教师要指导学生熟练使用各种常用语文工具书、注重培养学生的略读和快读能力、善于指导学生结合历史和地理开展课外阅读、善于调动学生课外阅读的主动性和积极性、经常给学生推荐课外读物并做好辅导工作、在班级建立"小图书馆"等六个方面来阐释其当代启示价值，不足之处是没有通过对吕叔湘课外阅读教学思想的有效整合对接当下语文阅读教学现实，从而总结出富有可借鉴性的当代启示。

第三，注重引用西方相关阅读理论来研究我国语文阅读教学，丰富了研究视野，拓宽了研究思路，但未能对西方阅读理论进行适切的转化，在将其与我国本土阅读教学实情有效关联、融合层面，还存在各种各样的不足，甚至有的只是简单挪用，只是为了倡导新型阅读教学范式，对我国本土阅读教学传统研究得不够全面也不够透彻，有些研究者甚至对于我国阅读教学传统的理念不够尊重不够重视。

对中西方阅读方法进行比较与互鉴，能丰富研究视野，但从现有研究来看往往习惯于挪用西方阅读理论，在"寻章摘句"中未能突出其对于我国语文阅读教学的真正可借鉴之处，并且不能自觉结合必要的文献材料来解析我国语文阅读教学的优秀传统，导致得出的学术结论难以贴近研究对象本身的特征，显得不够严谨。比如，《中西方阅读方法比较与互鉴》（《语文建设》2021 年第 5 期）从"中西方阅读方法的共同性""中西方阅读方法的差异性""中西方阅读方法的互鉴"三个角度展开对中西方阅读方法的比较，论述视野较为开阔，但无论是将"从流畅性到理解层"视为中西方阅读方法共性的界定，还是将中国本土阅读方法理解为依托特定文学理论方法的"聚焦文本要素的分析"，都值得商榷，未能较为透彻地提炼出本土化阅读的要义与精华，同时在对国际学生评估项目 PISA 进行阐述时也未能较好结合我国阅读教学的现实语境予以适切的审视与思辨。

此外，有些研究一味追求对阅读教学范式转型的学理解析，却无视对传统的汲取以及教学的有效转化，导致研究成果走向虚空与无效。杨进红《审美体验视域下语文阅读教学研究》（广西师范大学出版社，2015 年）一书指出传统语文阅读教学是一种聚焦于文本信息本身、以知识客观性作为认识论基础的知识本位阅读观。作者批评这一阅读观忽视了人的主体性和建构性，并认为"阅读活动过程是个体面向审美对象的一种自我确证和发现，是个体以体验参与的方式进入文本的意义世界，阅读教学是以个体的审美体验为基础的有效对话，阅读教学课堂实践则通过促进学习者的意义建构来彰显个体的主观能动性和创造性"。单从作者对于传统阅读观的指责以及对于阅读活动的界定就可以看出文章论述的偏狭——显然作者对于我国传统语文教学的认识是片面的，其所倡导的阅读观有不少要义其实体现在阅读传统之中。作者列举的我国阅读教学传统的种种弊端也是不严谨的，对于现象学、解释学、接受美学等的介绍大都是停留在术语的理论阐释上，在案例佐证、借鉴路径、操作策略等层面几乎没真正展开。

有些研究为了深化对阅读的理解，借助国外阅读理论加深对阅读素养的认知，但未能以此为启示充实对本土化阅读教学的体悟。阅读不仅仅是从书面语言符号中提取信息与意义的过程，阅读是读者与文本互动并参与文本的过程。PISA（国际学生评估项目）指出，阅读是读者利用文本信息，参与文本意义构建，反思并使用从文本中获得的信息与意义，实现个人目的，参与社会生活，获得终身发展的过程。《触及教学本质的阅读素养研究》（《语文建设》2020 年第 12 期）一文指出，阅读素养是阅读主体根据实际阅读情境的需要，与文本有效互动、主动建构意义的复杂心智力量的聚合。该文在"阅读素养有效培养"部分，指出真实阅读活动情境的必备要素：设计适切的阅读任务，整合必要的阅读资源，提供恰当的认知支架，调动学生的对话与互动。

其实如果以此来探讨本土化阅读教学传统，不失为打开讨论空间的一种有效方式，但作者几乎没有涉及对此的研讨，大都是以抽象的理念来诠释本就抽象的理念。

第四，在对新潮阅读理念进行审视中，倡导对本土化阅读传统的重视。

上海师大詹丹《探索单元整合中的文本细读》（《语文建设》2020年第12期）一文，提出了单元教学中大组合群文背景下文本阅读的盲区——在实践中为了梳理出不同阅读篇章具有的共性要素，往往会使教学内容流于空疏、笼统，反不如集中在单篇阅读教学中更能深入文本内部。詹丹的这篇文章既弘扬文本细读的传统，也能注重在对单元整合阅读这一新颖阅读理念的思辨审视中将其与文本细读有效缝合，值得肯定。李功连《叶圣陶"整本书阅读"教育思想概述》（《语文建设》2017年第9期），作者从叶圣陶相关文章中提炼出诸如"略读整部的名著""阅读能力培养非课外多看书籍不可""单篇宜作精细剖析，整部的书却在得其大概""整本书作主体，把单篇短章作辅佐"等有关"读整本书"的阅读思想，呈现叶圣陶"整本书阅读"教育思想对于当今整本书阅读的深刻启发。

中学语文课堂的"负效率"

——从"教"与"学"说起

近年来，在基础教育领域，有关"高效课堂""有效教学"的话题得到大家的广泛关注，与此相关的研究成果可谓浩如烟海。中学语文，因其自身学科性质的"博杂性"以及学生学情的"模糊性"，对课堂教学的"效益"提出了更高的要求。从宏观意义来讲，有关中学语文教学的思考与实践，都是包括在中学语文课堂效率的研究范畴中的。这不难理解，因为我们对学科教学的诸多探索，最终都是服务于课堂教学的，而课堂效率则是检验课堂成本产出效益的最可靠评价标准。

如今的中学语文教育界，存在着这样一种富有意味的现象：一方面，"理论""理念"盛行，学科研究日益精致化，新课程改革稳步推进；另一方面，让学生感觉到"不如不上""学得乏味"的常态课却比比皆是，低效的课堂教学仍然困惑着广大师生，这种普遍存在的教学现实难以让学生有积极的课堂状态。这种局面，既激发了有志之士展开对语文课堂的研究与实践，又为一些人以探索"高效课堂"为幌子来从事"伪繁华""不作为"课堂教学实践提供了条件。我们该何去何从？

当我们探讨中学语文课堂效率时，不妨换一种思维与表达方式——不正面阐述"有效""高效"，而是反过来研究比"低效"更甚的"负效率"。之所以采取这种研究方法，是基于以下两点考虑：第一，就目前研究现状而言，对课堂效率的研究大都聚焦在"有效""高效"层面，这种正向的阐述或多或少地遮蔽了潜伏在课堂内部的诸多问题；第二，对课堂"负效率"的研究，更有利于我们直视课堂的负面，减少"兜圈子"式的论述，促使我们通过教学反思加深对课堂效率的理解。

冯卫东老师曾在《福建教育·中学版》2011 年第 9 期至 2012 年第 3 期上发表系列论文《高效课堂"三、六、九":理念、"不等式"与实践建议》,虽还是按照常规思路从正向来论述建构高效课堂的理念与措施,但是由于作者以大量鲜活翔实的案例为据来印证观点,有褒有贬,思考全面,文章给人很大的启发。比如,冯老师指出,"大凡低效课堂,都有一种情形,那就是废话或无关的环节太多,不该讲的、不该做的讲得和做得太多,而该讲、该做的却浮于表面,不及精髓"。在这里,冯老师更多地是从教师的课堂教学优化层面来点评"低效课堂"。我们研讨课堂"负效率"自然首先要思考教师的课堂教学行为是否有条件被科学优化——简单地说,就是教师的"教"是否过关。仅仅重视教师的"教",还不够。所谓"课堂效率"是由教师的"教"与学生的"学"双向同构的,而教师的"教"是指导、服务学生的"学"的。从这个层面来讲,学生课堂学习效率如何,更值得关注。大致来说,学生课堂学习效率是由学习兴趣、学习能力、语文素养等构成的。关于中学语文课堂负效率,至今尚未有人专门阐述,但它却也是一个不容忽视的客观存在。粗略来讲,它是指由于教师不注重优化教学行为,对学生学情以及教学内容的确定存在认知盲区或误区,导致课堂没有知识与思维的"张力"与"落差",形成了一种消极乏味的课堂生态,使得学生的学习兴趣减退、学习能力退步、语文素养弱化,同时也影响了教师的专业成长。至于中学语文负效率课堂的成因,是多方面的,绝不是一言两语可以说透的。本文拟从教师的"教"与学生的"学"之间的矛盾说起,浅议中学语文课堂负效率,力图既对"负效率"的成因予以探析,又通过揭示"矛盾"的"案例",促使大家对所谓的"负效率"有一个感性而直观的初步了解。

一、教师的"浪费"导入与学生的"陌生"感知

不知从何时开始,中学语文课堂有了"导入"。笔者认为,"导入"主要起到引导学生唤起原有的语文学习经验进而更容易地走进文本世界,激发学生的探究兴趣,创设良性课堂互动情境的作用。课堂伊始,"导入"先行。好

的"导入"就是好的"开始"，能迅速地激发学生的学习兴趣。但是仅仅只是唤起学生的兴趣还不够。那些"一片锦绣""行云流水""亢奋热烈"的课堂之所以遭人质疑，是因为它们表面"热闹"本质上却脱离了语文本色——这样的课堂是干瘪的，是虚伪的。有些老师一厢情愿地认为，对于"导入"而言，"有创意"是首要的，为此他们孜孜于整合"导入"资料，甚至可以说高成本化"导入"，却唯独忽略了将"导入"与学生的语文学习经验、课堂文本加以融合，这种本末倒置的教学环节不仅浪费了课堂宝贵时间与教育的契机，而且还可能会导致学生对"导入"的陌生化——"导入"让人不觉眼前一新，且与课堂内容联系不紧密。这就形成教师的无意义投入与学生的"陌生"的产生，最终使得课堂趋向负效率化。

冯卫东老师在《福建教育》（中学）2012年第1、2期发表的《高效课堂"三、六、九"：理念、"不等式"与实践建议（五）》中曾提到一个"案例"，一位青年教师上《囚绿记》，用动画片视频《机器人瓦力》来导入：这段视频讲的是瓦力在浩瀚的沙漠中寻找绿色，终于发现了一片绿叶，欣喜若狂地把它带回去。教师抓住画面中的绿叶，紧扣住一个"绿"字，谈绿色对于自然和人类的意义，然后才进入课题，花费了好几分钟时间。应该说，这位教师的"导入"是有独特创意的，甚至是投入了较多的"成本"。但是，它会产生负面的效果：其一，以动画片来"导入"《囚绿记》过于突兀，部分学生会由于缺乏相关背景知识对"导入"感到陌生，不感兴趣；其二，即使有些学生对这种"导入"方式产生兴趣，他们也很难短时间内让自己从"动画片"中走出来，进入到《囚绿记》文本世界之中；其三，虽然都是"绿"，机器人瓦力寻找到的"绿"与陆蠡囚禁的"绿"处于不同的语境中，不应勉强关联。这种"导入"投入成本，却浪费了课堂时间，对于课堂内容而言，也没有实际意义，完全没有存在必要；它不仅可能会导致学生失去学习兴趣，而且也有可能使得有些学生的课堂审美视域错位。

二、教师的"顺"教与学生的"倦"学

有些老师的语文课堂，井然有序，顺风顺水，内容无误，没有"意外"，

教师也能"顺利"完成教学设计。教师的"教"是"顺"了，但学生的"学"由于没有知识与思维的"落差"也就"倦"了，课堂负效率就很有可能凸显。

　　林志强老师发表于《福建教育》（中学）2012年第5期的《教学的目的是解除学生的困惑——从〈奥斯维辛没有什么新闻〉的教学重心谈起》，向我们介绍了一份关于《奥斯维辛没有什么新闻》的教案。该教案安排的四个教学步骤分别为导入、简要介绍普利策奖、列出老师所认为的学生不曾学而又必须掌握的词语、通过讨论五个问题（分别是复述课文内容、思考本文与一般的消息报道的不同之处、文章首尾写到奥斯维辛的和平景象的用意、作者为何在开头偏偏写一片祥和景象、作者用较多笔墨写参观者的表现的用意何在）分析课文内容。林志强老师认为，这份教案"基本没有涉及学生的困惑，更不用说解答了。这样的教法完全置学情于不顾"。或许，教师按照这份"教案"进行课堂教学，有可能以"行云流水"的预设思路较"顺"地完成授课。但是，我们更应扪心自问——这样的"教"于学生的"学"，有何作用呢？无视学生的学情与困惑，偏离课堂教学的重点，势必也会导致学生对教师之"教"的"无视"。具体到《奥斯维辛没有什么新闻》这篇课文，学生存在的主要困惑是"没有什么新闻"为何可以写出新闻，以及没有什么新闻的新闻为何能够获得新闻大奖。教师在"教"时，根本没有能够抓住这种"矛盾"，没有以此为逻辑起点建构教学重点，反而在表层教学步骤的"顺"上折腾。面对这样的"教"，学生不会感知到微妙的知识落差与思维落差，不可能体会到学习困惑得以解决的满足感，更不会被这种语文课堂所吸引，只会"学"得愈加乏味以至倦怠。更严重的是，上述所言的"教"之"顺"往往与"教"之"浅"相伴而生。这种"顺畅"而粗浅的"教"甚至会误导学生的"学"。学生预习《奥斯维辛没有什么新闻》后形成独立思考进而产生困惑，期待在课堂上得到回应，可是教师在"教"中却无视学生的困惑，偏离教学重点。对于尚处于基础教育阶段的学生而言，这种"教"与"学"之间的矛盾，除了让他们钝化了语文学习锐气之外，还使得他们或多或少地对自己原本规范而到位的审美解读产生怀疑，被教师浅显的"教"所误导，最终导致自身审美阅读能力不进反退。

三、教师的"定向期待"与学生的"创新期待"

接受美学认为，读者的"期待视野"是一种基于自身原先的审美经验、文化视野、阅读趣味、生活经历等因素，在面向文本时产生的潜在的审美期待。在阅读实践中，它具有两个作用："定向期待"和"创新期待"。"定向期待"是指期待视野在阅读活动中所具有的一种求同排异的定向作用，它往往被读者原有的经验所同化，促使阅读主体形成一种相对稳定的阅读心理。"创新期待"使阅读主体不断打破原有的习惯方式，寻找与"定向期待"相反的或阅读主体所缺乏的信息，从而丰富和发展作品意义，开拓读者视野。在接受美学看来，文本"召唤结构"是指文本向读者提供"空缺""空白"，构成文本的"未定性"，从而召唤读者在阅读实践中赋予"未定性"以确定含义，填补文本中的意义空白。

在高中毕业班作文审题立意指导课上，教师的"教"与学生的"学"之间的矛盾，主要表现为教师的"定向期待"与学生的"创新期待"之间的矛盾，这种"矛盾"会导致以下问题：第一，教师的"求同存异"，压抑了学生的"异见"，致使"个性""创新"被否定，以"求同"为中心，模式化的审题、立意意识被张扬，学生独特的写作灵气逐渐枯萎；第二，教师的"定向期待"使得他们的作文审题立意深受个体固有审美经验的影响，主观性较强，以己为中心，甚至是迷信于经验，导致其对学生"创新"见解的无视，学生一旦被教师的这种"定向"所牵引，就可能会对自己本值得鼓励与赞许的审美解读意识产生自外向内的怀疑，进而局限自己的审美视野；第三，教师面对作文材料的"定向期待"如若不能得到及时更新，就可能会促使教师形成一种相对稳定的审题立意意识，着重指导学生形成"四平八稳"的审题立意习惯，那些立志于创新或已经有创新能力的同学很有可能会在"指导"下"泯然众人矣"。而上述这些"问题"都有可能衍生出课堂的"负效率"。

2013年5月，福州市高中毕业班质检作文为"小孩敲鼓"的材料作文：一男孩常敲打一生日所得小鼓扰民且不听劝告，某日一叔叔劝小孩说，既如此喜欢，何不打开看看鼓里有什么。从此邻居再也听不到吵人的鼓声。笔者受"定向期待"的影响，对于材料中那位邻居叔叔解决问题的方法是肯定的，在审题立意指导课上着重引导学生向诸如"转换思维""沟通的技巧""强堵与巧疏"等立意靠拢，力求"稳妥"。这节课下课后，班级有几位学生很困惑地找我沟通。他们认为对于邻居叔叔的做法要有所思辨，要敢于批判，批判"以错误的方式解决错误""只讲究'术'忽视了'道'""以'欺骗'取得胜利"的做法，可这些立意角度，笔者却在课堂上几无谈及，这让他们感到困惑：这些立意的角度是否恰当、深刻？如果不合适，那么在临近高考的日子里，他们决心不轻易批判"材料"，不轻易"创新"，以稳为主；如若切题，为何老师在课堂上没有谈及？教师的"教"与学生的"学"之间产生了矛盾。笔者认真聆听了学生们的"疑问"，通过反思，意识到了作文指导课不仅可以让学生们"解疑"进而积淀正效率，而且还可能会使学生们"存疑"衍生负效率。

（本文发表于《福建教育·中学版》2014年第5期）

"立德树人"任务下的林觉民《与妻书》
教学及其相关思考

党的十八大把立德树人作为教育的根本任务，培养德智体美劳全面发展的社会主义建设者和接班人。党的十九大提出全面贯彻教育方针，落实立德树人工作。2018年，在全国教育大会上，习近平总书记深刻阐述了教育事业发展"九个坚持"的新理念，其中第二个坚持是"坚持把立德树人作为根本任务"。《普通高中语文课程标准（2017年版2020年修订）》指出，基础教育课程承载着党的教育方针和教育思想，规定着教育目标和教育内容，是国家意志在教育领域的直接体现，要落实立德树人的根本任务。

立德树人教育主要内容"包括社会主义核心价值观教育、中华优秀传统文化教育、革命文化教育、社会主义先进文化教育"①。"立德"主要是指教育工作者要在坚持德育为先的教育认知下通过对学生的正面引导来实施教育的感化与激励，从而促使学生树立正确而健康的德业；"树人"主要是指在坚持以人为本的原则下通过合适的教育来塑造、发展健康健全的人格。立德树人教育是为了培养学生良好的政治素质、道德品质和健全人格，形成正确的世界观、人生观、价值观。

教材的国家意志属性使得统编高中语文教材课文的选取、学习活动的创设、学习目标的明确等，都要以立德树人为根本任务。本文拟以统编高中语

---

① 王本华. 统编语文教材建设与立德树人教育——以统编初中语文教材为例 [J]. 语文教学通讯（高中），2020（4）.

文必修下册第五单元林觉民《与妻书》为例，探究"立德树人"任务下的"家国情怀"题材选文的教学及相关思考。

一、积极挖掘文本内容，突出育人目标

当前，统编高中语文教材教学实施面临的一个很大的挑战是如何处理好单篇文章教学与单元整合式、大任务教学之间的关系。当下空谈单元大任务而排斥传统精读的"新潮"教学，与只就单篇而讲单篇却无视单元统整式大任务的"旧式"教学，都是有违新课标理念的，都不应被提倡。笔者认为若要有效协调单篇文章教学与单元整合、大任务教学之间的关系，应主要从以下三方面做起：第一，将单元整合化的大任务分解到单篇文章教学之中形成与之有内在逻辑关联的小任务；第二，优化单篇阅读策略，引导学生多联系"任务"而"精读"①；第三，教师通过借助背景材料，群文阅读，以及教材、教科书中相关助读系统②，明确既能立足文本又能有所深化并且还能贯通单元学习核心目标的教学内容。

无论是聚焦于单篇且呼应单元主任务的"小任务"，联系任务而具体实施

---

① 有关这方面内容，在统编高中语文教师教学用书中有明确的实施建议。教师教学用书指出以任务群为导向的单元课文教学，虽然强调整合，但并不排斥传统的精读细读，"只是此时的'精读'要避免就单篇而讲单篇，要避免无目的无重点的全方位式的讲解，而应引导学生联系'多篇'而精读，联系'任务'而细读"（普通高中教科书教师教学用书·语文必修下册［M］. 北京：人民教育出版社 2021：102.），"无论设计什么样的'大情境、大任务'教学，首先要把文章读到位，否则就有可能把语文学科的核心内容架空，把课文教学变成浮泛的研讨与空洞的诉说"（普通高中教科书教师教学用书·语文必修下册［M］. 北京：人民教育出版社，2021：162.）。

② 统编高中语文教材打破了单一以文体组合课文的方式，取而代之以主题聚合、单篇加多篇且不限文体的方式组合课文，在教材阅读与写作单元中设有"单元导语""学习提示""单元学习任务"等助读信息。"单元导语"一般由 3 段组成，言简意赅地说明单元人文主题、所属学习任务群及选文情况、单元核心任务及学习目标；"学习提示"通过激趣、释疑、指路等功能指向，提供具体的学习目标；"单元学习任务"强调单元内容整合，注重任务的综合性与实践性，设置真实的学习情境，提供一定的学习支架，重视探究性活动。而教师教学用书则设置"单元目标""编写意图""教学指导""课文例说""关于单元学习任务""单元设计举例""资料链接"七项助读信息。

的"精读"，还是参考多方助读系统后确定的"教学内容"，都是致力于对文本内容更为有效的挖掘，都是为了突出立德树人任务下的语文教学育人目标。如果按照过去的"双基"教法或"教师主讲"法，我们可能更多从知识层面学习林觉民《与妻书》，学习文章写作背景、文体、情感、文章结构等，学生被动学习，由此"体会"到的"爱国之情""家国情怀"等往往是概念化的抽象化的标签化的，难以引发学生情感共鸣。而如今，"使用新教材，首先要考虑的应当是'立德树人'"①，因为立德树人的任务主要表现在"理想信念""文化自信""责任担当"三个层面，所以"立德树人任务下的语文教学注重立德，着力于学生的心灵和智能，可以很好地体现语文课程工具性与人文性统一的特点，促进学生的全面发展"②，我们要致力于引导学生在文化浸润、精神熏陶中自觉将个人的前途命运与国家民族的前途命运紧密相连，进而不断完善自己在实现中华民族伟大复兴的历史进程中的责任与使命。统编高中语文必修下册单元人文主题包括优秀传统文化理念、良知与悲悯情怀、科学的探索与发现、媒介素养、抱负与使命、人物与环境的共存与互动、责任与担当等，其中第五单元立德树人的核心任务是引导学生感悟革命导师、革命先烈的个人抱负与时代使命，而林觉民《与妻书》因卓越的经典性与实用性具有打动人心的艺术力量，是极好的爱国主义教育素材。在立德树人任务指导下，我们学习林觉民《与妻书》，要在兼顾单元统整化任务前提下积极明确研读的"任务"，突出育人目标。

统编高中语文第五单元"单元学习目标"主要有：通过文本细读、专题研讨等方式梳理文章内容和结构；感受作者思想的光辉；体会作品中体现出的时代洪流与个人志向、人生选择之间的密切关系；思考作为新时代的青年应具有的抱负和将承担的使命。本单元人文主题是"抱负与使命"，要让学生感受时代精神，学习选文体现出的担当精神。所以《与妻书》的立德树人"任务"主要应是感受林觉民个人抱负与承担时代使命的担当精神，育人目标主要应是通过体会林觉民家国情怀从而学习他崇高的爱国精神。

<hr>

① 温儒敏. 坚持立德树人，立足核心素养——用好统编版语文教材的两个前提 [J]. 语文建设，2019（7）.

② 夏家顺. 立德树人任务下的语文教学评价特质 [J]. 语文建设，2021（5）.

"立德树人"的教育，是通过自然熏陶、能紧密贴近学生的情思的，是要遵循学情的。引导学生学习林觉民《与妻书》应重视学生的预习。叶圣陶先生曾指出在指导学生阅读时"得先令学生预习。预习原很通行，但是要收到实效，方法必须切实，考查必须认真"①；吕叔湘先生当年也曾告诉我们要想使学生的学习由被动变为主动，应要求学生预习，给予必要的指导。笔者执教时提醒学生要联系单元学习任务、学习提示等助读系统信息进行预习，并提供了两道预习思考题：一、读完林觉民《与妻书》，请你谈谈对林觉民的家国情怀的感受。二、请你谈谈林觉民"为天下人谋永福"的理解。第一道预习题意在引导学生联系"任务"展开文本研读。第二道预习题意在深化语文课的德育功能（笔者执教的福州一中以校友林觉民的名言"为天下人谋永福"为办学宗旨，利用学习《与妻书》的契机，让学生加深对学校办学宗旨的理解，完善自身道德修养）。接下来摘选学生针对预习作业一的相关回答：

　　福州一中高一9班邱同学：读完本文后我为这情真意切的文字所感动。我歆羡林觉民与妻子之间如山海般深厚情意；惋惜他们二人生不逢时；悲叹造化弄人，将有情人阴阳相隔；同时敬佩林觉民为天下人谋永福、牺牲小我、英勇就义的崇高觉悟。林觉民的一生包括他的言行他的功绩他的思想境界都无愧于"觉民"二字。

　　福州一中高一9班梁同学：作为丈夫，林觉民对妻子有无限爱恋。不愿让妻子痛苦，对妻子充满无限依恋，也害怕她对自己过分担忧。作为父亲，他对儿子和尚未出生的孩子都抱有殷切期望。期望他们成为祖国未来栋梁之材，同时为自己未能很好履行父亲责任而感到遗憾。作为革命者，他有推己及人之心，愿天下百姓安得其所，为天下人谋永福。他愿意为了国家民族事业舍小家为大家，为革命事业献出自己生命。通读全文我深觉这不仅是一封可歌可泣的家书，更是一位革命志士澎湃的呐喊声。

　　福州一中高一10班熊同学：我对林觉民的家国情怀和民族使命与担

————————
　　①　叶圣陶. 叶圣陶语文教育论集［M］. 北京：教育科学出版社，2020：4.

当钦佩不已。一个愿意为了民族为了当年那个支离破碎的国家而抛下挚爱，放弃个人幸福的人，不论在哪个年代都是值得被尊敬的。另一方面林觉民与妻子的爱情同样感人至深。最打动我的是第三段。到底是怎样缠绵的爱情能使林觉民因担心妻子体弱忍受不了自己死去的悲痛而希望妻子先自己而死呢？第四段的追忆往昔更是引人流泪。这样缠绵的爱终究为国家大义让步，正是《与妻书》感动一代又一代人的地方——乱世中至死不渝的爱恋和牺牲个人幸福为国献身的深明大义。

应该说，这三位同学都把握到了《与妻书》中林觉民对妻子的无限爱恋以及为国家民族命运而不惜牺牲个人幸福的大爱这两条情感线索。但在结合文本与当下生活加以阐述方面还有待完善。尤其是缺乏通过对《与妻书》抒情脉络的整合从而实现对林觉民"家国情怀"具体化阐述的自觉意识。其实无论是本单元单元导语中"要注意这些作品切于实用、关注特点对象、富有针对性的特点"的提示，还是单元学习任务一中对谈阅读启发时要重视对文章的"进一步研读"的强调，都提醒我们要在积极挖掘文本内容基础上展开更深层次的阐述。这就导入到另外一个问题——林觉民《与妻书》作为一封家信，百转千回，叙事、说理、抒情融为一体，情意绵长，如何在避免面面俱到式分析的前提下，在学生预习时尚缺乏对文本内容获得足够关联的实际现实下，通过有效研读文本进而引导学生完成立德树人的相关任务与育人目标？笔者认为可以从以下三方面着手：

第一，基于立德树人的任务展开对文本内部抒情思路的抽丝剥茧式剖析。

林觉民《与妻书》第一段说明写信的缘由和写信的心情，抒发了为了革命而与爱妻生死离别的巨大悲痛，以及为了让爱妻理解自己行为而强忍悲痛表明心迹的复杂心情。第二段说明自己为何要为革命献身，并劝慰妻子要体谅他的选择，表现了由自己小家庭的幸福推及愿天下人都幸福，为天下人谋求永福而甘愿牺牲小家的高尚情操。第三、四段回忆夫妻之间三件往事（对夫妻谁先死的谈论；对婚后恩爱生活的回忆；追忆最后分别之前未将赴义之事告诉爱妻的原因与当时心情），表现了对妻子无限的爱恋与不舍之情。第五段再一次分析了当时形势，进一步说明了自己为革命而就义的原因，希望妻子理解自己的革命行动，并向妻子叮嘱后事。第六段表达了死后灵魂伴妻的愿望，进一步表现了对妻子的爱恋与不舍之情。第七段再次倾诉对妻子眷恋和自己"忍舍汝而死"的原因，表明自己未把实情相告给妻子的愧疚之情。第八段结尾。如果再进一步整合，全文可分为三个层次：第一段为第一个层次；第二段至第五段为第二层次，作者一方面表达对妻子的无限爱恋、不舍之情，另一方面联系社会现实反复倾诉自己"至爱汝"又"忍舍汝而死"的原因，抒发了"为天下人谋永福"的大爱情怀；第六段至第八段为第三层次，写死后灵魂伴妻的愿望，再次倾诉对妻子的爱恋和自己"忍舍汝而死"的原因。

有了上述分析，我们就可以对林觉民《与妻书》体现出的个人抱负与担当精神做如下归纳：第一，林觉民的个人抱负与担当精神并不是"神性"的，而是在浩然正气中融入了缠绵悱恻的一面，饱含着与爱妻生死离别的悲痛以及对爱妻无限爱恋与不舍，这使得他的"为天下谋永福"的个人抱负与担当精神有了缱绻的柔情、苦痛、悲壮，让人感动；第二，林觉民的个人抱负与担当精神是在他与妻生死离别的悲痛、对妻子爱恋不舍、倾诉自己献身革命的缘由、期待死后灵魂伴妻子、再次倾诉对妻子的爱恋和自己"忍舍汝而死"的原因等复杂心理下得以体现的，这使得林觉民为拯救国家民族命运而不惜牺牲个人幸福的大爱抱负与担当精神显得十分真实可信且难能可贵，打动人心；第三，林觉民对当时中国的危急形势有着清醒的分析，由家人之间、亲人之间的"小爱"扩充为"为天下人谋永福"的大爱，劝慰爱妻陈意映要有乐于牺牲个人幸福换取天下人的幸福的觉悟，家国情怀境界崇高，胸襟博大，他心怀舍己为国的豪情壮志决心为革命献身，在个人幸福与担当时代使命中毅然选择了后者，这使得林觉民彰显家国情怀的个人抱负与担当精神充满了浩然正气，激励一代代的有志青年。

第二，适度引入背景材料，呈现能丰富理解立德树人"任务"的辅助阅读。

林觉民少年时代就立下报国大志。他13岁参加童生试，在考卷中写下"少年不忘万户侯"后掷笔而去，表达自己摒弃功名的心志。在爱国人士林白水鼓励下，成立"励志社"，阅读先进报刊，以反清革命为宗旨。1902年以优异成绩考入全闽大学堂（今福州一中），接受民主革命思想的熏陶，与朋友谋划、筹款成立私立小学、阅报社，传播革命思想；他常常聚众发表演说，领导学堂学生风潮；他还经常阅读《苏报》《浙江潮》等先进报刊。全闽大学堂总教习叶在琦评价林觉民"是儿不凡，曷少宽假，以养其刚大浩然之气"。1905年林觉民听从父母安排与螺洲陈元凯之女陈意映结婚，"林孝颖做主为林觉民娶亲。陈芳佩（字意映）出自书香门第，能诗善文。她父亲陈元凯，号陶庵，家住城内文儒坊三官堂（今称大光里）。陈元凯原是螺洲店前人，与帝师陈宝琛是族亲"①。那一年林觉民18岁，陈意映14岁。两人婚后感情很好，陈意映温柔贤惠，通晓大义，通晓笔墨，与林觉民相濡以沫。陈意映以实际行动支持林觉民革命活动，带头放开小脚，入读福州女子师范学堂，拿出嫁妆充作林觉民革命经费。1907年为了追求救国真理，林觉民东渡日本求学，参加孙中山领导的同盟会。1911年春，在香港筹备广州起义的黄兴等人，给身在日本的革命党人林文写信，号召留日的革命志士回国参加起义。由留学日本东京的学生组成的同盟会第14支部（即福建支部）商议后决定派林文去香港与黄兴接洽，另派林觉民回福建组织响应起义。林觉民回福州老家与父亲、妻子等家人见了最后一面却未告诉自己即将参加起义一事。后因起义筹备事宜有变，林觉民离开福建，赴广州、香港筹备起义。在起义前三天的夜晚，即1911年4月24日（夏历三月二十六日），"林觉民与同盟会的两个会员投宿香港的滨江楼。夜黑如墨，江畔虫吟时断时续。待到同屋的两个人酣然入眠之后，林觉民独自在灯下给嗣父和妻子写诀别书"②。1911年4月27日早晨，林觉民与同盟会战友林文等人编入黄兴统率的第一路选锋队，当日黄昏起义军直冲两广总督署，却不见总督张鸣岐，革命起义军将总督署付之一炬，当队伍退出东辕门时与大队清军展开血战。搏斗中林觉民负伤就擒，受审时林觉民向两广总督张鸣岐以及水师提督李准痛陈时事，怒斥他们，后于广州天字码头就义，年仅24岁。

林觉民《与妻书》将夫妻之情、革命之理、爱国之志有机融为一体，英勇悲壮而不悲悲戚戚，生死离别又不凄凄惨惨，柔情蜜意之中晓以大义，临

① 陈碧. 林觉民——铁血柔情的黄花岗烈士［M］. 福州：福建人民出版社，2017：31-32.

② 南帆. 辛亥年的枪声［M］. 福州：海峡文艺出版社，2011：21.

别赠言之际不失希望，全文感情真挚，婉转曲折，具有极强的感染力，也具有深远的时代影响力，"百年以来，林觉民《与妻书》都是爱国主义教育的极佳题材，脍炙人口的书信范文。2011年，适逢辛亥革命百年，这一封百年情书的传播更可谓盛况空前：举凡有关辛亥革命题材的文艺作品，几乎都提到林觉民及其《与妻书》；同时，还有大型话剧《与妻书》（广东话剧院改编演出）、电影《百年情书》（金舸导演）、新编诗剧《林觉民》（中国评剧院改编演出）、芭蕾舞剧《与妻书》（中央芭蕾舞团张镇新创作、导演）等"①。

结合上述的背景材料，我们可以加深对林觉民《与妻书》中表现的个人抱负与担当精神的认识：第一，年少时期立下的报国大志为他后来"为天下人谋永福"的个人抱负与担当精神奠定了扎实的基础；第二，学生时代的勤学、受到的革命思想熏陶以及积极的社会实践，培养了他坚定的家国情怀所需的文化视野与浩然正气；第三，与妻子陈意映相濡以沫的婚姻，使得他舍小家为大家的抱负与担当或显在或潜在地得到了家人的支持与激励；第四，林觉民就义后百年来受到一代代人的敬重、缅怀，则说明他为国家而不惜牺牲个人幸福的崇高思想化为了中华民族宝贵的精神财富，世代相传。

第三，可以采用对读或群文阅读的方法辅助阅读，加深对林觉民崇高精神的认识。

早在上世纪八十年代初，就有学者指出在教学时可将林觉民《与妻书》与其他相关文章对读②。林觉民在写《与妻书》的同时，也给嗣父林孝颖写了《禀父书》："不孝儿觉民叩禀父亲大人：儿死矣，惟累大人吃苦，弟妹缺衣食耳。然大有补于全国同胞也。大罪乞恕之"。林觉民从小过继给叔父林孝颖，林孝颖是一位饱读诗书的廪生，工诗文。林觉民天性聪慧，读书富有灵气，深得林孝颖喜爱——林孝颖在家里"开馆"亲自给林觉民讲授国文，帮助林

---

① 仇润喜. 牍海笔踪：中国古代书信精品48篇解［M］. 天津：天津社会科学院出版社，2015：219.

② 沈蘅仲在《语文教学通讯》1983年第2期发表《〈与妻书〉备课指要》一文，指出《与妻书》"编在这册课本的最后一课，同一单元中还有《梅花岭记》与《谭嗣同》，教学时不妨把三篇文章作比较研究"，"三个人的死难，在不同历史时期都起过重大作用，所以三个人多有相当的历史地位，他们的行为也历来为人们所称颂。比较三篇的内容，有助于学生继承中华民族的优良传统"。

觉民进入全闽大学堂求学，为林觉民安排美满的婚事，父子感情深厚。在《禀父书》中，林觉民一方面为自己不能尽孝且连累家人受苦而自责，另一方面认为自己为国捐躯的行为对人民有益，乞求父亲宽恕。将《禀父书》与《与妻书》进行群文阅读，我们会有这样的发现：第一，林觉民崇高的抱负与担当精神背后饱含着对父亲的深厚情感、对家人的愧意以及冲破个人之爱以国家大义劝慰家人的革命豁达、乐观之意；第二，革命者的不舍与牵挂，以及革命者以身许国的坚定信念，使得林觉民在复杂情感波动中表现出为谋求民族复兴而甘愿舍弃个人幸福的抱负与担当，凸显出他这一崇高思想境界的可信、可贵、可敬之处。

二、合理开发课程其他资源，强化育人目标

"2017 年版新课标"重视语文课程资源建设，指出语文课程资源的丰富性和适切性程度关系到课程目标的实现范围和实现水平，语文课程资源要树立"大语文教育"的课程资源观，要在把握基本课程资源（教材）的前提下以及坚持"学生本位"的原则下注重对相关配套阅读材料、其他图书、电视、网络、纪念馆等相关课程资源的开掘、吸纳，丰富课程资源的形式，提高课程资源的实用价值。所以，"当前，随着课程与教学改革的不断推进，客观上要求教师必须由课程的执行者转变为课程的参与者、开发者。教师要根据教学实际需要，创造性地开发并合理利用各种课程资源，以不断丰富教学内容，激发教学活力"[①]。笔者在执教林觉民《与妻书》时，主要从积极开发相关文物资源、其他阅读材料资料、校史资源等三个方面展开对课程学习资源的进一步开掘，强化这篇饱含家国情怀的文章的育人目标。

（一）积极开发相关文物资源

一片福州三坊七巷，半部中国近代史。近代以来，这里名贤英杰辈出灿若群星。福州三坊七巷蕴含丰富的人文资源。林则徐、沈葆桢、陈宝琛、严复、林纾、林旭、萨镇冰、冰心、林徽因、陈岱孙等一大批在中国近代舞台

---

① 朱庆国. 例谈语文课程资源的开发与利用 [J]. 语文建设（上半月），2020（11）.

上风起云涌的人物，他们的生活背景都映现在三坊七巷。林觉民故居朱门灰瓦，曲线山墙，静静伫立在中国历史文化名街福州三坊七巷北隅。它因林觉民《与妻书》而闻名四海，吸引了众多海内外游客前来参观。

笔者任教的学校是福州第一中学，地域的便利使得执教的《与妻书》一课的课程资源能真正延伸到林觉民故居。笔者组织班级学生利用周末时间参观林觉民故居，围绕着"在林觉民故居感悟林觉民的抱负与担当精神"的研学任务进行现场沉浸式学习，并要求学生要形成研学成果，在下一周的语文课上进行展示、分享。在林觉民故居，我们了解到林觉民幼承家学、绝意仕途"摒弃功名"的经历；学习了林觉民求学时受到革命启蒙、图强自救、领导学潮、传播新学的"立志报国"实践历程；感动于林觉民与"性癖好尚与余绝同，天真烂漫女子也"的爱妻陈意映相敬如宾的"情投意合"与"生死相依"；走进了林觉民留学日本、革命起义的历史腹地；敬佩于林觉民及林家宗谱中林长民、林尹民等人的才华与时代贡献；驻足于"馨烈先秋"中时代对于英雄的悼念。在真实的情境中，引导学生从家庭环境、家族家风、革命志向、革命实践、美好婚姻、起义状态、英雄就义、革命影响等方面感悟林觉民寄托在《与妻书》中的抱负与担当精神。

在组织学生参观林觉民故居时，笔者专门提及习近平总书记与林觉民故居的往事，引发学生展开进一步思考。习近平总书记在担任福州市委书记期间，为保护以三坊七巷为代表的福州古厝做了大量工作。20世纪80年代末至90年代初，福州市有关部门计划对三坊七巷进行开发，准备拆除林觉民故居的部分建筑，转而建设商品房。刚刚担任福州市委书记不久的习近平得知这一消息后，立即到现场查看，并先后两次召开现场办公会，听取文保相关人士意见。了解情况后，习近平要求暂缓拆迁，并对林觉民故居进行修缮。接下来，三坊七巷内其他的老房子，也陆陆续续被修缮、保护起来。总书记对林觉民故居的保护，体现出他对保存历史文物的重视，体现出了他对于林觉民崇高的抱负与担当精神的高度赞许与认同。

从学生在课堂上呈现的基于积极开发相关课程学习资源的研学成果来看，围绕着"在林觉民故居感悟林觉民的抱负与担当精神"的研学任务，主要形成如下方面的感悟：第一，林觉民舍去一己的得失安乐从而争得国民的永久幸福的抱负与担当深受优良家族家风的影响；第二，林觉民基于家国情怀的抱负与担当，体现出的英雄气概以及爱国主义精神，能够凝聚为中华民族伟大复兴的重要精神力量以及前行动力；第三，学习林觉民的抱负与担当精神，有助于重塑青少年的英雄观，在全社会树立崇尚英雄、缅怀先烈的良好风尚。

（二）自觉吸纳相关配套阅读材料

如今社会步入信息化时代，多元的价值观使得尚在成长中的学生容易受到不良思想的影响，这要求我们在教育过程中要用正确的价值观引领他们成才、成人，帮助他们形成正确的世界观和价值观。工具性与人文性相统一的语文学科具有很强的人文性与思想性，具有得天独厚的育人功能。在教学中，我们可引导学生自觉吸纳相关配套阅读材料，丰富课程资源，强化立德树人的目标与任务。

我们可以从林觉民的身份、经历、精神以及《与妻书》的题材属性出发，引导学生自觉吸纳相关配套阅读材料，丰富课程资源。

近代以来，三坊七巷涌现出一批有爱国情怀、为国家和民族做出杰出贡献的历史名人。我们可引导学生学习这类阅读材料。比如可阅读彰显林则徐"苟利国家生死以，岂因祸福避趋之"崇高精神的古文材料。"在被派往广东查禁鸦片期间，林则徐给妻儿写了一封信，信中写了他在查禁鸦片中面临的各种压力，同时表示在禁毁鸦片的过程中，从没有考虑过自己的生死、名誉等，字里行间洋溢着一股以身许国、造福百姓的爱国主义精神。"[1] 此外，林则徐也写了一些能体现他家国情怀的家信。再比如，作为晚清帝师的陈宝琛是一位敢于创新的新儒，忧国忧民，以强硬态度抵御外侮，以开放心态寻求社会新发展，也写了一些浸透爱家爱国精神的书信。陈宝琛在平时家教中要求女儿要做对国家有利的事情，在家信《婉女随婿入都过苏省亲送至上海》中叮嘱女儿要"传家先志节，报国持精神"，爱国主义精神要在家庭中代代相传。可见，在国家处于忧患时，总有一种爱国精神激励着爱国者奋勇而起，精忠报国。而林觉民《与妻书》中体现出的抱负与担当精神是作为传统文化

---

① 北京市顺义区社区教育中心. 教子有方·中国传统家风家训教育读本［M］. 北京：华文出版社，2017：49。

理念的家国情怀在一代有志青年身上的传承与展现。

林觉民在《与妻书》中谈及不惜牺牲个人幸福而舍生忘死的缘由时，直言是为了"助天下人爱其所爱"，而"为天下人谋永福"背后应该还有更细微、务实的期待。我们可以查阅相关配套阅读材料，加深这方面的认识。"在分期分批运送这些勇士去广州时，林觉民对战友们说：'此举若败，死者必多，定能感动同胞''故谓吾辈死而同胞尚不醒者，吾决不信也。嗟乎！使吾同胞一旦尽奋而起，克复神州重兴祖国，则吾辈虽死之日，犹生之年也，宁有憾哉！"① 从后来的革命局势来看，正如孙中山先生在《黄花岗烈士事略》序言所言"全国久蛰之人心，乃大兴奋。怨愤所积，如怒涛排壑，不可遏抑，不半载而武昌大革命以成"。由此可见，林觉民的决绝更多是为了唤醒民众，感动同胞，激励国人奋起抗争。

告别家人，参加广州起义，在起义前写下绝命家信的革命烈士，不止林觉民一人。革命党人方声洞，在日留学期间加入同盟会，担任了同盟会福建支部部长等职务。在黄花岗起义前夕，方声洞毅然诀别妻子王颖、刚满周岁的儿子贤旭，离开日本，同方声涛、方君瑛等兄妹积极投入起义准备工作，起义前方声洞写下了两封绝命书，一封给父亲，一封给妻子。方声洞在《禀父书》中一方面表达自己对家人的愧意，"儿刻已念（同二十）有六岁矣，对于家庭本有应尽之责任"，另一方面直言自己担任的国家责任，"夫男儿在世，不能建功立业，以强祖国，使同胞享幸福，虽奋斗而死，亦大乐也；且为祖国而死，亦义所应尔也"，"儿今日极力驱满，尽国家之责任者，亦即所以保卫身家也。他日革命成功，我家之人，皆为中华新国民，而子孙万世，亦可以长保无虞，则儿虽死，亦瞑目于地下矣"，强烈表现出他挽救民族危亡、献身救国事业的信念。方声洞牺牲前和王颖结婚刚两年，已有一个孩子，他给其妻子的绝命书叙述着自己的革命抱负——"当吾由东承运军火来港时，已决志捐躯于沙场，为祖国报仇，为四万万同胞谋求幸福，以尽国民之责任"，"刻吾为大义而死，死得其所，亦可以无憾矣"，信的字字句句充满着强烈的革命意志、明确的革命目的，但同林觉民《与妻书》相比，少了缠绵悱恻，

---

① 郭丹. 福建历代名人传［M］. 福州：海峡文艺出版社，2018：389.

也未能在委婉曲折的抒情脉络中将夫妻之情与革命之理有机统一在一起，艺术感染性不突出。在引导学生群文阅读方声洞与林觉民起义之前给家人的书信时，笔者按照以下的阅读环节推进学生的自主学习：环节一"我悟烈士家国情怀"；环节二"家国情怀探因"；环节三"传承家国情怀，研学革命好传统，我想对烈士们说"。通过上述的研习，我们可以加深对《与妻书》育人任务的理解：第一，革命党人经过革命熔炉的洗礼和锻炼，继承了千百年来的爱国主义传统，这是林觉民《与妻书》中体现的抱负与担当精神的本质所在；第二，家是国的基础，国是家的延伸，家和国家是同呼吸共命运的，国家利益高于一切，这是家国情怀的核心，而林觉民《与妻书》家国情怀之所以具有穿越时空的感染力关键在于它将缠绵悱恻的个人之爱与浩然正气的国家大爱有机地融合在一起并进行艺术化的表现；第三，方声洞与林觉民的家信所倾诉的个人抱负与担当精神，也是对"辛亥精神"的有力注解，"忧国忧民的情怀，爱国报效的思想，传承和激励着千千万万的后来者，继之革命孕育出的辛亥精神，体现出不怕牺牲，敢于献身的崇高人格；体现出惟愿牺牲小我，顾全大众的高尚情怀；体现出不为儿女私情，力求大爱和尊严的人生；体现出舍去一己的得失安乐，争得国民的永久幸福；体现出厮守一时的清贫，谋取国家将来的富强"①。

（三）重视校史资源的开发与运用

福建省福州第一中学前身是创建于清嘉庆二十二年（1817年）的圣功书院（后改名为凤池书院）和同治九年（1870年）的正谊书院。后于1902年合并为"全闽大学堂"，这是福建最早的一所公立学校。1902年林觉民以优异成绩考入全闽大学堂学校，是福州一中杰出校友，福州一中也以校友林觉民的名言"为天下人谋永福"为办学宗旨。福州一中每年都给刚入校的高一学生发一本本校制作的《学生手册》，内容包括"办学宗旨、校训、校风、校标、校歌、校园文化""学生品行规范""学生学业规范""课外学习和课外活动"等，落实立德树人任务，而学习林觉民校友的《与妻书》作为校史德育的重

---

① 李国章《从几位革命党人的遗书，看革命孕育出的辛亥精神》，http://www.minge.gov.cn/n1/2017/1205/c415576-29687301.html，2012年2月7日.

要内容历来受到学校师生的高度重视，尤其是对"为天下人谋永福"的体悟渗透在福州一中学生的日常学习生活之中。笔者执教《与妻书》时曾围绕"为天下人谋永福"组织学生展开热烈的课堂讨论，依托校史资源，引导学生将对时代英雄的抱负担当精神的学习与新时期青年学子的理想追求融合在一起，进一步根植爱国精神，勇于担负时代使命。

此外，为了让学校的广大师生更全面了解校史，弘扬正气，传承"为天下人谋永福"的精神，学校在高中部鸣阳山下创设了以福州一中历史上著名校友的名言选编的"三牧之光 仁人志士"文化展示墙。学校语文教研组在全校开设"林觉民与《与妻书》"的选修课，每年为高一学生安排"走近文化墙，学习校友爱国主义精神"的语文综合性学习活动。笔者在执教《与妻书》时，完成课文讲解后，利用教育契机，组织学生观摩学校的文化展示墙，通过对文化墙创设缘由以及文化墙上杰出校友们爱国名言的具体介绍，让学生在个人体验情境、学科认知情境、社会活动情境中受到教育与启发——爱国情怀是将自己的生命、人生事业与民族、国家相联系，"为天下人谋永福"远不是缥缈的口号与高高在上的志向，奉献自己造福国家与人民的崇高精神是当代中国青年争当国家栋梁所应有的品格。

总之，语文课程要落实立德树人的任务，在坚持德育为先的教育认知下通过语文教学展开对学生的正面引导进而实施教育的感化与激励，塑造、发展学生健康健全的人格与道德品质。林觉民《与妻书》立德树人的任务主要应是感受林觉民个人抱负与承担时代使命的担当精神，育人目标主要应是通过体会林觉民家国情怀从而学习其崇高的爱国精神。我们要处理好单篇文章教学与单元整合式、大任务教学之间的关系，不要面面俱到，可基于立德树人任务展开对文本内部抒情思路的抽丝剥茧式剖析，适度引入背景材料从而呈现能丰富理解立德树人"任务"的辅助阅读，采用对读或群文阅读的方法辅助阅读以加深对林觉民崇高精神的认识等三个方面积极挖掘文本内容，突出育人目标。此外，"2017年版新课标"重视语文课程资源建设，指出语文课程资源的丰富性和适切度关系到课程目标的实现范围和实现水平，所以我们应合理开发课程其他资源，可从相关文物资源、其他阅读材料与校史资源等三个方面展开对课程学习资源的进一步开掘，强化林觉民《与妻书》的育人目标。

第二编
文本解读

林觉民《与妻书》的语脉与语言

《与妻书》是革命烈士林觉民在参加起义前写给妻子陈意映的遗书，被称为"20世纪最美情书"，具有极强感染力和深远影响力。目前对它的研究主要集中在家国情怀、写作特征、抒情特色、创作背景、情境、实用文特质等方面，缺乏语脉及语言层面的解读。本文从抒情脉络的逻辑还原、长句表达之妙、语言的雅致之美等三个角度，展开对《与妻书》的分析。

一、抒情脉络的逻辑还原

这封家书开篇就呈现了情感的矛盾冲突，为文章融巨恸大哀与至真博爱的情感气质奠定了基础。林觉民在第二段向妻子说明此次赴死的缘由和意义。他并未以强烈革命意识与妻子诀别，而是向爱妻倾诉了自己对于爱与死的思考。他虽然揭示了对妻子的至爱是"勇于就死"的感情基础和源动力，但也不免让人疑惑——既然"至爱汝"，为何还去就死？于是他谈到了爱的扩充，由对妻子的至爱扩充为对天下有情人的关爱，愿天下有情人终成眷属。但这个心愿在那个时代很难实现。他不忍苟安于卿卿我我的家庭之爱而置天下人的苦乐于不顾，引用了孟子的话表明自己的革命之志。行文到此，林觉民已将对妻子的"小爱"与对国家的"大爱"相融合——对妻子的爱推动他去爱国以至"勇于就死"，而"勇于就死"的国家大爱又使他与妻子的爱情更加纯洁、高尚。所以，他劝慰妻子要从个人悲痛中走出来，正视社会现实，能以"为天下人谋永福"的崇高精神消解心中的丧夫之痛。

《与妻书》之所以具有强烈的感染力，很重要的一点在于林觉民足够生活化的至情叙述。在第三段、第四段，林觉民回忆起凝聚夫妻深情的往事，不仅进一步抒发"吾至爱汝"的深情，并且在回忆中将夫妻之爱表现得丰富。这主要体现在：第一，爱得深切。他想让自己独承苟活的悲哀，所以才会对意映说"与使吾先死也，无宁汝先吾而死"。第二，爱得温馨。追叙初婚时夫妻情投意合的生活场景。舒适美好的生活环境与温馨甜蜜的爱情生活，都从生活层面复原爱情的温馨。第三，爱得悲伤。面对妻子的柔情，林觉民欲据实相告又不忍爱妻担忧终究"不能启口"。

除了动之以情，林觉民还注重晓之以理。第五段进一步阐述"舍汝而死"的缘由。林觉民从三个层面展开：第一，生逢乱世，他和爱妻无法安生。他十分想与她相守一世，但乱世使得这一心愿无法实现。第二，即使侥幸存活，也可能在离散中煎熬。哪怕能在乱世苟活，也会在动荡局势中夫妻颠沛流离。第三，假设能相伴，也无法忍受同胞们的惨死与离散。此外，从"交际效果"来看，在上述三个层面的说理中，林觉民通过诸如"抑汝能之乎"等"交际用语"的使用，十分贴心地考虑到爱妻的感受，并对她进行劝慰与启发，"让妻子理解、谅解自己的行为和心情"[①]。林觉民从抚育后代、清静度日两个方面交代了后事。

按理说，行文到此，有了上文对后事的简单交代，接下来应该继续细化对后事信息要项的叮嘱，完成诀别，但是林觉民"对事项性内容进行控制，将更多的文本空间留给情感内容"[②]。在第六段中林觉民以浪漫的笔调幻想死后的情景，祈愿自己能在九泉之下与爱妻有所感应，从而表达自己在诀别之际对妻子的万般不舍与牵挂。到了第七段，林觉民掩饰不住悲痛与柔情，但他能在"幸而得汝"与"不幸而生今日之中国"的矛盾对比中决然而理性地将对妻子的深情与舍己为国的豪情壮志自然融合在一起，"正是因为深感时代不幸对个人幸福所造成的阻碍，所以作者生出'卒不忍独善其身'的社会责

---

① 沈蘅仲.《与妻书》备课指要 [J]. 语文教学通讯，1983（2）.

② 蔡西希. 抒情传统、意识形态与民间想象——《与妻书》作为红色经典书信的生成 [J]. 阜阳师范大学学报（社会科学版），2021（4）.

任感"①。

二、长句表达之妙

语文课程无论承担怎样的立德树人任务，都不可不沉潜语言文字之中。语言文字不只是一种形式、一种手段，也是与内容（思想）不可分离的存在。叶圣陶先生认为"思想的根据是语言，脱离语言就无从思想"②；陈日亮先生认为"好文章无不讲究文字的精营配置和联络照应"③。想要理解林觉民《与妻书》句句掏自肺腑，字字椎心泣血，须"一字未宜忽，语语悟其神"地落实在用语行文的深细解读上。

揣摩《与妻书》的长句表达效果，无疑是学习的重点。长句是指结构复杂、词语较多的句子，表意丰富而严密，适宜表达较为复杂的思想内容。我们这里重点列举两处来感受长句表达之妙。

第一处：

> "吾作此书时，泪珠和笔墨齐下，不能竟书而欲搁笔，又恐汝不察吾衷，谓吾忍舍汝而死，谓吾不知汝之不欲吾死也，故遂忍悲为汝言之。"

为了方便对照揣摩，我们同时也把《见字如面》节目中赵立新朗诵的白话文稿列举如下：

> "此刻，我写着信，泪水和笔墨在一起流。写不下去时，总想着不写了，又怕你不了解我的心思，以为我忍心抛下你去死，以为我不知道你不想让我去死。所以，我忍住悲伤，为你写下这些话。"

---

① 潘宏. 革命者的大爱情怀——林觉民《与妻书》赏析 [J]. 语文建设，2012 (18).

② 叶圣陶. 叶圣陶语文教育论集 [M]. 北京：教育科学出版社，2020：83.

③ 陈日亮. 我即语文 [M]. 福州：福建教育出版社，2010：10.

通过对照，我们可以明显感觉到白话文稿的艺术魅力远远不如原文。原文是一个长句，其艺术效果极为突出：一是语言文字凝练古典，蕴藉隽永。"吾作此书"，既保持与上文的衔接，又能引发对诀别信的猜想。二是表意丰富而严密。前半部分表现诀别时对爱妻的万般不舍，后半部分揭示了克制悲痛、写信明志的复杂心绪。三是抒情的完整与诵读的紧凑连贯。长句是一个完整的表意单元，该句抒发了作者写信表志时的复杂情感，同时需在诵读层面连贯紧凑。四是长句内部构成的语言文字因其细节描摹、反复表意而具有别致的中国式的情感强化力。"泪珠与笔墨齐下""不能竟书而欲搁笔"既是出自肺腑的真情流露又反过来强化了情感的细节与画面感；"谓吾忍舍汝而死""谓吾不知汝之不欲吾死也"其实是对"恐汝不察吾衷"的反复表意与陈述，继承了中国古文一咏三叹的抒情特色。而白话版的语句文字直白浅显，缺乏凝练与古典之味，对于"不能竟书而欲搁笔"的表意不够准确，将原先的一个长句拆为三个句子，导致本来连贯紧凑的诵读被随意肢解，失去了本应有的跌宕起伏、浑然一体的诵读之感，也使得书信"心声之献酬"效果大为逊色。

第二处：

> "汝体吾此心，于啼泣之余，亦以天下人为念，当亦乐牺牲吾身与汝身之福利，为天下人谋永福也。"

陈日亮老师曾提出著名的"三以"阅读教学思想：以文解文，"所谓善于阅读也就是指善于从上下文和字里行间观此识彼、前瞻后顾，联系参照着把内容读懂"[1]；以心契心，通过对语言文字的揣摩来激活阅读的相关心理体验；以言传言，"在充分感知理解的基础上学会用自己的语言进行复述、转述、概述、评述，包括作必要的解释与解说，使语感由模糊向清晰，由零星向完整，由滞钝向灵敏转化"[2]。

---

① 陈日亮. 我即语文［M］. 福州：福建教育出版社，2010：10.
② 陈日亮. 我即语文［M］. 福州：福建教育出版社，2010：10.

具体到此处长句，"此心"指代的是上一句内容，大意为：林觉民将夫妻之间的"小爱"扩充为拯救苍生的"大爱"。当然还可以引导学生联系背景材料对其进行必要的解说。《与妻书》写于1911年4月24日，即广州起义前三天。起义失败后，面对两广总督张鸣岐以及水师提督李准的劝降，林觉民痛陈时事，怒斥他们，慷慨就义。在特殊情境下写就的诀别信，不会看重结构的安排与辞藻运用，而是讲究情感对于语言文字的带动性，但我们完全可以通过揣摩关键语句来深入体悟。此处长句抒写的是林觉民在诀别信中的第一次劝慰，呈现的是颇具理性的因果逻辑。林觉民想告诉陈意映：因为我深爱着你，所以我才想帮助天下人爱其所爱，所以我才敢先你而死——这就是我对于你的心；因为我是如此爱你，而你又是如此爱我、懂我，所以你要体谅我的革命志向，所以你在哭过之后要以天下人为重，所以你要乐于牺牲你我之间的个人幸福，所以你要为天下人谋永福，所以你要快乐，不要悲伤。这里显示了这篇诀别信在"不事营构、自由抒写"的结构特征背后严密的革命言说逻辑。

三、语言的雅致之美

古代家书具有鲜明的艺术特点。颜之推《颜氏家训·杂艺》引江南谚语云："尺牍书疏，千里面目也"，《后汉书·蔡邕传》说："相见无期，唯是书疏，可以当面"。由于家书用于私人之间感情交流，所以它真实自然，表露心怀。此外，家书往往基于某种特殊需要而写，所以它具有社会交际功能的实用性。林觉民《与妻书》以典雅的语言表现真情，展开与妻子的情感交流，呈现出语言的雅致之美。

这篇家书多处用典，具有雅正之美，表意凝练含蓄。"常愿天下有情人都成眷属"语出《西厢记》第五本第四折《清江引》"谢当今盛明唐圣主，敕赐为夫妇。永老无别离，万古常完聚，愿普天下有情的都成了眷属"。林觉民借此表达对美好爱情、幸福生活的真诚呼唤。"司马青衫"典出白居易《琵琶行》"座中泣下谁最多，江州司马青衫湿"。"江州司马"是白居易的自称，后世用"司马青衫"比喻极度悲伤的感情。林觉民在这里含蓄地表明自己是个很重感情的人。"太上之忘情"指可以忘掉喜怒哀乐感情、修行很高的人。《世说新语·伤逝》说"圣人忘情,最下不及情,情之所钟,正在我辈"。林觉民通过说"吾不能学太上之忘情也"含蓄地表达自己关心国家民族命运的情怀。"老吾老以及人之老,幼吾幼以及人之幼"语出《孟子·梁惠王上》,意思是尊重我们自己的长辈并把这种感情推广到尊敬别人的长辈身上,爱护自己的儿女并把这种感情推广到爱护别人的儿女身上。林觉民借此表明自己忧国忧民的博爱胸怀。"眼成穿而骨化石"语出刘义庆《幽明录》,古代有一位男子久出不归,其妻天天登山远望,久而久之,凝立着成为了一块石头,还在眺望,被称为"望夫石"。"破镜能重圆"比喻夫妻经过失散后重新团聚,典故出自孟棨《本事诗·情感》南朝驸马徐德言与妻子乐昌公主分离后凭铜镜重新团圆的故事。林觉民含蓄地揭示了在动乱的社会中恩爱夫妻离散难相见的现实,强调变革社会、"勇于就死"的缘由。

这篇遗书句式多变,具有错落有致之美。作者交错使用感叹句与反诘句,既呈现了诀别之际无法抑制的"草木为之含悲,风云因而变色"①的无限悲痛与不舍之情,也使得自己的抒怀处处考虑爱妻的感受。"意映卿卿如晤,吾今以此书与汝永别矣!"是永别的感叹;"汝其勿悲!"是劝慰的感叹;"吾真真不能忘汝也!"是思念的感叹;"吾今不能见汝矣!"是诀别的感叹。这四处感叹句或出现在段首或出现在段尾,都是作者对于穿梭在多种表达方式中的核心情感的最为集中最为强烈的直接抒怀。与感叹句交错的是反诘句的自由抒怀。林觉民在这种句式交错使用中一方面与妻诀别,倾诉复杂的心理,另一方面也创设与妻交流的情境,表达对妻子的至爱,解说国家大义,劝慰妻子。反诘句均以同理心站在"汝"的立场上去思索、抒怀,换位思考。此外,还运用对偶、排比等修辞手法,把"爱汝一念"与对国家民族之爱融为一体的感情表现得既哀婉凄恻,又正气浩然。

这篇书信在写景叙事处,语言精妙洗练,情景宛然在目,富有韵致。文章的映衬手法之柔也给人留下深刻印象。此外,通篇采用"吾""汝"的称

① 顾作义、钟永宁. 守望中国价值:中国传统文化理念二十六讲 [M]. 广州:广东人民出版社,2019:26.

呼，具有突破空间阻隔、面对面交流的氛围效果。

总之，《与妻书》不是一封普通的书信，而是林觉民在从容就死前忍痛写下的饱含挚爱的家书。我们不应在该单元教学中把此类文本视为德育课的例文，而应着重强调如何突出语文课程的特点，尽力将语言因素和情感内容予以深度交融，凸显这一封烈士家书作为立德树人经典篇目的独特感染力和感召力。

(本文发表于《中学语文教学》2023 年第 4 期)

"还原"法、"史家笔法"与古典散文抒情意脉的整合

——对归有光《项脊轩志》的另一种解读

《项脊轩志》作为文言传统经典篇目，历来得到极高的评价。论家大都聚焦于《项脊轩志》表现出的既温馨又凄婉的亲情，并对这种审美情感予以称颂——这是自古以来对《项脊轩志》评价最一致的地方。但是，大家仍没有较为深刻地意识到艺术与现实的微妙关系——文学创作一方面来源于现实生活，另一方面又在对现实予以过滤、变异、整合的过程中实现对现实生活的超越与美化。其实，从更深层次上来讲，正是由于归有光通过文学审美化处理，将现实版的"项脊轩志"予以变异与整合进而提纯为审美化的"项脊轩志"，才真正赋予了《项脊轩志》更为丰富的艺术价值。本文拟通过"还原"法、"史家笔法"，以及对古典散文抒情意脉的整合，对归有光《项脊轩志》展开另一种解读。

一、修葺后的项脊轩、归有光的情感同化与"还原"法的运用

如何更有效地解读文本？孙绍振先生提出了"还原"法。何为"还原"法？"还原就是把事情原来的状态，即未经作者表述的情状想象出来，与文章表达的情状加以对比，发现了差异，就有了分析的对象，就可以打破表层，揭示隐藏在字里行间的意味"①。正如赖瑞云教授解释孙先生的"还原"法所言，"把构成艺术形象的原生态还原出来，看看作家对原生态如何选择排除，

①　孙绍振. 孙绍振解读经典散文［M］. 北京：中华书局，2018：19.

有什么变异，发现二者之间的差异或者说矛盾，从而进入分析，揭示作家创造了怎样的情感世界，怎样的审美世界"①，"还原"法是为了更好地揭示出隐藏在文本背后的艺术奥秘。

归有光《项脊轩志》的第一段写了修葺前后的项脊轩。修葺前它是狭小、破旧、昏暗的，修葺后的项脊轩是怎样的？"借书满架，偃仰啸歌，冥然兀坐，万籁有声；而庭阶寂寂，小鸟时来啄食，人至不去。三五之夜，明月半墙，桂影斑驳，风移影动，珊珊可爱。"它的环境是幽静的，景象是美好的，在这里的读书生活是自在舒展的。从表面来看，修葺前后的项脊轩变化大，差别明显，在"修葺"这一空间修补行为的作用下，似乎并无矛盾而言，对象是"统一"的。但是，如果我们对此进行"还原"就可以发现"矛盾"——这次"修葺"只是"稍为修葺"，按理说，修葺后的项脊轩变化不大，可是归有光的感受却呈现出明显的差异。具体来说，归有光针对项脊轩破损的修葺只是停留在"使不上漏"的程度，修葺程度深一些的则是使原本昏暗的项脊轩明亮起来（不过也只是针对之前的昏暗而言），而"杂植兰桂竹木于庭"也只是点缀而已。也就是说，修葺后的项脊轩的"原生状态"（未经作者表述的情状）只是小修小补、变化甚微的项脊轩，而文本中呈现的修葺后项脊轩的形象却是不再有狭仄之感、不再有破旧之感，是变得高雅、幽静、自由、美好的项脊轩。

在这里，修葺后项脊轩原本的状态与文章表达的情状就出现了差异，形成了矛盾，产生了分析的对象，凝结成了探究的问题，召唤着我们进行深层次的解读。

为何会有如此大的差异？这主要是因为归有光以自己的情感去同化项脊轩。修葺后的项脊轩变得明亮了，变得幽雅了，这便于归有光读书。在这里他的主观世界与客观世界的环境互相融合，营造出一种艺术的气氛与意境。归有光陶醉于在这里的读书生活，陶醉于这里幽静的环境，并且带着这种自我陶醉的情感去审视项脊轩，作者的感觉与体验和客观对象就发生了一种变

---

① 赖瑞云. 孙绍振解读学对理论和实践的多维贡献——从语文教育的视角 [J]. 福建师范大学学报（哲学社会科学版），2016（02）.

异。修茸后的项脊轩也就由"旧南阁子"变成了外有兰桂竹木为伴、内有满架图书的书斋，成为了归有光喜爱的宁静而又自由的精神家园；而项脊轩在归有光的情感同化中，带给自身的感受已然是超越于物质之上的"斯是陋室，惟吾德馨"的精神享受。

改造后的项脊轩的"客观原生态"（真实情况）是"稍为修茸"，但是如果只是呈现这种实用价值还形不成审美价值。正如孙绍振先生所言，绝对的真实不一定能产生艺术的美。艺术的美来自于真善美的错位。孙绍振先生指出客观事物特征之"真"、客观事物实用之"善"与艺术对象之"美"具有不能等同、并不绝对矛盾、有所交叉的"错位"关系，"并不是一个半径不同的同心圆，而是圆心有距离；真善美，是三个偏心圆的交错"①，"美"与客观对象的"真"产生了"错位"，错位了反而有诗意了，更美好了。对于构成艺术形象的"修茸"后的"项脊轩"与原生态的"修茸"后的"项脊轩"之间的矛盾，归有光采取的策略是以情感同化的状态投射到修茸后的"项脊轩"之中，强化读书生活环境的清幽雅致，排除了或者变异了改造后"项脊轩"本来真实的客观特征，选择能与他的精神世界接通的"项脊轩"形象，呈现出超凡脱俗的审美世界。

二、"诸父异爨"的细节描写与"史家笔法"的继承

归有光《项脊轩志》第二段对于"诸父异爨"细节的记叙是写实的——无论是"内外多置小门墙""东犬西吠""客逾庖而宴""鸡栖于厅"还是"庭中始为篱，已为墙，凡再变矣"，都是这样的。原来统一的和睦的大家族，而今到处都是各自小家室外设置的许多小门，东面和西面的狗都对着面叫，来了客人各家自己招待，即便越过他家厨房也不会在他家吃，鸡在厅堂里栖息，庭院中一开始是用篱笆隔开，然后又砌上了墙，一共变了两次。我们可以说此处作者抓住了几个富于特征性的细节来写旧式大家庭的四分五裂之状。这些细节描写了"诸父异爨"的渐进过程，表现了亲情日益疏远、家族日渐瓦

<hr>

① 孙绍振. 审美阅读十五讲［M］. 北京：北京大学出版社，2018：11.

解的状态，典型而含蓄。很多一线教师就是这样解读的，但是这样的解读还不够深入，还只是停留在对"诸父异爨"的真实层面做所谓的典型维度分析。

有一个问题非常值得我们思考——此处用语精练、文辞简约、不事感叹的细节描写不附作者对于分家的情感倾向，难道归有光在现实中真的对"诸父异爨"的局面保持平静理性吗？恐怕是不可能的。归氏家族远祖曾出仕朝廷要员，"祖父的高祖，死前留有遗训：吾家自高、曾以来，累世未尝分异。传至于今，先考所生吾兄弟姊五人，吾遵父存日遗言，切切不能忘也。为吾子孙，而私其妻子求析生者，以为不孝，不可以列于归氏"①，在这样的家族传统中成长起来的归有光有着深厚的家族情义与担当，他对于家族的分裂是伤感的。另一方面，分家的原因，除了亲人的疏远以及人情的冷漠，还有经济原因。在封建社会，大家族的分裂往往先是由于家族经济实力的巨大下滑导致入不敷出局面而形成的，像《红楼梦》中贾府的衰落就是典型的例子。我们可以从"鸡栖于厅"感知到归家经济实力的衰微——像鸡之类的家禽出现在"厅"这样原本庄重的场所，可见归家与普通农家几无差别。所以从这个层面来看，现实中的归有光对于家族分家凸显出的家族经济衰微以及亲情疏远、冷漠，应该有着深深的伤感。

归有光并未"如实"地写出自己面对"分家"的伤感，而是藏起了他内心所有的伤感，精选了一些典型细节并对此进行平静而简洁的书写。所用句子皆短，不事感叹，亦无渲染，用语极委婉、精练，全以细节说话，暗含一种悲凉和无奈之情。六个细节，极写族人间亲情日渐淡薄。比如，不言门墙之隔、亲情之衰，只以"内外多置小门墙"呈示；不说亲人之互争，怨念之深，但言犬之互吠；不言亲情之杂扰，但言"客逾庖而宴"。他采取的这种寓褒贬于记事、细节之中，含蓄蕴藉的写法是对司马迁"史家笔法"的参酌与继承。

这种参酌与继承可以从司马迁对于归有光的影响中寻得踪迹。天赋异禀、少有才气的归有光很早就对五经、三史有深刻的体悟。在三史之中，他尤喜

---

① 归有光. 震川先生集［M］. 上海：上海古籍出版社，1981：637－638.

《史记》："子长更数千年无人可及，亦无人能知之。仆少好其书，以为独有所悟。"① 此外，归有光一生评点《史记》达十数次，可谓用力甚勤，对其中的叙事技巧及章法布局多有论及。这些都使得归有光在散文创作中自觉继承司马迁"史家笔法"。

孙绍振先生也曾指出归有光在《项脊轩志》中对秦汉的史家笔法的继承，"我国史家自春秋始，皆'约其文辞而指博'（《孔子家语》），寓褒贬于记言记事之中，为史者不得直接评论。归氏文承《史记》，写此室主要是记事、记言，极少直露胸臆，有史家之风格"②。

那么，归有光继承的司马迁"史家笔法"之于"诸父异爨"的细节描写有何作用？笔者认为，采取"史家笔法"使得此处有关"诸父异爨"的细节描写有了沉潜而深远的情感指向，相关细节描写虽清癯却实腴，寓意含蓄深远。从表层来看，几处细节写出了"诸父异爨"后大家族群居之地空间隔阂物的变化与增多——"庭中始为篱，已为墙""门外多置小门墙"，如果说"篱"为程度轻的隔阂物，那么"墙"则使横亘在各家之间的隔阂物变得牢固，并且"往往而是"。除此之外，还写了"诸父异爨"后大家族群居之地场所的世俗化，本应庄重的场所变得世俗，比如"鸡栖于厅"，"厅"本是家族议事会客的庄重场所而今却栖息着非常世俗的鸡禽。从深层次来解读，我们会由空间隔阂物的变化与增多联想到"诸父异爨"后家族不断加深的隔阂，我们会由场所的世俗化联想到"诸父异爨"后归家大家族对庄重的漠视与凝聚力的瓦解。正是因为这里的细节经过了"史家笔法"的审视与把关，所以它们都是被精心选取的，都很典型，简笔勾勒，不事渲染，却留给读者更为广阔的想象空间：我们能够通过想象，感受到归有光亲人间心灵的距离，感受到归有光深藏在内心中的对于家族瓦解、亲人疏远、亲情不再的忧伤与惆怅，甚至还可以感受到归家"诸父异爨"所体现出的"世间好物不坚牢，彩云易散玻璃碎"的人生哲理。

---

① 归有光. 震川先生集［M］. 上海：上海古籍出版社，1981：152.
② 孙绍振. 归有光《项脊轩志》评点［J］. 语文建设，2017（2）.

三、古典散文抒情意脉的整合：情感还原与抒情意脉的整合

意脉是文章意旨的思路与脉络，体现了文本创作中作者传情达意的内在意旨、情感逻辑。经典文本的意脉往往是隐而未现却客观存在的。归有光的抒情散文在明清时期自成一派、卓然一家。他善于选取日常家庭生活小事、平凡场景，再现人物音容笑貌，寄托自己的深情。《项脊轩志》的结构层次是比较清晰的——先描写修葺前后的项脊轩，接着写"诸父异爨"后大家族的疏远与分裂，而后是追忆母亲、祖母、妻子。全文贯穿着悲喜起伏的意脉——似乎它的抒情意脉也是简单的。

人教版普通高中课程标准实验教科书在"整体感知"部分对文章的情感脉络做了如下概括：第一段抒发了作者对项脊轩的由衷热爱，表现了作者怡然自得、孤芳自赏的情趣；第二段形象地写出了家中凌乱不堪、每况愈下的可悲景象，详述了母亲对自己的爱抚和祖母对自己的期望，丰富了"悲"的内容；第三段写"轩凡四遭火"的变故，是"悲"的内容的进一步深化；最后两段寄托了作者对往事、对亡妻的缅怀和眷恋。这份概括并未提炼出文章内在的意旨。

其实，《项脊轩志》的抒情意脉并非是简单的。这是因为：其一，审美情感和实用价值是不一致的，形象和生活并不是完全统一的，归有光在这里经过个人主观情感或智性的"歪曲"建构起自身的情感逻辑；其二，联系写作背景材料，文中的"喜"与"悲"有深层次内涵指向；其三，中国古典散文思想性第一是主流，作者在"志"的文体书写中有着特定的寄寓，但它又是隐藏在文本背后的。

要想准确把握这篇文章的内在抒情意脉，需要情感还原。由于审美情感与实用价值是不一致的，所以在文学作品中"美"与"真""善"是错位的。正如孙绍振先生所言，"要解读艺术，摆脱被动，就要善于从艺术感觉、情感逻辑中还原出科学的理性，从其间的矛盾分析出情感的审美价值"[①]。如何进

---

① 孙绍振，孙彦君. 文学文本解读学［M］. 北京：北京大学出版社，2019：364.

75

行情感还原呢？孙绍振先生指出：光是靠想象去还原在比较复杂的问题上是不够的，更有效的还原是借助历史文献。用情感还原的方法就要善于向文本表现出的情感发问——真实情况是这样的吗？原来的情况是不是这样？如果不是，文本中却要说成这样，究竟是为了什么？是一种歪曲还是一种艺术？如果把真实的情感全部填充到文本书写之中，就一定会美吗？其实，解读艺术作品要善于从艺术感觉中还原出真实的境况与情感，从其间的矛盾中分析出情感的审美价值。接下来，我们通过情感还原来整合归有光《项脊轩志》的抒情意脉。

第一个阶段，抒发了对被提纯后的读书生活的喜爱之情。

归有光《项脊轩志》全篇分正文和后记两部分，共七段。前五段为正文，写于作者18岁时。后二段为后记，补叙了正文写后十余年间事，作时当在作者31岁以后。时间相隔这么久，但通篇思想感情却是一脉相承。我们先来看《项脊轩志》抒情意脉的第一个阶段。

第一段轩中的读书环境是幽雅的，读书生活是愉悦而自由的。在这里，归有光抒发了对读书环境与读书生活的喜爱之情。但是我们必须要明确的是——这里的情感是被修饰的、被提纯。从生活实际来看，归有光确实爱好读书，在读书方面也颇有天分，但他的读书生活并非都是自由舒适愉悦的。从"论赞"部分可以看出他并非甘于"昧昧于一隅""有奇景"的轩中读书生活，他是想取得功名的。想求取功名就会有压力，就会有焦虑，就会与他内心向往的那种论文饮酒、交友切磋、无所拘束的读书生活有冲突。此外，对于内向的归有光而言，漫长的读书岁月也难说都是快乐的，也有寂寥也有叹惋。但这一切都被归有光排除了。被提纯被整合后的读书环境与读书生活是美好的，连轩中读书的寂寥也落实到了精神享受之中。所以，在这部分中，归有光抒发了对被提纯后的身心舒展、无拘无束的轩中读书生活的喜爱之情与陶醉之情。这是本文抒情意脉的第一个阶段。

第二个阶段，委婉含蓄地表达对家族衰败的悲伤与无奈之情。

归有光出生于苏州府太仓州昆山县宣化一个日趋衰败的大家族中。其祖上在朝中曾做高官，可是，归氏家族到了归有光父亲一代，家族经济实力衰微，无力支撑庞大家族经济开支，开始分家。祖父的高祖，死前留有遗训，严禁后世子孙分家。归有光本身性格内向,不善交往,家族的衰微让他无奈而又伤感。概括而言,在此处虽然归有光藏起了内心的伤感,但也以《史记》的笔法寓褒贬于记事记言之中,委婉含蓄地表达了有感于原先统一的大家庭的日趋疏离、封闭、冷漠、脏乱、隔阂而引发的悲伤与无奈之情。这是本文抒情意脉的第二个阶段。

第三个阶段,含蓄而节制地抒发对被聚焦化被选择化的温婉慈爱的母亲的深切怀念之情。

归有光在《先妣事略》一文中动情回忆了作者饱受生育之苦的母亲周孺人:她一生生育8个子女,"儿女大者攀衣,小者乳抱,手中纫缀不辍,户内洒然"①,虽然出身富贵却宽厚、勤劳、节俭,事事躬亲,对孩子们的学业要求严格。归有光也深情地追忆了母亲去世时孩子们天真的场景,"诸儿见家人泣,则随之泣,然犹以为母寝也。伤哉"②,直抒内心的悲痛,"中夜与其妇泣,追惟一二,仿佛如昨,余则茫然矣。世乃有无母之人,天乎!痛哉!"③生活中归有光对于母亲充满了怀念,但是在这里他只写了"娘以指叩门扉曰:'儿寒乎?欲食乎?'",没写母亲遭受的生育之苦,没写母亲对于自己的关爱与严厉教育,而是选择老妪的转述并且转述的还是母亲关心作者姐姐的往事,甚至没有对母亲之所以叩门扉而不入室探看孩子的缘由做基本的说明。但是此处的细节却有着极为强烈的感染力,正如清代学者林纾所说"震川之述老妪语,至琐细,至无关紧要,然自少失母之儿读之,匪不流涕矣"。生活中归有光母亲的形象是丰富的,归有光对于母亲有着浓浓的思念,但是进入到这篇文章,先妣的形象被提纯了——她是温婉慈爱的,被聚焦了,作者对于母亲的思念也变得含蓄而节制。而这种人世间最平凡朴实的情感,是每个人都能随之而寻找到自己爱的踪迹的情感。归有光在这里通过细节描写,在琐细化的转述中含蓄而节制地抒发了对被聚焦化被选择化的温婉慈爱的母亲的深切怀念之情。这是本文抒情意脉的第三个阶段。

第四个阶段,排除异质元素,抒发了对于祖母的深切怀念之情。

---

① 归有光. 归有光散文选集[M]. 天津:百花文艺出版社,1995:10.

② 归有光. 归有光散文选集[M]. 天津:百花文艺出版社,1995:9.

③ 归有光. 归有光散文选集[M]. 天津:百花文艺出版社,1995:11.

对于生活中的归有光而言，有志于仕途还是专心于文学，恐怕是矛盾的。教材中选文删除了原文"论赞"部分。归有光作此文时连秀才都不是（二十岁才中秀才）却在"论赞"中以曾昧昧一隅最终名闻天下的蜀妇清、诸葛孔明自比，足可见他志在博取功名、渴望步入仕途。当然，他对于仕途的追求还可以从他五次乡试以及八次会试不遇的坎坷经历中感受到。他对于读书及文学的热爱，体现在年少时期的好学以及后来积极参加县里文社，热衷于与文友交流思想、切磋文章之中。此外，写作此志时，归有光仅十八岁，读书生涯也取得了一定的成绩，满腹才华，也得到了很多人的推崇，未来可期，他却在如此的青春年华中于"论赞"中发出生不得志的感慨，还为自己功业未就而深感有愧于祖母"长号不自禁"——可见，生活中的归有光是多情善感的！生活中作者的情感是复杂多样的、是矛盾的，既要功名还爱读书又要亲情。进入到这篇文学散文，他把情感"提纯"了——将祖母对于自己追求功名的鼓励过滤为亲情关爱，将自己功业未就的感慨落实为对祖母的愧疚之情，将自己生活中的多情善感凝结为对祖母情不自禁的怀念之情。"吾儿，久不见若影，何竟日默默在此，大类女郎也？"，以祖母亲切而风趣、爱怜而夸赞的语气体现出其对埋头苦读的孙儿关爱之情；"比去，以手阖门，自语曰：'吾家读书久不效，儿之成，则可待乎！'"通过一个寻常动作和看似寻常的自语，表露了祖母对孙子的关切之情以及因孙儿勤奋学习而产生的欣慰之情、期待之情；"顷之，持一象笏至，曰：'此吾祖太常公宣德间执此以朝，他日汝当用之'"，一个细节，几句话语，就生动体现出了祖母良苦的用心、庄重的嘱咐、真诚的情意，就把祖母对孙子的勉励、期待之情写得十分真切。这一切，从情感上来说经过了选择和过滤直至提纯，产生"至情"效果，再加上作者平徐的文字、精选的典型细节，贴近了日常生活又超越了日常生活，令人动容，引发读者的情感共鸣。总体而言，于此处，归有光隐去了对功名的功利化追求，提纯了自己的多情善感，排除了在回忆祖母时与亲情异质的元素，将精选的细节全部用力指向亲情，将这里抒发的情感全部落实为亲情，抒发了作者对于关切孙儿、疼爱孙儿、信赖孙儿的祖母的情不自禁的深切怀念之情。这是本文抒情意脉的第四个阶段。

第五个阶段，表现了作者虽悲痛但仍能在内心留存读书人高雅情怀与温暖亲情的信念。

　　归有光为何突然提到项脊轩遭火灾而不被烧毁？项脊轩一共遭过四次火灾，却能够不被焚毁。如果从实用角度来说，可能是火势小被扑灭了，可能是火势不小但被人及时发现大家一起努力把火扑灭了，也可能是项脊轩建筑质量不错能够抵得过一般的火灾。但是一旦进去到审美层面，就要超越实用理性，把握审美情感。有研究者指出："表面看来，神保护的是项脊轩，实质保护的更是归有光，更进一层保护的是归有光在项脊轩中博取功名的希望"①。这种解读有一定道理，但它是将被作者隐去的内在情感替代文本呈现出的审美情感，是不够准确的。黑格尔曾说，"在艺术里，感性的东西是经过心灵化了，而心灵的东西也借感性化而显现出来了"②。显然，"轩凡四遭火，得不焚，殆有神护者"，项脊轩在此已经不是一个简单意义上的小房子了，在作者眼里，它成为一种精神寄托物，带有了浓厚的象征意蕴。项脊轩没有被烧毁，归有光往虚处着笔，"殆有神护者"，一方面是在说项脊轩经遭火灾而能保存的不易与可贵，另一方面是赋予了项脊轩某种可以带来力量与信念的神性。也就是说，归有光在这里庆幸自己的心中情感仍有所寄托——项脊轩虽然带来无限的悲伤但也保存着亲情与高雅的情怀。归有光抒发了自己虽然悲伤于家族的衰落、沉痛怀念母亲与祖母但仍能在内心留存读书人高雅情怀与温暖亲情的信念。这是本文抒情意脉的第五个阶段。

　　行文至此，文章的情感有了几分奋进坚韧的色彩。可以想象，当十八九岁的归有光写作此文时，荡漾在内心的除了忧伤还应有积极的奋进意识。被教材选文删除的"论赞"部分，从情感脉络方面正好与前文相对接。喜—悲—殆有神护—论赞，《项脊轩志》的正文部分脉络是流畅的，意旨也是完整的。有人说删去"论赞"使得原文悲伤而不失昂扬的基调弱化了，是有道理的。

　　第六个阶段，委婉含蓄地抒发了对与自己伉俪情深的亡妻的深切怀念之情。

---

　　①　成龙.《项脊轩志》教学价值的取舍、实现及启示［J］. 语文学习，2016，(12).

　　②　黑格尔. 美学（第1卷）［M］. 北京：商务印书馆，1979：49.

补记部分写于归有光 33 岁左右。与表达对祖母和母亲的情感相比，在这里归有光对妻子的情感表达相对较为含蓄。通过妻子凭几学书、妻子归述诸小妹语、作者在妻逝后不修项脊轩、小轩修葺后作者不常居住、妻子当年手植的枇杷树而今已亭亭如盖等看似轻描淡写的细节，含蓄委婉地抒发了对与作者伉俪情深的亡妻的深切怀念之情。

从现实层面来说，自 18 岁到 33 岁，虽然也有美好的生活，但归有光经历了更多的人生苦难，"有光不仅默默承受着年复一年科举失意、名落孙山的沉重打击，而且人生的意外不幸也接二连三地向他袭来"[①]。19 岁，补为学官弟子。22 岁，补为苏府府学生员，取得秀才资格；赴南京参加乡试，名落孙山。23 岁，再赴南京参加乡试，未中；与原配魏氏结婚。24 岁，长女出生。26 岁，赴南京参加乡试，未中。28 岁，长子出生，这一年冬天魏氏忽因危疾病逝。29 岁，重新振作，赴金陵参加乡试，第四次失利。30 岁，继配王氏来归，这一年秋天长女突然夭折。32 岁，第五次参加乡试，未中。从实用情感而言，补记部分回忆爱妻时，应是对人生的无尽感慨与对妻子的强烈思念，应有说不尽的感情。

但是，从审美情感层面分析，人生的沧桑与苦难使得归有光在此时的感慨较之 18 岁时写《项脊轩志》"语未毕，余泣""长号不自禁"更加含蓄。他完成了对"实用情感"的超越与变异，虽然在《寒花葬志》中归有光借回忆婢女寒花直接表达了对亡妻魏氏"回思是时，奄忽便已十年。吁，可悲也已！"[②]的强烈思念，但在补记部分，作者通过精选铭刻在灵魂深处的细节描写稀释了对于亡妻的直接抒情，以情之切与文之妙委婉地表达了内心无尽的伤痛。

尤其是"庭有枇杷树，吾妻死之年所手植也，今已亭亭如盖矣"，睹物思人，世界上最遥远的距离，是相爱后，生与死的鸿沟。看到"亭亭如盖"的树，作者睹物思人，就似乎看到妻子的音容笑貌，听到妻子的欢声笑语，自然就会联想到当年亭亭玉立之人。可是却物是人非，物在而人亡，树葱茏茂

---

① 沈新林. 归有光评传·年谱［M］. 合肥：安徽文艺出版社，2000：71.
② 归有光. 归有光散文选集［M］. 天津：百花文艺出版社，1995：27.

盛而人音容早逝。英国诗人拜伦说过，"假如我又看见你，隔了那悠长的岁月，我该如何致意？以沉默，以眼泪？"归有光回忆与自己伉俪情深的亡妻，没有沉默，也没有眼泪，他在十年生死两茫茫的回眸与思念中将深情全部转移至枇杷树上。此种移情，给读者留下的联想和想象空间更为广阔，传递出的情意也更为哀婉动人。归有光将思念亡妻的实用情感提炼为艺术世界中的审美情感，在看似轻描淡写实则蕴含亲情与人生无奈的典型细节中委婉含蓄地抒发了对与自己伉俪情深的亡妻的深切怀念之情。这是本文抒情意脉的第六个阶段。

《项脊轩志》抒情意脉的六个阶段分散但不矛盾。归有光抒发对读书生活的喜爱之情，但隐去了读书谋求功名带来的压力与焦虑；含蓄表达对家族衰败的悲伤与无奈之情，但藏起了自己强烈的家族情感；抒发了对母亲的怀念之情，但在对母亲温婉形象聚焦化的同时极大程度上略化生活中本有的情感；表达对祖母的深切怀念之情，但排除了生活中本有的功名追求、功业未就的感慨等与"亲情"无关的"异质"元素；书写对亡妻的深切怀念之情，但没有说与亡妻离别后自己经历的诸多人生苦难。可见，贯穿文章始终的潜藏在文字背后的抒情意脉是归有光现实生活中求取功名的志向及其给他带来的压力，是复兴家族的高度责任感及其给他带来的愧疚，是对自己漫长而坎坷的功名之路的无限感慨。这应该就是这篇文章总体的意脉。所以，从这层意义上来说，《项脊轩志》的抒情意脉是贯通的，形成了某种整体性，文本各部分之间是有机统一的。只不过归有光为了更好地"志"，并未如实写出以上的情感，而是把它们隐藏起来了，这就需要我们予以情感还原。

（本文发表于《中学语文教学参考·上旬》2022 年第 5 期、第 6 期）

阅读教学不应抽离文本

——以《赤壁赋》的文本教学为例

中学语文经典文本对于中学生语文学习的意义重大。比起"如何教""教什么"更值得我们关注。唯有确定适宜学情的教学内容，才能使得我们的课堂教学沿着正确的方向规范地挺进。但是，近些年来，一些研究者热衷于从理论层面解读中学语文经典文本，比如有人从大众心理学的角度来解读《皇帝的新装》，有人以精神分析学的理论研究《荷塘月色》，还有人从文化精神的层面分析《曹刿论战》的教学……我们要肯定这些解读的理论价值，但我们必须要对这些中意于"文本理论旅行"的解读保持足够的清醒与警惕。为何会这样讲？其一，在这些理论先行的解读中，有不少分析是从经典文本中抽出来讲的，它所作的分析脱离了文本的内容与含义；其二，在这些类型的研究中，有不少解读混淆了文学审美解读与中学经典文本课堂解读之间的界限，不少分析脱离了学生的现有学情，是一种看似深刻、繁华实则低效、"飘散"的解读。

笔者于 2017 年 11 月有幸在福建省普教室主办的全省教学公开观摩课活动中讲授了苏轼《赤壁赋》一文。在准备公开课的前后时间里，有不少感悟，尤其是对"中学语文经典文本"课堂教学解读这一话题，有不少思考。接下来，笔者主要结合这次经历，从三个方面论述"中学语文经典文本不宜被抽出而讲之"这一中心内容。

一、回到文本之中探赜，走出"架空分析"的误区

我国著名语文特级教师陈日亮老师在其专著《我即语文》一书中主张我们课堂文本教学要"以文解文"，"善于从上下文和字里行间进行观此识彼、前瞻后顾，联系参照着把内容读懂，一般不需要作外加的注解分析和引证发挥"①"在文章中把文章读懂"②，进而"以心契心"，"要结合课文语句来谈，尽量通过文句的诵读与揣摩去唤起映现、联想、想象等等心理体验，自然也包括必要的认知和推理"③。的确，语文课堂上需要探赜的内容太多了，是从文本的语言文字中"抽"出来讲，还是"放"到文本内部的语言文字中讲，这是非常值得我们思考的而且必须要有所抉择的问题。叶圣陶先生当年曾在一次语文对话中告诉陈日亮老师语文教学"不要抽出而讲之"，大意是不要把课文从文本内部语言文字语境中抽出来做孤立的解读。笔者对此深表赞同。当下我们有些一线教师热衷于做拓展阅读，还没给学生讲清楚文本内部的要义，就急于做延伸、补充课外材料，其实犯了本末倒置的错误。对于中学教材中的经典文本，我们首先要回到文本之中探赜，走出"架空分析"的误区。

这种"架空分析"的解读也见于一些研究者的"研究"。比如有研究者是这样引导学生解读《赤壁赋》中"浩浩乎如冯虚御风，而不知其所止；飘飘乎如遗世独立，羽化而登仙"的："在轻快而飘忽的江面上，诗人不免'飘飘乎如遗世独立，羽化而登仙'，原先压抑在心头的因诗案被贬、亲朋疏离的哀思，终至寻得一种神游太虚、暂得解脱的乐趣和宣泄"。④ 显然，这种"架空分析"是依据于文本之外的材料（背景材料）展开的解读，并未对于这两句内容内部要义做准确的探赜。其实，为了更好地培养学生的自主阅读能力，在文本课堂教学中，如果学生不了解相关背景，我们也完全可以引导学生回

① 陈日亮. 我即语文 [M]. 福州：福建教育出版社，2010：10.
② 陈日亮. 我即语文 [M]. 福州：福建教育出版社，2010：10.
③ 陈日亮. 我即语文 [M]. 福州：福建教育出版社，2010：10.
④ 黄务海. 在凄苦中挣扎和超越——苏轼《前赤壁赋》的情感解读 [J]. 中学语文，2005（13）.

到文本之中做细读、素读分析。至于与文本相关的背景材料，完全可以待课后再慢慢补充。从文本内部探赜，我们可以对上述两句内容做如下的解读：若学生大体能结合课下注释疏通这里的文句意思，那么我们可以通过将形象的东西适当抽绎出来帮助学生读出作品的精华，比如这里抒发了苏子与客的自由自在（从"如冯虚御风，而不知其所止""如遗世而独立，羽化而登仙"可以探赜出来）、抛弃整个俗世（从"如遗世而独立"可以探赜出来）、无限舒展（从前一句整体意境可以感受到）、极其超脱（从后一句的整体文本内容可以探赜而出）的情感。

除了上述的那种以背景材料强行介入解读文本的"架空分析"，还有不少"架空分析"，是基于对所谓的"做表面文章"的不屑。比如有的研究者在解读《赤壁赋》时有这样的认识——"在此我们有必要浅谈一下东坡一生的思想指南、哲理境界是什么。我们在阅读作品的时候，更重要的是品味其深层意蕴，而不应该单纯解读表面文章"①。固然"单纯地解读表面文章"不够，"品味其深层意蕴"更容易显示深度，但如果连最基本的"表面文章"都不懂得探赜，一味追求所谓的"东坡一生的思想指南、哲理境界"等深层意蕴还有多大的意义？这毕竟不是文学审美课，而是高中语文课，课堂文本解读首先要解读好"表面文章"然后有时间再适当追求一些"深层底蕴"。该文作者在这种"架空分析"中竟然直接通过从文本外部拿来苏轼早年身世、接受儒释道多种思想的经历、被贬的经历，指出苏轼心目中有两个时常对话、最终达到深刻精神默契的自我，而这种自我思想调适轨迹在《赤壁赋》的主客问答中可见一斑。这显然是一种抽空文本内部内容、直接以背景材料佐证自我观点、以"知人论世"强势印证文本情感的"架空分析"。其实，苏子在与客对话过程中是如何表现自我的情感状态的，完全可以不借助外部信息，只从文本内部探赜，就可以得出契合文本、让学生信服的解读内容。

笔者在执教《赤壁赋》时，对文本中一些语句所作的内部探赜，获得了与会专家的肯定。比如对于《赤壁赋》第二段中"渺渺兮予怀，望美人兮天

---

① 李新宇. 形貌各异，意气暗合——散谈苏轼前、后《赤壁赋》的异同及其内在联系［J］. 名作欣赏，2005（12）：9.

一方"，教参似乎也架空了这两句的内容，直接指出这里化用了《九歌·少司命》"望美人兮未来，临风怳兮浩歌"之意，写的是想望美人而不得见，流露了失意和悲伤情绪。笔者引导学生不借助任何课外材料，就结合课本注释来探赜这两句歌词的情感所指，有了如下的课堂对话：

师："渺渺兮予怀，望美人兮天一方"这两句歌词体现出了苏子怎样的情感？

生："美人"指的是圣主贤臣或美好理想，苏子当时被贬黄州，渴望见到皇帝得到重用却不能实现这一理想，所以这里体现出淡淡的哀愁。

师：有没有不同的意见？

生：没有哀愁，是感叹！

师：结合当时的写作背景来看，这里应该要有哀愁。放开这个文本来看，这里也可以有哀愁。但是在这里的文本中，我们看不出哀愁。当时可能有，但在这里没有体现。思念对象在远方，不一定是哀愁的吧。比如你们心中有着对北大名校的追求，一边刷题，一边思慕，哪怕还没实现这个理想，你心中不一定是哀愁吧！再说，我们再看前文，在"歌"前苏子是"饮酒乐甚"啊，他并不哀愁啊。所以我认为这里体现的应该是苏子对于美好事物的向往之情。

笔者的这一番课堂文本解读，得到了被邀评课的福建师大附中林维武老师的肯定。林老师认为这样的解读是务实的，有助于帮助学生摆脱概念化、印象化、标签化解读的束缚与误导。

二、紧扣单元教学目标而教，摒弃面面俱到的"地毯式"教学

我们不少一线教师习惯于从老师的角度来教，准备很多东西，对文本钻研很深，课堂内容涉及面很广，期盼和盘托出、面面俱到。比如在教《赤壁赋》时，有些人会突出介绍苏轼的思想，有些人会大谈"赋"的文体特点，有些人会热衷于解读《赤壁赋》的意象，有些人会较为关注主客之间的关系，

有些人会从互文性的角度展开群文阅读比照……但笔者结合此次公开课的经历，体会到紧扣单元教学目标对于课堂教学的重要性。

我们高中语文课被人诟病较多的往往是课堂内容过于随意，缺乏系统性。单元提示应该是我们确定教学内容的依据。紧扣单元目标而教，有助于我们摒弃面面俱到的"地毯式"教学。苏轼《赤壁赋》所在必修二第三单元的单元提示是这样表述的："这个单元学习古代山水游记类散文……阅读这类文章，不但要欣赏其中描绘的自然风光，还要……品味作者抒发的感情和文章寄寓的旨趣"。对于《赤壁赋》的解读，不宜抽出该单元目标而随意定性。

笔者在本次公开课中以本单元的单元提示为据安排教学内容，将授课课题定为"结合文本语句，揣摩文本情感——走进《赤壁赋》的文本世界（第1－2段）"。笔者试图以单元提示为教学内容依据，引导学生学会在文本阅读中披文入情。课堂教学环节主要围绕着三个问题加以展开的：

1. 揣摩第1、2段的语句，说一说它们表现了苏子怎样的情感？

2. "客"也乐甚吗？

3. 从"客"的箫声中，除了听出低沉之外，还能听出什么？

最终引出了客的"悲"，从而以如下的总结作为课堂结束语："客"到底有怎样的"悲"情，"苏子"又是如何劝慰的？"客"与"苏子"到底是一种什么关系？且听下节课解析！

笔者努力使这一节课从一开始就直接奔向本节课的主题（即语句的分析与情感的揣摩），只分析文本第1－2段，不贪多务得，步步为营，使目标定位精细而准确，紧扣单元提示而教，不旁逸斜出，避免尾大不掉。由于有这样的教学内容处理，所以笔者对这篇课文前两段的字词读音、字形、解释一笔带过，有所提及，但不作停留。我们有些老师在讲解《赤壁赋》前两段文字时无法较好地披文入情，总是习惯于先入为主，大谈苏子在黄州期间的烦闷，看似"面面俱到"，实则基本都是没必要的解读。

紧扣单元提示而教，披文入情，从文本内部探赜，我们可以引导学生得出这样的解读：

其一，揣摩文章的第1、2段，它们表现了苏子宁静舒适、饮酒诵诗、眷恋于眼前之景、自由自在、脱离俗世、欲得道成仙、向往美好事物、悠然自得的"乐甚"。

其二，从"客"的箫声中，除了听出低沉之外，我们还听到了"客"多层次的"悲"：埋怨、怨恨、想念、羡慕、哭泣、诉苦、凄凉、婉转、悠长，有强烈感染力。

三、把握学情，防止"学习主体"的诉求在课堂教学中缺失

中学语文经典文本的敞开空间是很大的，究竟教什么呢？我们一定要尽可能地把握学情，到学生中去，让学生做好预习，从预习作业中提前了解学生的问题，并对此予以整合。这样，我们的课堂教学内容就可以做到以学生的学情为依据，教师的"教"不再是从专家研究中"借用"来的、从文本中"抽出来"的、脱离单元教学目标的"深刻意蕴"，而是真正契合作为"学习主体"的学生们的学习诉求的"素"教，从而以其教学内容的针对性吸引学生"学"，产生认识落差，促使学习张力生成，使学生阅读能力得到提升。

著名学者蒋勋在"殷媛小聚"文化访谈节目中曾指出《赤壁赋》中曾有两个苏东坡（一个是人世间的苏东坡，一个是领悟的苏东坡），这是一种文化视野的评价。如果我们老师对此不做必要的过滤，直接照搬给学生，那是对学情的漠视。

在讲《赤壁赋》时，笔者提前让学生预习文章的前两段，并提出自己的问题。笔者对学生提出的问题予以整合，其中有代表性的问题如下：

1. "美人"象征的是作者所向往的理想还是思慕的君主呢？

2. "望美人兮天一方"中的"美人"实指什么？想要表达什么？

3. 为何要写"客之吹洞箫者"？

4. 从"客"的箫声中除了能听出"低沉"之外，还能听出什么？

5. 在前两段文字中，苏子是转乐为悲吗？

可见，学生们能结合课下注释疏通前两段的语句文意，对其中的语法知识也能把握，我们不必在此花费太多时间。他们疑惑的是难懂的意象（"美人"的含义及表达作用）、文本的情感脉络（预习作业3、4、5指向的是"苏子""客"的情感状态，预习3还涉及由人物情感延伸至人物设定的作用的深

刻思考）。据此，我们就可以大体把握学情，我们要做的是"备"好学生的疑问，课堂上不仅予以重视、讲解，还要通过合作探究深化对问题的认识，并且引导学生将这些看似分散的问题整合为明确的学习目标。

　　总而言之，我们不否认拓展的重要性，但前提应是先不要抽出而讲之。先引导学生回到文本内部探赜，紧扣单元教学目标，把握好学情，真正理解文本的内中要义，然后有条件再予以延伸、拓展，这应是中学语文经典文本课堂教学的规范"次序"！

（本文发表于《语文学习》2019 年第 5 期）

司马迁如何塑造项羽的"不自责"形象？

——以《项羽之死》的文本解读为例

按理说，对于教师们而言，出现在高中语文选修教材《中国古代诗歌散文欣赏》第四单元"创造形象，诗文有别"中的选文《项羽之死》，其教学重点是不言而喻的——课堂教学的关键是引导学生们赏析文本中的项羽形象。不过依旧还有老师将情节的梳理、文言语法知识的归纳视为教学的重点——这种教学处理首先就与单元目标相脱节。此外，有些老师倒是重视"形象"教学了，不过纵观整节课的文本解读，其对项羽的形象分析过于表层，比如从"垓下之围"中归纳出项羽铁骨柔情的形象，从"东城快战"中归纳出项羽骁勇善战的形象，从"乌江自刎"中归纳出项羽知耻重义的形象。如果将以上这些形象解读作为教学重点，则是对学生学情的漠视——大多数学生通过预习就可以理解这些"表层"形象，学生们期待在语文课上学到他们上课前弄不明白的、挖掘不出来的、根植于文本内部的、能够丰富文本认识的深层次形象，这恰恰是于教学起点中生成的真实学情。

当我们在这里探讨《项羽之死》这篇选文的教学内容元素时，要警惕那种脱离单元教学目标、文本具体内容的"个性化解读"，要侧重于使所展开的教学环节对应本单元的"创造形象，诗文有别"的审美目标，引导学生善于利用"选修"教材针对经典选文展开问题探究，要在已知《鸿门宴》中项王形象的基础上丰富对项羽人物形象的认识。笔者认为与其在课堂上"硬塞"一些课外材料来提高把握形象的能力，不如在备课时多借助课文后面的题目展开适时的思考，细读文本，确定富有价值的主问题，予以"导入"，引导学生展开深度解读，从"已知"走向"未知"，在感知"落差"中提升自身的语文核心素养。这篇选文后面"相关链接"部分，向我们介绍了《史记·项羽本纪》中司马迁对于项羽"身死东城，尚不觉悟，而不自责，过矣"的评价。笔者认为不妨在课堂上引导学生们分析作者是如何塑造项羽"不自责"的形象，这应属于该教的或者说该重点教的内容。无论是司马迁的匠心选材、项羽英雄气概的建构，还是作者的情感寄托，都可以说是围绕着项羽的"不自责"而展开的。

一、"绝境"的深化与项羽"不自责"形象的深化

先来看文章的选材。司马迁精选"垓下之围""东城快战""乌江自刎"三个典型情节来塑造项羽的形象。

"垓下之围"时，项羽已经陷入绝境，彼时"韩信乃从齐往，刘贾军从寿春并行，屠城父，至垓下。大司马周殷叛楚，以舒屠六，举九江兵，随刘贾、彭越皆会垓下，诣项王"①，各路联军合围垓下，项羽的十万疲兵要面对六十万的诸侯合围。选文开头用简练生动的语言叙述"项王军壁垓下，兵少食尽，汉军及诸侯兵围起之数重"，能让我们感受到项王面临的绝境。值得注意的是，司马迁不瞩目于"绝境"的正面书写，而是较为关注在"垓下之围"及"四面楚歌"的大背景下项王的人物感受。夜闻"四面楚歌"，项王"大惊"，这个"大惊"不仅仅是惊慌更是惊异——项羽没有觉悟面临的绝境，这已经是在描写他的"不自责"了。而后的"夜起""饮帐中"则让我们看到了面对绝境时项王的烦恼，他没有急于谋划应对之策，而是借酒消愁，这来源于他的不觉悟，也根植于他的"不自责"，当然表现得还不是很充分。到了"垓下之歌"时，项王的"不自责"形象得以明确体现——他认为自己的能力足以"力拔山兮气盖世"，之所以"可奈何""乃若何"并非是自己的过错而是"时不利""骓不逝"。较之当年巨鹿之战后召见诸侯时诸侯"无不膝行而前，莫敢仰视"②，眼下"左右皆泣，莫敢仰视"更多的是对项羽的同情。前后的局

---

① 司马迁. 史记（一）[M]. 长沙：岳麓书社，2011：188.

② 司马迁. 史记（一）[M]. 长沙：岳麓书社，2011：175.

势反差，没有让项羽自责、觉悟。

接下来写项羽身处绝境的深化。让我们一层层地展开细读。垓下突围，被灌婴率军追杀，"项王渡淮，骑能属者百余耳"，阴陵失道，至东城，"乃有二十八骑"，深陷绝境使得项羽"自度不得脱"。这时的项羽没有由阴陵失道及深化的绝境展开丝毫反思，没有任何自责之意。相反，他怀着无奈、不甘、悲愤乃至自负的复杂感情向部下说了一番话，主要表达三层意思：第一是继续肯定自己的能力，认为自己是战无不胜的，不仅不自责，反而自负；第二是认输不认错，认为是"天亡我"而"非战之罪也"；第三是在生死存亡之际不但不图脱身之计反而意气用事，许诺要冲锋在前、一马当先，为部下"快战"三次，在部下面前得意邀功。

到了"乌江自刎"部分，明明可以"东渡乌江"却"拒渡"的项羽面对的局面更加危急了，可以说已经走投无路，强化的绝境以及对江东父兄的愧疚之情乃至知耻重义之心，仍然没有让最后时刻的项羽有自责之意，"天之亡我，我何渡为！"

从"垓下之围"到"东城快战"再到"乌江自刎"，项羽面对的"绝境"步步推进、层层深化。在这样的背景或者说环境场域中，项羽"不自责"的形象显得格外突出。把握到这点，就可以感受到司马迁剪裁串连史料时所体现出的匠心、选材的高超之处。

二、项羽"不自责"的形象对于其英雄气概的"圆形"建构

圆形人物是指文学作品中具有复杂性格特征的人物。福斯特在《小说面面观》一书中指出"圆形人物"的特点之一就是"丰富性"，在形象上更多面。在《鸿门宴》一文中，项羽的形象是丰富的：轻信他人、缺乏政治权谋、坦诚率真、豪爽重义。在《史记·项羽本纪》中，司马迁还揭示出项羽的勇猛善战，比如在巨鹿之战中，他以五万兵力力敌二十万秦兵；在彭城战役中，他以三万兵力敌刘邦五十六万大军。此外书中也揭示出项羽的凶残暴戾等形象。

在《史记·项羽本纪》结语部分，司马迁指出项羽"而不自责，过矣"，

这是议论，也是"史"说。但就《项羽之死》一文而言，司马迁写了项羽如何不自责。对于项羽的"不自责"形象乃至所导致的最终失败，司马迁表达了极大的惋惜与同情。可以说项羽"不自责"的形象对于其英雄气概有着"圆形"建构作用。笔者认为我们可以从以下几方面来加以把握：

其一，"不自责"的项羽做出了高贵的选择，凸显了英雄的柔情、尊严与价值。四面楚歌之时，项羽虽然"惊而起"，但尚不自责，不觉悟，却是"起而饮"，慷慨悲歌，霸王别姬。即使在失天下的最后时刻，较之自身的处境，项王最挂念的是自己最心爱的女人的安危，"虞兮虞兮奈若何"写尽了英雄的儿女情长、铁骨柔情。垓下突围后，阴陵失道，深陷沼泽，项羽也没对内中的缘由做一番思考进而对不得人心的处境予以自责。不过恰恰正因为如此，项羽本可以选择死却选择了活，兵至东城，在东城只有二十八骑的情况下，"愿为诸君快战"，"为诸君溃围"，他做出了高贵的选择，极力要证明自己的英雄尊严与价值。

其二，"不自责"的项羽"认输不服气"，向我们展示了复杂的内心世界，使得他的英雄形象既富有文学性又真实感人。霸王别姬时，项羽将局面的全面被动归因为"时不利"，一曲慷慨悲歌体现出了他的强大自信心、对时局不利的无奈之情、对心爱的宝马的心疼之意以及对心爱的女人的无限牵挂之思。钱钟书曾指出项羽"认输不服气，故言之不足，再三言之"①。在这篇选文中司马迁三次写到项羽"天之亡我"的感慨，前两次是在被困东城时，第三次是在乌江亭长欲帮项王渡江时。"天之亡我"，体现出了项羽不想亡但认为天要亡我因而我亦无奈于亡的内心挣扎与痛苦，这是比较复杂的内心活动。乌江亭长劝项羽渡江，项羽"笑曰"中的"笑"也体现出了他复杂的内心世界。这"笑"有什么意味呢或者说体现出做最后选择的项羽怎样的内心活动呢？是坦然，是淡然，也是凄然！值得注意的是，面对乌江亭长的好意劝渡，项羽在"笑"后的一番"曰"倒是体现出了他对江东父老的愧疚，这算是比较容易引发自责了，但项羽最终还是不自责不觉悟，这是司马迁对项羽的独特

---

① 钱钟书. 管锥编（一）下册［M］. 北京：生活・读书・新知三联书店，2011：517.

设计，不自责却愧疚的项羽此刻的一番倾诉表达出四层意思：一是当年与我一起渡江而西的江东子弟而今无人生还，我为此感到悲痛，为自己没能好好保护他们感到愧疚；二是江东父老埋怨我时，我愧对他们，没脸见他们；三是即使江东父老在埋怨我时能原谅我，我愧对他们，没脸见他们；四是即使江东父老没有埋怨我，我难道不愧于心吗？项羽的英雄形象恰恰在这种复杂内心世界的呈现过程中显得格外真实感人。

其三，"不自责"的项羽最终酿成了英雄的悲剧，既体现出这一英雄人物自身的局限性，又构建了英雄人物的悲壮美。不自责的项羽最终导致自己垓下被围，乌江自刎。这自然与他的固执、没有自知之明、残暴、缺乏政治权谋、意气用事等有关，也体现出了他自身性格的局限性。从政治上来看，他也是一个失败者。但项羽的英雄形象没有因为这些而削弱。他不自责，极为重视对霸王尊严的维护，享有霸王的尊严与荣耀。到了最后时刻，他依然以居高临下的姿态，以霸王的身份，将恩德赐给他治下的想帮他脱离危困的乌江亭长和追随者。失败时他表现出英勇豪壮的气概，死不倒威；有机会雄起却放弃，不再争胜。这都构建了项羽这一英雄人物的悲壮美！

三、司马迁的自我视角对于型塑项羽"不自责"的形象的潜在影响

史传类文言文很难被客观地视为真实的历史，在叙述时难免带有作者的自我视角。这是我们从事史传文教学时需要了解的。著名学者冯其庸先生经过考证，认为项羽不是死于乌江，而是死于东城。司马迁在《项羽本纪》中一方面在结尾部分说项羽"身死东城"，另一方面又描写项羽"乌江自刎"，看起来前后矛盾。究竟该如何回应这样的矛盾呢？笔者认为问题的关键在于——只要我们理解史传类文章并不指向真实的历史，带有作者自我的主观视角以及情感寄托，我们就应该明白在阅读"项羽之死"时最重要的着力点应该是在行文中了解作者希望传达给我们的是一个怎样的项羽形象。

古人说"《项羽本纪》是太史公以全神付之，才成此英雄力量之文"①。司马迁曾评价自己"少负不羁之才，长无乡曲之誉"。在《报任安书》一文中，司马迁以激愤的心情，陈述了自己不幸的遭遇，抒发了内心的痛苦，并直言"所以隐忍苟活，函粪土之中而不辞者，恨私心有所不尽，鄙没世而文采不表于后也"②。司马迁自己就是悲剧英雄，他选择隐忍地活，是为了主宰自己的命运，成就自我的价值。唯有悲剧英雄才能真正体会悲剧英雄。司马迁的经历与项羽的经历有相似之处：一是都很有才能，二是都遭遇各种不幸，三是都顽强不屈，四是都备受争议。司马迁的生不是苟活，项羽的死也不是结束。这两人的选择都是有能实现自我价值的创造，这两人都是精神的王者。

司马迁对项羽有一种英雄相惜的情感，他在描写项羽时是充满感情的。司马迁虽然也批评项羽，但总体而言是以同情、叹息、赞美的自我视角来塑造项羽形象的。明白了这一点，我们就能更好地把握司马迁的自我视角对于型塑项羽"不自责"形象的潜在影响。

总体而言，这种潜在影响主要包括以下几点：

第一，司马迁带着同情、爱惜的自我情感与视角描写项羽，相较于自己"而仆又佴之蚕室，重为天下观笑"③"行莫丑于辱先，诟莫大于宫刑。刑余之人，无所比数"④的自卑情结，他在项羽身上赋予了高傲的气节，而"不自责"恰恰是作为西楚霸王"高傲"的突出特征，这何尝不是太史公对于自我理想人格的一种美好想象或者说对于自我现实人格的一种想象化补偿？

第二，司马迁以可亲可敬可叹的自我视角描写项羽，较为重视对史料的剪裁，以"无韵之离骚"的文学笔法丰富了有关项羽的细节，而项羽"不自责"的形象会为故事情节的矛盾冲突以及动人细节增加更为广阔的书写空间。

第三，司马迁持认同、赞美的自我视角描写项羽，不虚美也不隐恶，一边揭示出项羽"不自责"的性格局限性，还原了人性的弱点，使得项王的英

① （清）吴见思，李景星. 史记论文 史记评议［M］. 上海：上海古籍出版社，2008：14.

② 班固.《汉书》［M］. 北京：中华书局，2007：6.

③ 班固.《汉书》［M］. 北京：中华书局，2007：620.

④ 班固.《汉书》［M］. 北京：中华书局，2007：619.

雄形象更加真实感人；一边又寓议论、抒情于叙事，在典型场景描写中展示与项羽"不自责"相伴随的可贵品质（比如在"垓下之围"中项羽对爱情的始终不渝，在"东城快战"中项羽为证明"天之亡我，非战之罪也"所向披靡的英勇表现等）。

我们学习《项羽之死》时，不应仅仅将理解点凝结在对项羽"不自责"形象的分析上，更应把握作者是如何描写项羽这一形象的。它不仅可以作为课堂教学的一个主问题来引导学生做全面而深入的思考，还可以启发学生借此探寻"史记"笔法的精妙之处。司马迁在典型环境中不断强化项羽"不自责"形象，由这一形象展开对项羽英雄气概的丰富性建构，并且将自己的情感与视角介入对项羽"不自责"形象的型塑，从而完善了他对于项羽英雄形象的设计与情感寄托。这是需要我们留心体会的！

（本文发表于《中学语文·上旬》2018 年第 2 期）

民俗题材文本审美的教学处理

——以《云南的歌会》《端午的鸭蛋》的文本研读为考察对象

　　《中学语文教学参考·中旬》曾在"专题·策划"栏目推出了"有关中学散文文本教学研讨"的一组文章。散文文本到底应该在中学语文课堂教学层面呈现哪些契合学生学情的质素？是顾形弃神，还是顾神弃形，抑或由形入神，形神兼顾？这些本是"旧常识"的问题至今仍然困扰着一线语文老师的文本教学。"模式化"（以自认为放之四海皆准的文体知识来解读散文教学文本）、"标签化"（以预设的文本主题来抑制散文内部暗藏的独特的"个性"）、"碎片化"（以对散文文本关涉到的文化文学知识展开"面面俱到"的阐述从而展开教学目标"碎片化"的错位教学），是我们在散文文本审美教学处理过程中经常遇到的思维定式。

　　以上问题同样存在于民俗题材文本的教学之中。中学语文教材所选的民俗题材文本大都是散文文体。民俗是在自然、历史的节奏中被约定俗成的，它的形成与"熟人社会"人际关系下的乡村生活伦理结构是密切相关的，它常常以风俗习性的文化意识为内核，程式化的"生活相"为外表，呈现出一种不成文的生活规矩、习惯性的生活方式、传统型的生活思维定式，这对于现在的被"现代化"的中学生而言无疑是有一定陌生感的。也就是说，从文本题材内容属性而言，"文本"与"学生"之间形成的"距离"是我们教学把握学情时不得不考虑的一大问题。此外，就笔者了解，教材中所选的民俗散文文本虽不多但大都是名家美文，这些"美文"不满足于甚至不屑于"炫弄"表层的风俗特色，而是在揭示民俗的同时超越了民俗书写，以对"民俗"的"悟意审美"而表达自我的艺术追求及其人生随感，风格偏向于平淡、随意、中和。从文本的情感抒发状态以及审视题材的独特视角而言，如何在尊重学情的基础上尊重民俗文本自身的审美特征，进而形成具有可操作性的教学处理谋略，是中学一线教师必须要深研的教研课题。本文拟以《云南的歌会》《端午的鸭蛋》为例，从民俗题材文本的教学定位、民俗文本的审美解读这两个方面来探究这一问题。

一、民俗题材文本的教学定位

人教版八年级下册第四单元"单元提示"对这个单元教学做了如下定位阐释："民俗是人类文明积淀中一个重要的组成部分。关注民俗，可以了解民生和民间文化。本单元所选课文，大多是写各地节日风俗的，也有讲述民间艺人轶事的，描绘街头商贩吆喝的，组成了一幅幅有声有色的民俗风情画卷"，"学习这个单元，你不仅能够感受到日常生活中蕴含的无穷乐趣，还能够体会多种表达方式综合产生的艺术效果"。而人教版八年级下册"教参"对这个单元的文本教学做了如下的"单元说明"："本单元以民间文化为主题，所选文章涉及趣味盎然、生动丰富的民风民俗以及民间艺人轶事，文笔生动，妙趣横生"，"本单元的阅读教学应该注意以下几点：首先，要从文章出发，以语言为教学立足点……其次，教学范围可以适当扩展……但不能喧宾夺主把语文课上成'民风民俗'的知识介绍课。第三，本单元教学还应该充分体现课程标准'注意开发利用课程资源'的精神。教师应注意利用当地民风民俗，引导学生从教室走向社会……"

显然，无论是"单元提示"还是"单元说明"，它们在本单元的教学定位方面均强调了"民俗"题材之于本单元教材文本主题的"主体"型塑作用，并引导学生把握作为"民俗"存在场域的"民间文化"，提示学生注意从本单元民俗题材散文文本中多面孔的"形"貌中整合共同的"神"——"民俗"蕴含的"无穷的乐趣"。这不难发现，也不难理解，但仅仅满足于此，还不能对这个单元如此经典的民俗题材文本做科学合理的教学定位。教师如果只是满足于对这些"单元提示""单元说明"做字面化的解读，显然是浅层次的。"单元说明"善意地提醒我们老师不要在讲民俗题材文本时颠倒主次，把"语文课"上成"民风民俗"知识介绍课——这种"提示"很有必要，它是对当今"语文课"大量植入"文化"知识、以"文化"覆盖"语文味"的不当教学行为的反拨，是强调回归语文本色。但是，它未对所谓的"民风民俗"知识介绍课与"民俗审美"予以辨析，而后者恰恰才是本单元的教学主体。民俗是指一个国家或民族在自己的历史发展过程中逐渐形成、反复出现，并代代相习的生活文化事象，它具有不可忽视的审美价值，这种审美价值既可以从丰富多彩的民俗事象以及民俗活动中呈现出来，也可以借助外显的感性形象使人产生内在的愉悦感，从而建构起独特的内在意蕴。比如，由于"教参"对于"民俗审美"的忽略，在沈从文《云南的歌会》"研讨与练习"的设置上呈现出宽泛化的痕迹："研讨与练习"第一题在预设"课文主要写了在三种不同场合听到的民歌演唱，演唱的方式和内容都不相同"的编者话语后让学生思考"想一想，与你通过电视或其他途径听过的演唱会、音乐会相比，云南的歌会有哪些特色"，或许教材编写者试图让学生通过梳理文章情节来归纳相关内容从而印证引导学生从文本中汲取民俗所带来的无限乐趣的阅读期待，但"一厢情愿"的"文本教学定位"（"教参"中在"整体把握"部分对这篇课文竟然只是做了"山歌对歌""山路漫歌""村寨传歌"的"场景"类型宽泛解读）让我们容易产生这样的"误读"——这篇文章只是一般题材的散文，"民俗"审美元素在阅读价值序列中处于非主要的位置，学生只需按照散文阅读"放之四海皆准"的技巧来介入到文本情节内容之中，"问题"自然迎刃而解。也就是说，题材的属性在特定题材文本阅读中对于阅读状态及阅读要点的影响是不明显的。这显然是不对的。《云南的歌会》是民俗题材的散文，自然要对文本中呈现的"云南的民歌"展开一番民俗审美。民俗中"历史""环境""人"是主要的审美元素，三者同构出的独特地域文化空间才是"民俗"价值彰显的场域。具体到《云南的歌会》，"山歌对歌"中重点写的是参与民俗活动的"人"，呈现出的是民俗的娱乐性，在这种"娱乐性"中有"比赛"的意识；"山路漫歌"中重点写的是民俗存在的自然社会环境，呈现出的是民俗的自在性与山野性；"村寨传歌"中重点写的是民族历史被民俗传播的场景状态，呈现出的是民俗的传承性。这样的问题，同样出现于"教参"对于汪曾祺《端午的鸭蛋》的"教学定位"之中，限于篇幅，在此不再阐述，下文还会对这篇课文做解读。由此可见，"民俗审美"参与本单元"教学定位"的必要性。

二、民俗题材文本的审美解读

（一）感悟民俗的审美性：娱乐、环境、传承

笔者曾在某次市级公开课活动中观摩过一位资历不浅的教师执教《云南的歌会》的课堂场景。该老师的课堂教学主要环节如下。

环节一：让学生快速阅读课文，以"我从课文中读到了……"为话题说话。（约10分钟）

环节二：《云南的歌会》主要写了几种歌会形式？其各自的特点是什么？教师引导学生在文中找寻关键语句，归纳歌会形式、歌会地点、歌会特点。（约15分钟）

环节三：让学生找出文章中精彩的"人物描写"片段、"景物描写"片段、"场景描写"片段，摘抄在读书笔记之中。（约10分钟）

环节四：让学生思考并讨论：云南的歌会与现在的明星演唱会相比，有何不同？（约10分钟）

显然，该教师对于《云南的歌会》这篇民俗题材散文文本的课堂教学处理是有较大问题的。这主要体现在课堂教学"语文味"的匮乏以及教学目标的严重错位。课堂的第一个环节让学生以"我从课文中读到了……"为话题来讨论，出发点是为了引导学生得出自己的阅读独特感受，但这样的问题设置过于宽泛，针对性不强，可以预想学生的回答也是流于表面的。课堂第二个环节让学生归纳歌会的形式、歌会地点、歌会特点，没有引导学生结合一些语句品读"云南的歌会"所渗透的民族民风民俗之美，就模式化地让学生抓关键语句来筛选信息、归纳信息，势必导致学生对于这篇文章中所体现出的沈从文独特的人生艺术感受的漠视。课堂第三个环节更是完全没必要在课堂上完成，有兴趣的学生自然会留心积累。课堂第四个环节不加质疑地"套用"教材后面的"研讨与练习"（一）中的"问题"，问法莫名其妙，现今的明星演唱会的意境与云南的歌会的意境是天差地别的，没有什么可比性，如

果硬要学生试着对照感悟，又有什么实在意义呢？对于"云南的歌会"特色的感悟，显然需要学生走进这篇文章的写作背景以及文本内部来"悟意"，在"悟意"中完成"审美"。所以，所谓的"延伸比较"如果引导方向本身就错位的话，何必硬要"延伸"呢？

在凌宇《沈从文传》（北京十月文艺出版社，2003年版）中是这样介绍沈从文遭遇"云南的歌会"时他本人的人生处境："沈从文居住的村落，距云南著名的滇池只五里远近。由常住乡下与外部隔离所产生的孤寂，混合了一份现实引起的痛苦，沈从文常常在写作与家务劳作之余，独自来到村外的小山冈上，看滇池上空的云起云飞"（第313页至第314页），"因云及人，沈从文不觉游目四瞩，环顾周围日光云影下的各种生命"（第314页）。抗日战争时期，为了躲避当时的战乱干扰，沈从文一家在云南昆明度过了八年的岁月。起初，环境的闭塞以及现实生活的贫困，使得沈从文陷入了焦虑与痛苦中，但对于眷恋于纯朴的乡俗民风，通过对乡村情趣的歌咏以及乡村理想的诉求来提取未被现代文明浸染的人生形式进而表现人性最真切的欲望，建构静穆、圆熟的审美境地的沈从文而言，云南的景、云南的民俗很快进入到他的精神审美层面，稀释了他的焦虑，使他日益汲取到生活的美好。1939年5月到1944年8月，为避免日军轰炸，沈从文把家安在了郊区呈贡龙街的杨家大院。在当时，沈从文还要在西南联大上课，上课地点与家里住址隔得较远，他只能两头跑，"沈从文每次回家，都得先坐小火车然后租一匹云南小马才可到达龙街"（青兮《沈从文与张兆和的爱情地图》，《书屋》2015年第3期，第46页）。沈从文恰恰是在往返家里的途中见识了云南的跑马节，以及云南的歌会。搬到乡下居住的日子，领略着云南纯朴而美好的民风民俗，沈从文十分满意，1942年9月8日在给大哥沈云麓的信中他曾感慨道："九年中倒是最近两年在呈贡住，真是最值得记忆，因此一家日子过得非常健康。"值得注意的是，沈从文书写感悟云南的歌会的经历并非是他在云南的那段时期，而是将近二十年后的1963年，此时他早已告别文学创作多年，此时他早已无奈而又执着地投入到古文物的研究之中。作为历史文物研究专家的沈从文回忆起云南的歌会，是以"行为记录"的视野来完成民俗审美的。

正如人教版"教参"中"有关资料"所言，"云南是一个多民族地区，在各族人民生活中，民间歌唱活动占有特别重要的地位，几乎渗透到生活中的各个领域"。民俗作为"流行于民众的民族固有的深层的本质文化"（出自陈勤建《文艺民俗学导论》，上海文艺出版社，1991年版），其自身的文化辐射力覆盖在民众生活的诸种场合，同构出特定民俗的审美样貌。从这层意义来说，一般意义上对教材文本诸如"山野对歌""山路漫歌""村寨传歌"的解读应属于对"民俗"呈现场合的揭示与分析，解读角度是可行的。当然，还有一些"解读"从散文"形散神不散"的文体常规属性出发引导学生赏析文本内容——"山野对歌""山路漫歌""村寨传歌"看似比较分散，"云南的民歌"在不同的"形"中加以呈现，但它们所指涉的文本内部情感的"神"是共通的是一致的，那就是自在、纯朴而健康的民风民性。

但是笔者认为以上的阐述还是较为表层的，针对性不强，也很难让学生体会作为独特民俗的"云南的民歌"自身的民俗审美性。笔者认为，从"民俗审美"视域出发，结合文本具体内容，我们可以对《云南的歌会》做如下的"民俗审美"解读：所谓的"山野对歌"揭示的是"云南的歌会"民俗的情感娱乐交流状态，所谓的"山路漫歌"描写的是歌会民俗产生的自然环境原因，所谓的"村寨传歌"展现的是"云南的歌会"的集会表演状态以及集会的传承作用。"揭示""描写""展现"的书写策略，恰恰契合沈从文写作此文时秉承多年的历史考古"行为记录"所侧重的"如何""何以"的艺术追求，而书写的对象是云南的民俗，与沈从文终生对于"乡村""民风民性"的钟情相契合。

这篇文章的第二段说"唱的多是情歌酬和，却有种种不同方式"，写了"一个年轻妇女一连唱败了三个对手"后"轻轻地打了个呵欠""显得轻松快乐"且"彼此相去虽不多远，却互不见面"的对歌场景，在这种听歌不见人的"私人化""个体化"的"空间"中，沈从文既在"比赛机智才能"的"酬和"对歌场景中彰显了民俗的娱乐性，又潜在地借助酬和情歌场景的"种种不同方式"以及对歌女子所释放出的轻松快乐的生命状态（在第三段中沈从文将对歌女子进行了"面"的拓展，并且还通过对其性情、外貌、劳动与游戏状态等多层面的描摹来型塑她们的悠游自在的生命状态）来揭示"对歌"民俗参与生命情感交流时的审美维度——按照孙绍振教授的"还原"理论，设想那位对歌的"年轻女子"如果没有"唱败"对手，在酬和情歌中遇到了心仪的对象，是否也会有"悠游自在"的情感涟漪呢？

这种"轻松快乐""悠游自在"的云南的民歌之所以形成，与当地的自然环境是密切相关的。"山路漫歌"描写的是"云南的民歌"产生的自然环境。法国艺术史学家丹纳曾说过："所有的艺术作品，都是由心境、四周的环境和习俗所造成的一般条件所决定的。"我们跟着文中赶马女孩子由呈贡进城的沿途见闻感受来领略独特的自然环境吧，"马上一面欣赏土坎边的粉蓝色报春花，在轻和微风里不住点头……一面就听各种山鸟呼朋唤侣，和身边前后三三五五赶马女孩子唱着各种本地悦耳动听的山歌"，云南的景真美，山花烂漫，山鸟齐鸣，戴胜鸟、云雀似乎也都对唱歌产生了兴趣。正是在这种远离现代文明浸染、山鸟放歌的自然环境下，云南的民歌带有山野之间的自然本色，呈现出纯朴本色美。

民俗事象，是关于生产生活、文化、制度、信仰、社会组织等方面的民俗活动和民俗现象的总称。"云南的歌会"当然也是一种独特的民俗事象。一般来说，凡一种"事象"成为"民俗事象"，必须具备一个条件，即人们的共同传承。"村寨传歌"部分通过对参会人数、唱歌内容、与会人员主体构成、集会目的等多个方面的描写来渲染"金满斗会"的场面。在笔者看来，感知"场面"的外在形式对于学生来说并不难，此部分应重点引导学生进一步了解"金满斗会"中的"熟人"以及"传承性"。这里的"熟人"有作者认识的摆小摊的、挑水洗衣的、工匠、小杂货店的管事、乡村土医生、阉鸡匠、赶马女孩子、不同年龄的农民、卖针线的老太婆等。这个细节不容错过。这些"熟人"都是活跃在民间底层各个领域的小人物，作者与他们熟悉，既说明沈从文审美趣味与民间底层的契合性与亲近性，也暗示恰恰是这些"小人物"才是建构"云南的歌会"的主体力量，"小人物"因其纯粹的民间底层生活体验以及相对封闭的生活圈子而于"传歌"民俗集会中寄托了某种特定的群体心意。沈从文无意揭示这种群体民俗心意，他强调了民俗的传承性。民俗之美以外在感性形式呈现的同时，还具有丰富的内在意蕴，这需要传承。"由老一代把记忆中充满智慧和热情的东西，全部传给下一辈"，在场的老一辈为这样被大家认可重视的"传承"而兴奋。沈从文为这样的民俗传承也理应感到兴奋，因为"云南的歌会"体现出了云南纯朴的民风民情，它能继续传承昭示着云南特有的纯朴自然的民风人情是不会消灭的。

（二）探析审视民俗的视角

汪曾祺《端午的鸭蛋》呈现出的"平淡有味"的散文语言风格，对于现今的初中生而言是不易引起审美情感共鸣的。据笔者了解，现在的初中生学习散文文本，习惯于只读内容不读情感，习惯于从内容技法层面而不是从语言层面来读散文。不少老师在讲这节课时习惯于先将汪曾祺散文语言风格归纳强塞给学生，比如口语化色彩强烈、语言幽默诙谐、文白相杂、适当采用方言词汇、语言闲适有味等等，然后再从文中摘句寻例加以佐证，这样的教法关涉的"教学内容"的确定，是不合理的。还有，有些教师以"贴着学生来教"为文本解读的依据，对文本中的"端午的鸭蛋"轻描淡说，将上课用力点放在开发学生"端午风俗我来说"的层面上，本末倒置，扭曲了《端午的鸭蛋》的教学内容。汪曾祺是把"家乡的鸭蛋"这一题材放在端午节浓厚节俗氛围之中加以介绍、描写的。汪曾祺曾说："我是希望把散文写得平淡一点，自然一点，家常一点的。"鉴于初中生对于这一题材语言风格的"陌生化"，教师可以充分发挥自己在教学过程中的主导性，以自己对这一民俗散文文本的解读来带动学生阅读学习。

题目是《端午的鸭蛋》，开头却大谈端午的风俗，这种开篇就值得细加咀嚼。"教参"以及不少教师针对这一部分的"解读"多是简单地说明——这里是通过介绍端午的风俗来为后文"端午的鸭蛋"做风俗氛围的铺垫。其实，在端午的风俗介绍之中，汪曾祺已经向我们展示了他审视风俗的一种视角——以孩童的视角来审视端午热闹多样的风俗。比如在讲到"放黄烟子"风俗时，作者不说这种被"大人们"传承的约定俗成的节日习俗如何如何，而是这样写的，"……小孩子点了黄烟子，常把它的一头抵在板壁上写虎字。写黄烟虎字笔画不能断，所以我们那里的孩子都会写草书的'一笔虎'"。对于孩子们来说，节日民俗的内在意蕴并不见得很快就嵌入到他们的精神主体意识之中，可是民俗所承载的对象往往给他们带来"娱乐"的资源，在对民俗进行"儿童化"改造以及表意再编码的过程中，洋溢着的是纯真的童趣，积淀的是温馨难忘的童年记忆。这些情感元素在后文中得以更充分地体现。

在介绍"吃'十二红'"的风俗时，汪曾祺由故乡的食物很自然地引出了家乡的鸭蛋，体现出他自然的唠家常式的话语风格。由"鸭蛋"自然而然地想到了"高邮的鸭蛋"，文章的第二段、第三段都在描写"家乡的鸭蛋"。值得注意的是，"家乡的鸭蛋"无论是"很出名"、"双黄鸭蛋"还是"质细而油多"，都是为了呈现高邮日常的饮食民俗。按照钟敬文主编的《民俗学概论》（上海文艺出版社，1998年版）所说，饮食"它不仅能满足人们的心理需要，而且也因其具有丰富的文化内涵，因而在一定程度上也满足了人们精神层面的需求"。对于汪曾祺而言，家乡的鸭蛋"多数人家是吃得起的"，它渗透在家乡人们的日常生活之中，成为了日常的饮食民俗，并且这种食品确实味道美、名气大，高邮人被它所"熏陶"，对它形成了独特的主观情感。作为饮食民俗的"家乡的鸭蛋"之于汪曾祺而言，是家乡饮食文化的载体，是寄托在这种饮食民俗而上的高邮人们生活习性的外显形象，所以意味深长。汪曾祺在这部分之中暂时中断了儿童视角的审视与叙述，而是选择"成人视角"来描写"家乡的鸭蛋"，不过当崇尚"平淡自然"的汪曾祺书写作为日常饮食风俗的"家乡的鸭蛋"时，呈现出的独特生活趣味性与前文所言的"儿童化视角"感悟的生活趣味互相映衬，同构出文本内部自然涌起的"有味"。具体来说，这主要体现在这部分中几处不合常理的带有作者强烈主观情感色彩的语言，比如"不过高邮的咸鸭蛋，确实是好，我走的地方不少，所食鸭蛋多矣，但和我家乡的完全不能相比！"，"曾经沧海难为水，他乡咸鸭蛋，我实在瞧不上"，"我在北京吃的咸鸭蛋，蛋黄是浅黄色的，这叫什么咸鸭蛋呢！"这些看似具有"排他性"的主观话语，读起来因为感性、主观反而让人觉得真实，真实地表达了作者对于家乡咸鸭蛋的钟情。

作者由家乡的鸭蛋自然而然地写到了"端午的鸭蛋"，到了直贴文题中心内容的部分，在这一部分"儿童视角"得以回归，依然是以孩子的眼光与心理来表现端午风俗的趣味。陈日亮老师在《如是我读：语文教学文本解读个案》（华东师范大学出版社，2011年版）一书中曾指出，"作者是将'端午'看成孩子们的节日，虽然使的是大人讲述的笔墨，却又时时用孩子的眼光和心态，表现端午风俗的趣味"（第175页）。汪曾祺说过："故乡和童年是文学的永恒的主题。"家乡的鸭蛋在故乡的端午节中呈现出的民俗状态被这群孩子们趣味化了。在写"鸭蛋络子"端午风俗时，汪曾祺揭示并表现了"挑鸭蛋""吃鸭蛋""玩鸭蛋"整个过程中孩童参与的程度以及表现的状态，这恰恰是"端午的鸭蛋"留给汪曾祺最深刻的记忆与印象，它是属于故乡的也是属于童年的。"挑鸭蛋"时，孩子们一要挑青壳的，二要挑形状好看的。因为在他们看来，"青壳的"比"白的"要更有格调，"形状好看的"细看很秀气很美。"挑鸭蛋"时他们展现出对于美的直观感受，既充满童趣也符合孩童心理特点。"吃鸭蛋"时，他们把起先"挂在大襟的纽扣上"的鸭蛋络子上的鸭蛋掏出来吃，他们觉得掏出的是"心爱的饰物"，体现的依然是童趣。"玩鸭蛋"写得更精彩，用敲去空头的鸭蛋壳子装萤火虫，在童趣之中还有创造力、想象力乃至艺术表现力。

三、结语

在日常的教学之中，我们不时会感慨学生在而今的"现代化""信息化"文化现实语境之中所浸染并形成的"语文学习面孔"——阅读碎片化、学习动机功利化、漠视经典阅读、写作雷同化、写作虚假化、语文学习被杂乱不堪的"嘈点"戏谑化、语文学习的"盲点"疑而不解，等等。我们无法短时间内改变"体制"，我们可以做的是在"体制"的现实处境下，尽可能地让我们的语文课堂发出光彩，以教师的"教"来有效激发学生对于教材文本的阅读兴趣。

人教版八年级下册第四单元"综合性学习"部分主题为"到民间采风去"，在导引部分，编者引导学生通过对日常民俗的细心观察体会它们包含的丰富的文化内涵，"关注我们平常习焉不察的民风民情，探寻日常生活背后的'学问'，一定会有许多惊喜的发现！""综合性学习"中"家乡素描""认识方言""乡土发现""节日探源"等模块内容设置较为合理，对于点拨学生从日常生活之中发现民俗素材，在民间采风之中扩充写作视野，具有方法及经验上的指导作用。不过，毫不客气地说，这样的"综合性学习"目前在不少学校的语文常规教学之中被忽略了、被形式化了。这其中的原因自然是复杂的。除却功利的影响（在一些老师看来这似乎与提高学生考试成绩关联不大）之外，在笔者看来，这也与教师在解读民俗题材文本时的"无力"有关。作为教师，只有真正懂得了民俗题材文本的教学策略，才能真正被文本中的"民俗"书写所感染，也才能真正通过自己的"读""品""悟"组建成激发学生阅读兴趣、引导学生走进民间生活、积累新鲜厚重的写作素材的课堂教学话语。

（本文发表于《中学语文教学参考·中旬》2016年第1—2期）

《哈姆莱特（节选）》：悲剧冲突维度与戏剧语言特质

　　面对《哈姆莱特（节选）》，我们究竟要细读什么内容？在教与学中，要关注什么关键问题？我们不应随意创设，而应基于相应的学习任务群及单元任务对教学内容予以明确。莎士比亚《哈姆莱特（节选）》选自于统编版高中语文教材必修下册第二单元。本单元还有关汉卿《窦娥冤（节选）》、曹禺《雷雨（节选）》。本单元对应的学习任务群是"文学阅读与写作"。"文学阅读与写作"学习任务群指出，要在精读经典文学作品时感受艺术形象，理解欣赏作品语言表达，把握作品内涵，根据文体特点从多个角度欣赏作品；此外在"教学提示"方面规定要运用专题阅读等方式来促进学生有效阅读。语文学习任务群以任务为导向，突出整合性。从"文学阅读与写作"学习任务群教学目标及教学提示来看，我们可以从戏剧剧本文体特征出发，将看似分散的教学目标统整到"品析悲剧冲突及戏剧语言"这一专题内容层面加以品读与探析。

　　此外，从统编高中语文教材必修下册第二单元单元任务来审视，确定"品析悲剧冲突及戏剧语言"也是务实与恰当的。在这里，我们将单元导语、课后学习提示及单元学习任务统称为"单元任务"。单元导语、课文学习提示及单元学习任务，可谓是相应学习任务群的单元具体化表征。单元导语及课文学习提示重在对单元单篇及群文阅读规定教与学的目标；而单元学习任务则重在通过创设情境形成学习的专题以关联单元多文本，培养学生语文实践能力。本单元的单元导语告诉我们要关注悲剧剧本的内容（人物的悲剧遭遇以及剧作家对现实的理解），把握、欣赏剧本的文体特征及审美形式（剧作家艺术表现手法、戏剧语言特征、创作风格）。《哈姆莱特（节选）》文后的"学习提示"引导我们一方面要注意梳理哈姆莱特与现实之间的各种冲突，另一方面要尝试分析哈姆莱特复杂的内心世界。单元学习任务一侧重于从悲剧"将人生的有价值的东西毁灭给人看"的主题角度，引导学生从本单元戏剧作品悲剧故事中探寻毁灭的"有价值的东西"，以此充实自身的悲悯情怀更有效地把握作品的悲剧价值，并学会与别人分享阅读体验。可见，对于单元任务的规定而言，无论是悲剧内容的书写、悲剧人物形象的分析、悲剧氛围的营造，还是悲剧剧本审美形式的彰显、悲剧审美效应的生成，都可以在"品析悲剧冲突与戏剧语言"这一专题阅读及学习内容中予以体会。

一、悲剧冲突的三重维度

《哈姆莱特（节选）》一文为《哈姆莱特》剧本第三幕第一场内容。它主要讲述国王克劳狄斯派遣罗森格兰兹、吉尔登斯吞试探哈姆莱特无果后，利用哈姆莱特的恋人奥菲利娅来进一步试探哈姆莱特装疯的真假，性格复杂的哈姆莱特强忍内心真实情感，在奥菲利娅面前装疯卖傻，讲了一堆看似疯癫实际暗有所指的话语来保护自己，使得克劳狄斯的计划落空。毋庸置疑的是，国王克劳狄斯的步步紧逼、不断试探与哈姆莱特的被迫装疯、保护自己，构成了选文的主要矛盾冲突。节选部分也是围绕着这一冲突进行的。但是，倘若只是看到哈姆莱特与克劳狄斯的冲突，忽略哈姆莱特与现实之间的其他矛盾冲突，那么可能会导致学生在原认知基础上无法理解选文部分哈姆莱特的"疯癫"形象及其深意，难以较好理解剧作家在这个人物身上寄寓的理想和对现实的深刻批判。从学生元认知以及选文冲突构成来看，《哈姆莱特（节选）》一文呈现了哈姆莱特与身边人的冲突、哈姆莱特与克劳狄斯的复仇冲突、哈姆莱特与时代的冲突。

（一）哈姆莱特与身边人的冲突

哈姆莱特出身高贵，接受了人文主义思想的熏陶，举止优雅，有人文精神，但在复仇过程中做事犹豫不决，内心充满矛盾。这也导致了他复仇的"拖延"。柯勒律治认为哈姆莱特敏感易动摇，因多思而拖延；歌德指出哈姆莱特缺乏英雄所需要的坚强毅力。我们一般认为哈姆莱特在与身边人相处中表现出孤立无援、脱离群众的不足并且将这一弱点视为当时人文主义者的局限。这是有道理的。但是如果我们结合《哈姆莱特（节选）》一文，聚焦哈姆莱特与身边人的关系状态，就会发现：他与身边人的冲突，加剧了他与现实社会的冲突。他与好友、恋人的冲突，使得他不断封锁内心，更加孤单，强化了自身耽于思虑、敏感犹豫的性格气质。

罗森格兰兹、吉尔登斯吞是哈姆莱特的好朋友，从小便与哈姆莱特一起长大，却协助国王克劳狄斯监视哈姆莱特。节选部分一开始就呈现了作为哈姆莱特好友却协助国王试探哈姆莱特的罗森格兰兹、吉尔登斯吞二人与通过"有些神经迷惘""绝口不肯说"等方式故意回避试探的哈姆莱特之间的冲突。哈姆莱特接受人文主义思想熏陶，向往真诚的友情，平等的人际关系，甚至从前文来看，他在识破罗森格兰兹、吉尔登斯吞二人的真实意图后并没有严加斥责还为他们着想，但从选文开场来看，哈姆莱特的努力与真诚并没有换来两位好友的悔意，他们依然忠心地做国王的帮凶。这其实已经在粉碎着哈姆莱特对于友情的美好设想。

对于哈姆莱特打击更大的是他与奥菲利娅的冲突。这种冲突是恋人间的冲突。我们过去在解读这一部分时，往往不顾及学生的原认知，从《哈姆莱特》整本书以及创作背景出发，指出两人的冲突看似是恋人间的冲突实际上是内心深沉、痛苦彷徨的人文主义者与大众的矛盾——这样的解读当然很有道理与深度，但如果是基于学生学情的阅读，应该首先从两人之间的恋人冲突层面把握冲突的要点，进而再深化。我们归纳选文中两人的冲突：奥菲利娅认为哈姆莱特变心了要退回纪念品，哈姆莱特不想收回来；哈姆莱特讲述有关贞洁与美丽的问题，奥菲利娅听不明白；哈姆莱特说他爱过奥菲利娅却又说他没有爱过奥菲利娅，奥菲利娅也无法理解；哈姆莱特奉劝奥菲利娅出家，对奥菲利娅家人加以诅咒，奥菲利娅同样无法理解，在困惑中非常痛心。哈姆莱特与奥菲利娅之间产生了因无法沟通导致误解而形成的冲突。其实，在这里哈姆莱特意识到自己心爱的情人已沦为敌人手中的工具，爱情被破坏，内心承受了很大的打击——爱情之于哈姆莱特而言是一种发自心灵深处的坚贞的感情，而今爱情却被邪恶势力玷污有所变质。他为了保护自己不得不在爱人面前装疯，可是爱人却不理解他疯癫话语暗指的本意，他又不能说破真相，这种隔阂难以被突破。在哈姆莱特与奥菲利娅的冲突中，哈姆莱特故作疯癫，目的在于让克劳狄斯放松警惕，但结果却是引起对方的警觉，使得双方斗争发展到一个新的阶段。

（二）哈姆莱特与克劳狄斯的复仇冲突

从《哈姆莱特》"整本书阅读"来看，哈姆莱特自从接受了复仇的任务后，其复仇过程跨越了五大关键节点。复仇的第一个关键节点是"戏中戏"。"戏中戏"可谓是复仇的前奏。第二个关键节点是有复仇的机会却主动放弃。第三幕第三场他看到祷告的克劳狄斯，本可以杀死仇人，却主动放弃了。复仇的第三个重要节点是在第四幕第四场路上哈姆莱特遇见福丁布拉斯率队去芬兰夺取一块狭小毫无实利徒有虚名的领地，被他的王子雄心感染，不满意自己的因循隐忍，决心要慷慨力争。复仇所谓的第四个关键节点是得知克劳狄斯设计要处死自己的阴谋诡计后内心愤怒，决心除掉克劳狄斯这一戕害天性的毛贼。最终的复仇发生于其和雷欧提斯比剑环节。雷欧提斯受伤中毒后告诉哈姆莱特有关克劳狄斯的阴谋，哈姆莱特的母后无意间饮了毒酒身亡，愤怒的哈姆莱特杀死了国王。

不过，就《哈姆莱特（节选）》一文而言，虽然并未出现哈姆莱特与克劳狄斯的正面交锋、斗争，但全文均围绕着哈姆莱特与国王克劳狄斯的冲突展开剧情。比如，国王派人试探哈姆莱特神魂颠倒的真伪，哈姆莱特"生存还是毁灭"的内心独白也可以说是他在复仇中呈现的复杂的心路历程，独白中体现出哈姆莱特对于克劳狄斯统治的现实社会的批判。哈姆莱特的装疯是为了放松克劳狄斯的警惕，克劳狄斯并未因哈姆莱特在恋人面前的疯癫而放松警惕反而坚定了处理哈姆莱特的想法。当然，如果只是"单向度"地分析两人冲突的剧情，很难挖掘出选文中这种冲突的丰富指向。将节选部分与整本书内容贯通起来，会有重要的发现：第一，此处哈姆莱特与克劳狄斯之间主要呈现试探与反试探的冲突，在复仇层面上冲突显得不够紧张激烈。与后文复仇几大节点相比，此时还未出现"戏中戏"的复仇策略，也没有出现复仇的有利机会，哈姆莱特也尚未从与其他人的复仇比照中激励自己，还没发现国王更为阴险狠毒的一面。第二，此处哈姆莱特与克劳狄斯的冲突，进一步映射出哈姆莱特与克劳狄斯丰富的人物形象。克劳狄斯表面仁慈，内心有负罪感，但实际上虚伪、丑恶、狡猾、奸诈；哈姆莱特一方面出身高贵、博学多才、勇敢无畏、举止优雅，另一方面顾虑重重、犹豫不定、痛苦烦闷、忧郁感伤。第三，两人此处的冲突，直接影响了彼此斗争的状态，推动了后文的剧情发展。哈姆莱特装疯，反试探，保护了自己，进而得以腾出精力设计"戏中戏"来试探克劳狄斯；国王克劳狄斯对于哈姆莱特的疯癫，内心不安，耿耿于怀，决心不留哈姆莱特在身边，两人的冲突进入新的阶段。

（三）哈姆莱特与时代的冲突

《哈姆莱特》创作于1601年。当时英国社会矛盾尖锐。农村的圈地运动使得农民失去土地；伊丽莎白女王把重要商品专卖特权赏给亲信贵族，严重损害资产阶级、新贵族的利益；封建专制王朝极力维护封建特权，宫廷挥霍成风。《哈姆莱特（节选）》一文呈现了以哈姆莱特为代表的人文主义者与时代发展的冲突，反映了时代面貌，具有强烈的反封建意识。

细读选文中哈姆莱特"生存还是毁灭"独白部分，我们会发现一方面哈姆莱特揭露了当时社会的黑暗，"谁愿意忍受人世的鞭挞和讥嘲、压迫者的凌辱、傲慢者的冷眼、被轻蔑的爱情的惨痛、法律的迁延、官吏的横暴和费尽辛勤所换来的小人的鄙视""谁愿意负着这样的重担，在烦劳的生命的压迫下呻吟流汗"；另一方面哈姆莱特面对时代的丑恶具有以死抗争的决心，"挺身反抗人世的无涯的苦难，通过斗争把它们扫清"，但同时哈姆莱特意识到即使以死抗争似乎也不能彻底扫清丑恶势力，所以这样的牺牲只会给人留下难以摆脱的遗憾和苦恼。可见，哈姆莱特面对的时代邪恶势力是强大的，在面对时代黑暗力量时本是"朝臣的眼睛、学者的辩舌、军人的利剑""时流的明镜、人伦的雅范"的哈姆莱特有重重顾虑，以至于"啊，一颗多么高贵的心是这样陨落了！"沿着哈姆莱特与时代的冲突这一维度，就不难理解哈姆莱特内心的冲突，以及相较于雷欧提斯的复仇、福丁布拉斯的复仇，哈姆莱特复仇时所存在的复杂之处及其艰巨之处。

二、《哈姆莱特（节选）》的戏剧语言特质

戏剧语言是塑造人物形象的重要手段。戏剧语言主要包括舞台说明和人物语言（台词）。舞台说明是指对剧中人物、时间、地点、布景等的说明。人物语言，即台词，包括对白、独白、旁白，它具有个性化、动作化、潜台词三大特征。所谓人物语言个性化是指台词要符合人物性格逻辑，最能表现人物思想感情本质；人物语言动作化是指用台词表现人物内心复杂、细致的思想活动；而潜台词是指除了台词表层意思之外还隐含着的没有说出的更深一层的意思，是话中之话，是话外之意。就《哈姆莱特（节选）》一文而言，其戏剧语言主要特质包括以下三方面内容：

（一）人物语言富有个性

苏联戏剧理论家斯坦尼斯拉夫斯基认为人用以说话的语言就是一把了解他性格的钥匙。戏剧和小说不同，戏剧同样需要塑造人物，但塑造方法不一样，戏剧主要借助人物语言来推动剧情发展，表现人物形象。对于戏剧作品而言，剧情发展、人物介绍、过场转换都离不开人物语言。人物语言可谓是戏剧最基础的表现手法之一。对于《哈姆莱特》整本书而言，"在《哈姆莱特》中，无论主要人物还是次要人物，都被作者刻画得个性鲜明，其语言也各具特色。内心似火但优柔寡断的哈姆莱特、心狠毒辣的克劳迪斯、敢爱敢恨的雷欧提斯……这些经典的人物形象经由生动精彩的语言，得到了丰富立体的展示"①。具体到选文部分，也是如此的。主要人物国王克劳狄斯的虚伪、愧疚、警觉、狡猾，哈姆莱特的优雅、忧郁、感伤、犹豫、痛苦、隐忍，次要人物奥菲利娅的善良、单纯、可怜，波格涅斯的阿谀奉承，都通过富有个性化的人物语言得以表现，符合人物性格逻辑。

（二）采用大段的内心独白

"出于展示人物心灵世界和刻画人物性格的需要，莎士比亚十分善于运用内心独白这一艺术手段，《哈姆莱特》在这方面历来受人称道。内心独白可以

---

① 谷珊. 浅谈《哈姆莱特》的语言特色 [J]. 语文建设，2017（8）.

把隐藏在人物内心的思想、情感和欲望等多层次地展示出来。"① 莎士比亚为了更好地揭示人物复杂的内心世界，深入刻画人物形象，在《哈姆莱特》中采用了大段的内心独白。这种戏剧语言有时显得晦涩难懂，繁琐冗长。有些学生不爱读，无法潜入独白之中，难以体会到背后的深意。我们要引导学生对大段的内心独白进行层次的划分，而后从语言形式的角度揭示人物复杂的内心世界及形象特征。

以《哈姆莱特（节选）》一文中哈姆莱特"生存还是毁灭"大段内心独白为例，我们展开赏析。"生存还是毁灭，这是一个值得考虑的问题"是引子。从"默然忍受命运的暴虐的毒箭"到"也就是为了这个缘故"，是对毁灭的意义的思索。在这一层次中，哈姆莱特认为挺身反抗、扫清创痛与打击的"毁灭"（牺牲自己）是更高贵的，但在现实环境中其意义是值得质疑的。从"谁愿意忍受人世的鞭挞和讥嘲"到"不敢向我们所不知道的痛苦飞去"为此处内心独白的第三层次，主要陈述生之痛苦。因为有死之疑虑，所以有生之苟且。随后的那几句内心独白为第四层次，说的是思索生死的意义带来的重重的顾虑给他自己性格以及复仇之事带来的影响。重重的顾虑，使得哈姆莱特更加怯懦、忧郁、感伤，影响了他复仇的决心与行动。

有了对这一大段内心独白层次的梳理以及语言形式的品析，我们得出的深层次解读才会真正为学生所理解、接受——此处的内心独白从不同角度体现了哈姆莱特面对困境，置身于矛盾冲突时内心的痛苦与顾虑，表现了人文主义者哈姆莱特在进行个人复仇和探索社会变革的过程中的心路历程。

（三）台词的动作化与剧场感的营造

钱穆先生在《中国历史精神》一书中认为，中国戏剧没有时间和空间的限制，也没有特殊布景，如演《苏三起解》，"中国戏台是空荡荡的，台下观众所集中注意的只是台上苏三那一个人。若配上布景，则情味全别"②。然而，西方戏剧却是强调舞台说明的，在条件允许的情况下也是很重视舞台布景的。

---

① 郑克鲁. 外国文学史（修订版）（上册）［M］. 北京：高等教育出版社，2006：99.

② 钱穆. 中国历史精神［M］. 贵阳：贵州人民出版社，2019：157.

西方戏剧不是内向性的，而是外延性的，重视剧场氛围的营造及其演出现场效果。对于话剧剧本而言，剧本语言的剧场性是较为突出的——剧本并不仅仅是文学阅读的审美文本，更是剧场演出的底本；剧本语言的建构服务于戏剧舞台表演的需要，剧本语言的艺术效果通过舞台表演实现最大程度的彰显。而对于莎士比亚而言，在这方面上表现尤为突出。之所以说莎士比亚话剧语言剧场性强，主要是因为：其一，莎士比亚有着非常独特的人生经历，这促使他对于话剧剧本语言的表演效果具有深切的体会与认同。1587 年莎士比亚离家到伦敦谋生，当时戏剧正迅速流行起来，他先在剧院当马夫、杂役，后来入了剧团，做过演员、导演、编剧，并最终成为剧院股东。他是真正的圈内人，十分重视剧本语言的剧场感。其二，在当时，话剧表演现场舞台布景条件有限，为了突出剧场性，较为重视剧本语言动作性与剧场感的创设。

如果能把握以上有关西方话剧剧本语言剧场感创设的文化背景与意图，那么我们在解读《哈姆莱特（节选）》一文中晦涩难懂的剧本语言时，就有了赏析的视角与方法。比如选文中"生存还是毁灭"大段的内心独白，描写的不仅仅是哈姆莱特所面对的困境，也是每个人在面临重大抉择时都会产生的困惑与思索，因其蕴含的深刻道理，使哈姆莱特此处的人生思辨已经超越了个人，俨然是人类面对生存意义、生的痛苦、死的疑惧、思与行动的矛盾等人生问题的诘问——此处台词的动作性对于人物内心复杂思想活动的表现，台词里广阔而深入的人生思索对于剧场感染力的营造，是我们赏析的要义。再比如，在与奥菲利娅见面时，哈姆莱特说："出家去吧。为什么你要生一群罪人出来呢？""我也知道你们会怎样涂脂抹粉；上天给了你们一张脸，你们又替自己另外造了一张。你们烟视媚行，淫声浪气，替上天造下的生物乱取名字，卖弄你们不懂事的风骚。"以及哈姆莱特对奥菲利娅"你美丽吗""你贞洁吗"的质问，都会让人读起来感到费劲——他明明是在与奥菲利娅说话，可是这些台词内容说的却不是奥菲利娅，言语内容与言语显性对象是相悖的，这究竟怎么回事？最简单的解读当然可以说这是哈姆莱特为自保而说的疯癫之语，但这只是从言语修辞上做的阐释。我们应该从剧本语言台词性以及剧场感这一角度介入，上述看似疯癫荒诞的话语，其实呈现了哈姆莱特超越于具体言说对象，指向社会现实的愤激批判与人生诘问，这对于观众而言无疑是有极强的代入感与共鸣的。

总之，遵循高中语文课程框架及学情特征，我们在解读《哈姆莱特（节选）》一文时，要确定基于学习任务群与单元学习任务的教学内容，以品析悲剧冲突与戏剧语言为专题任务，整合相关的学习资源、学习方法、学习情境等。呈现在选文中的悲剧冲突有着三层的维度，分别是哈姆莱特与身边人的冲突、哈姆莱特与克劳狄斯的冲突、哈姆莱特与时代的冲突。我们应该既尊重学生阅读选文的元认知，同时又能引导学生结合群文阅读、《哈姆莱特》整本书阅读从这三重悲剧冲突中深入把握哈姆莱特丰富的人物形象以及剧作家在这一人物身上寄寓的理想与对现实的深刻批判。此外，我们不应忽略戏剧剧本语言的言语形式。《哈姆莱特（节选）》的戏剧语言特质值得深度探赜！

（本文发表于《中学语文教学参考》（第一周）2024 年第 12 期）

探寻科普"知识性读物"文本阅读教学的有效路径

在新课改之前，我们对于科普类文本的阅读的重视程度是不够的。虽然高中语文教材选定了一些这类文本且都较为典型，比如刘易斯·托马斯《作为生物的社会》、史蒂芬·霍金《宇宙的未来》、周立明《动物游戏之谜》、卡尔·萨根《宇宙的边疆》，但是在课堂教学实践中不少一线教师要么是受教学课时的限制而舍弃了这方面的引导，要么是因对科普文的"偏见"（认为科普文枯燥乏味、晦涩难懂，无审美可言，只需"练习"即可）而予以排斥，要么是因尚未探寻到解读此类文本要义的策略而被动地浅层次地"教"。与之形成强烈反差的是，到了高三，因为高考试题要考论述类文本阅读、实用类文本阅读，而科普文是这类阅读的选材重要来源，为了让学生积累这方面的阅读经验与答题技巧，老师们非常积极地给学生编选大量的相关练习，让学生在"做"中培养相关阅读能力。不过，大量的练习似乎并未取得良好效果，不少学生感慨还是看不懂这类文本，答题效果不稳定，没有阅读兴趣。这是非常值得反思的。在笔者看来，其主要原因是我们对于科普文阅读教学的忽视及对其存在盲目随意的认知误区——学生相关的"必备知识"与"关键能力"没在课堂阅读教学中即时生成，怎能实现良性的收益呢？

从这个意义上来说，《普通高中语文课程标准（2017年版）》以及统编高中语文教材，对于科普文阅读的学习目标、学习内容作出明确规定是必要的，也是富有指导价值的。新课标在"实用性阅读与交流"学习任务群中，明确指出此任务群包含社会交往类、新闻传媒类、知识性读物类三类学习内容，而"知识性读物"包括科普读物、复杂的说明文、社会科学类通俗读物等。

"实用性阅读与交流"引导学生学习当代社会生活中实用性文本，包括实用性文本的独立阅读与理解；通过本任务群的学习，丰富学生的生活经历，提高阅读与表达交流的水平。可见，以往我们所说的科普文而今的定位应是科普"知识性读物"文本，它对应着明确的任务群，有着明确的学习目标与内容，这避免了阅读的随意性与盲目性。

那么，如何探寻科普"知识性读物"文本阅读教学的有效路径？接下来，本文拟以梁思成先生《中国建筑的特征》一文的文本解读为例，对此予以阐述。

一、有效整合论述思路是理解科普"知识性读物"文本"信息"的基础

众所周知，科普"知识性读物"文本往往对自然科学领域中的某些现象、原理、问题等，进行专门分析、研究，术语多，内容专业难懂，而且在概括、归纳、逻辑推理层面有着严格的要求。这对于习惯于浅阅读或文学阅读的学生而言，既是陌生的也是有难度的。每当学生们面对此类文本迷茫无措时，他们感慨最多的是看不懂文本内容，不能理解文本信息。读懂是基础也是关键。如何读懂？要学会筛选、整合文本信息。先要从整体出发，整体上整合相关信息，进而有效整合文本的论述思路，这样就能清晰地把握文本各层次的关键信息，有效地关联各层次的内容大意，理解作者是如何展开有效说理的。

具体到梁思成《中国建筑的特征》一文，全文共二十段，可以分为四个层次。阅读时，我们要学会圈画关键语句，筛选、整合核心信息，可先不必在一些"费解"的术语上纠结。

第一段在引出"中国的建筑体系"后，后文的关键语句是"这个体系分布到很广大的地区"；而第二段的观点句是"至迟在公元前 15 世纪，这个独特的体系已经基本上形成了，它的基本特征一直保留到近代"。从中我们可以将前两段视为第一层次，这一层次总体上从地域范围、历史起源两方面介绍中国的建筑体系的特征。

第三段至第十三段为全文第二层次，论述了中国建筑的基本特征。这一

层次中出现了诸如"抱厦""厢""耳""梁架""斗栱""举折"等建筑专业术语，一定程度上加大了阅读难度，但我们一是可以结合课下注释或者文本中对相关术语的阐释予以理解，二是要理性认识"术语"之于此类文本的作用——它们既是文本的重要内容也是体现科学逻辑思维乃至科学精神的必要元素。这一大层次，是文章的重点。我们要引导学生针对每一个基本特征予以简要概括，也就是说要梳理这一部分的论述思路。第一个特征——个别建筑物的构成分三个部分：台基、主体（房屋）和屋顶；第二个特征——在平面设置上，往往左右匀齐对称，一"所"房子由若干座"个别"建筑物以及一些联系性的建筑物，围绕庭院或天井建造而成；第三个特征——中国建筑以木材结构为主，由立柱和横梁组成的梁架及梁架之间的枋、檩之类的横木构成"间"的建筑框架承托上面的重量；第四个特征指"斗栱"由一些斗形方木块及弓形短木构成，它可以"用以减少立柱和横梁交接处的剪力"；第五个特征是举折、举架的使用形成了屋顶的坡度；第六个特征为较之其他建筑体系，中国建筑很早就发现并利用了屋顶的装饰性；第七个特征——在使用朱红和彩绘等色彩装饰上，中国建筑是最大胆的；第八个特征是在木结构建筑中，所有构件交接部分经过形状的加工能取得高度的装饰效果；第九个特征指砖瓦、油漆、木、石面、砖墙等建筑材料有很强的装饰性。

《中国建筑的特征》一文的第三个层次为第十四段至第十九段，从理论上阐述中国建筑的"文法"，分析中国建筑与其他民族建筑之间的关系，也就是"可译性"的问题。这里有一个问题值得分析——题目为"中国建筑的特征"，第一、二层次论述的也是中国建筑的特征，可是此处中国建筑的"文法""可译性"问题与"中国建筑的特征"有何关联呢？这就涉及这篇文章内在逻辑关联。其实，所谓中国建筑的"文法"指的是建筑的风格、手法、惯例、法式，所谓中国建筑与世界其他民族建筑之间的"可译性"问题是在世界民族建筑体系中对中国建筑"文法"的进一步阐述。也就是说，梁思成先生从中国建筑特征"何以如此"的角度、从更深层次探讨中国建筑的特征，文章思路由浅入深。

最后一段为全文第四层次。作者从现实层面出发，提出在现代社会将中国建筑的优良传统发扬光大的策略——必须首先要熟悉中国建筑的"文法"

和"词汇"，同时也应结合权威参考书目展开深入的学习。

总之，梁思成《中国建筑的特征》一文，行文严谨，围绕着"中国建筑的特征"从四个层面展开论述，层次清晰。文章条分缕析地介绍了中国建筑的特征以及表现这些特征的原因，提出在现代社会让中国建筑特征发挥现实意义的前提与策略，展示了中国建筑在世界建筑史上的独特地位和重大价值。学生在阅读时如若能有效整合上述相关论述思路，就会为准确理解这篇科普"知识性读物"文本打下扎实的基础。这看似简单，实际上却需要耐心、方法、策略。有效整合作者论述思路，是获取科普"知识性读物"文本"信息"的有力助手。

二、要在阅读学习过程中自觉形成探究关键概念的意识

对于科普"知识性读物"文本而言，关键概念是极为重要的。因为，文中的关键概念与整体文意密切相关，通常还是文中主要阐述的专业性的概念。以往我们对此类关键概念的把握主要停留在"理解重要概念的内涵"层面。若要理解重要概念内涵，需要明白何为"内涵"。"内涵"是指反映于概念之中的对象的本质属性的总和，指概念所涉及的各个方面。阅读时我们要筛选出相应概念特征的信息，基于文本，以文中相关语句作为基本材料，准确判断概念的内涵。新课标深化了这方面的认识。"实用性阅读与交流"学习任务群注重探究学习，"'实用性阅读与交流'学习任务群的学习内容也决定了学习的过程必须是探究性的，一旦失去了学习的探究特性，该任务群的学习会立即变成为知识而知识的学习"①。可见，我们要在阅读学习过程中自觉建构探究关键概念的意识。笔者认为，可以从理解关键概念内涵、探究阐述关键概念的方法、探究关键概念体现的科学思维这三个方面加以落实。

在梁思成《中国建筑的特征》一文中，中国建筑的"文法"是关键概念。文中第十四段至第十七段，对中国建筑的"文法"均有所阐述。如何理解这

---

① 王宁，巢宗祺. 普通高中语文课程标准（2017年版）解读［M］. 北京：高等教育出版社，2018：137.

一概念内涵呢？概括来说，它是指中国建筑具有的从世世代代的劳动人民在长期建筑活动实践中积累的经验中提炼出来的、为匠师所遵守、为人民所承认、既有一定的拘束性又有极大的运用灵活性的建筑风格和手法。

应该说，梁思成阐述的中国建筑的"文法"这一概念的内容并没有什么独特之处，让我们称道的是作者善于运用形象的比喻来阐述概念，深入浅出地说明事物性质的方法与思维。作者不仅用"文法"比喻中国建筑的风格手法、惯例、法式，还用"词汇"比喻中国建筑不可或缺的构件和因素，还用"文章"来比喻中国建筑——用"大文章"比喻如宫殿、庙宇等宏大壮观的建筑，用"小品"比喻如山亭、水榭等小巧别致的建筑。不过，整体而言，其他概念都是围绕着"文法"这一关键概念展开的，都是为更好地阐述"文法"服务的。作者将中国建筑的风格和手法比喻为"文法"，既形象又恰当，因为构成比喻的本体和喻体是本质不同却有相似点的事物，"文法"和"中国建筑"的风格和手法的相似点在于它们都是民族创造出的世世代代沿用的惯例、法式。值得注意的是，第十四段从第四句开始直至段尾，作者阐述中国建筑"文法"的方法非常值得探究：第四段注重行文与前文的内容呼应，联系前文"中国建筑基本特征"，强调中国建筑风格和手法的"惯例""法式"属性特征，突出比喻论证的合理性与典型程度，同时从特定角度进一步诠释中国建筑的基本特征，使得相关事理论述更加形象、深入；而第五句用准确、简洁的语言，强调了中国建筑风格"法式"的强大而广泛的集约性；第七句，作者从"文法"构件的角度，以极为简省的语言，列举了"梁""柱""枋""檩""正吻""戗兽""门"等例子，将中国建筑的构件、因素，与中国建筑的"词汇"予以形象而具体的关联，主要目的并不在于诠释"词汇"而是进一步形象地阐释中国建筑的"文法"。梁思成先生以"文法"来比喻中国建筑的风格和手法，不是一时兴起，而是经过深思熟虑的。他紧紧围绕着两者之间的相似之处，将看似抽象专业的建筑术语巧妙镶嵌到形象具体的比喻论证之中，既从逻辑层次上不断推进对中国建筑特征的论述，又能使得这方面的科学阐说显得十分生动、朴实，极大程度上增加了文章的可读性与感染力，展现出类比说理、深入浅出的科学思维。第十五段侧重从"文法"的"灵活性"出发，通过比喻论证，类比出宏大壮观的中国建筑、小巧别致的中国建筑来说明句首的"极大的运用的灵活性"。

新课标主张我们可以用群文阅读的策略加深对文本相关内容的理解。我们探究中国建筑"文法"这一关键概念时，可以结合梁思成先生的其他相关文本予以拓展。比如，梁先生在《拙匠随笔》一书中曾如此阐述"文法"，"文法有时候是不讲道理的东西。例如：俄文的名词有六个格，在字的尾巴上变来变去。我们的汉文就没有这些，但是表情达意也很清楚。为什么俄文字尾就要变来变去，汉文就不变？似乎毫无道理。可是它是由习惯发展来的、实际存在的一种东西"①；他也曾如此阐述中国建筑的特征，"建筑的艺术与其他艺术有所不同，它是不能脱离适用、工程结构和经济的问题而独立存在的"②。可见，看似没有道理却由习惯而来、不能脱离其寄托的对象而独立存在，这也是中国建筑"文法"特点——通过这种课内外文本的关联阅读，我们可以更深入地探究关键概念的内涵，也会拓宽我们的阅读视野，深化我们的阅读认知。

三、面对科普"知识性读物"文本的"探索"与"发现"：
民族文化传统与科学精神

统编版高中语文必修下册第三单元所选的四篇文章介绍了自然科学和人文科学领域中的探索和发现，都属于"知识性读物"类型文本，以"探索与发现"为主题，引导学生了解科学研究的过程。《青蒿素：人类征服疾病的一小步》叙述科学研究的艰辛历程，《一名物理学家的教育历程》叙述作者教育成长历程以及踏上科研之路的经过，《说"木叶"》主要分析"木叶""树""叶""落木"等古典意象的特点，论述了古典诗歌语言的暗示性特征。而梁思成《中国建筑的特征》展现了作者的探索精神和科学态度，激发我们对进一步了解中国建筑的兴趣和热情。

不过，在"立德树人"根本任务的指导下，我们对于科普"知识性读物"

---

① 梁思成. 拙匠随笔［M］. 天津：百花文艺出版社，2005：39.
② 梁思成. 拙匠随笔［M］. 天津：百花文艺出版社，2005：126.

文本的"探索"与"发现"不应止于知识层面、能力层面，还要关注文本蕴含的文化底蕴与科学精神，从中受到熏陶，提升科学文化素养。

阅读《中国建筑的特征》一文，在科学严谨论述中，我们会发现一些带有民族情感的语句，比如"3500 年来，中国世世代代的劳动人民发展了这个体系的特长，不断地在技术上和艺术上把它提高，使之达到了高度水平，取得了辉煌成就""这种框架结构的原则直到现代的钢筋混凝土构架或钢骨架的结构才被应用，而我们中国建筑在 3000 多年前就具备了这个优点"，"这证明屋顶不但是几千年来广大人民所喜闻乐见的，并且是我们民族所最骄傲的成就"，可以感受到作者对中国建筑的认同及热爱、自豪之情。梁思成用简明准确的语言介绍中国传统建筑的过程中，指出中国建筑特征与中华传统文化是紧密相连的，比如中国建筑主体部分坐北朝南，这与中华传统文化以北为尊相契合；中国建筑平面设置左右对称，体现出中华传统文化的中庸之道"不偏不倚谓之中"。此外，文章第十八段、十九段阐述各民族的建筑之间"可译性"的问题。这里的"可译性"是指各民族建筑的功用或主要性能是一致的，但表现出来的形式却有很大不同。其实，作者是将中国建筑的"文法"放在世界民族建筑的谱系中加以审视进而进一步强调中国建筑"文法"的合理性、独特性与民族性。作者在这里将基于同样建筑构件的中国建筑与国外建筑相比照，充分显示了宽阔的研究视野。而最后一段，作者从古为今用的立场出发，强调继承我国建筑优良传统，服务当下建筑实践时熟悉中国建筑"文法"与"词汇"的重要性。可见，作者立足于民族文化传统、民族精神审美意识、自身建筑研究理念的层面"探索""发现"中国建筑的特征，展示了严谨求实、活用比喻与类比论证、热爱祖国文化传统、视野开阔、秉承古为今用的科学精神。

梁思成是我国著名的建筑学家。他长期从事中国建筑教育事业，对中国建筑教育事业作出了重大贡献。在学术研究方面，梁先生自二十世纪三十年代起对中国古代建筑进行了系统的调查研究。他跋山涉水，历尽艰难，陆续实地考察了河北、山西、浙江、山东、河南、陕西以及西南地区的古建筑遗迹，进行了大量的拍照、测绘、资料整理和科研工作，于 1944 年写成《中国建筑史》。梁思成教授还以巨大的政治热情，对北京市的城市规划和建筑设计提出很多重要的建议，并参加了北京市城市规划工作，参加了国徽的设计和人民英雄纪念碑、扬州鉴真和尚纪念堂等建筑的设计工作，对建筑设计的民族形式进行了探索。梁思成教授，是我国最早用科学方法调查研究古代建筑和整理建筑文献的学者之一。我们可以引导学生阅读相关文本及材料，深化对民族文化传统及科学精神的认识。

　　总之，阅读如梁思成《中国建筑的特征》这类的科普"知识性读物"文本时，我们要立足于"实用性阅读与交流"学习任务群及单元学习任务，探寻科普"知识性读物"文本阅读教学的有效路径：第一，要有效整合论述思路；第二，要自觉建构探究文中关键概念的意识；第三，要对文本关联到的民族文化及民族精神有所探索与发现，强化"立德树人"的根本任务。此外，以任务群为导向设计的单元文本教学，虽然强调综合与实践，但并不排斥传统的精读教学。只是这样的"精读"要避免就单篇而讲单篇，要引导学生联系"多篇"而精读，联系"任务"而细读，要引导学生由这一"篇"而触通这一"类"的阅读。

演讲稿革命情境的创设与时代效用的生成

——以《在〈人民报〉创刊纪念会上的演说》的文本研读为例

　　演讲是指在重要场合或群众集会上发表见解、交流思想、沟通情感，以达到感染听众、进行宣传教育等目的的一种语言交际活动。演讲旨在发表见解、沟通心灵、争取同盟，这要求演讲词要观点鲜明、逻辑性强。除此之外，演讲者要注重与现场听众们的交流与互动，"演讲是和听众处在同一现场，有着交流的现场性、直接性。因而，情思必须聚焦，起码要抓住绝大多数听众"①。也就是说，演讲词与其他文体相比，明显的差异在于它要具备突出的听众意识。演讲者如果将演讲内容与听众相割裂，或者说将听众搁置，那么演讲的现场情境是无法得到有效创设的，演讲势必会失去现场感染力。解读马克思《在〈人民报〉创刊纪念会上演说》一文，应基于单元主题"抱负与使命"，对应"实用性阅读与交流"学习任务群，而落实单元人文话题与学习任务群的前提是引导学生进入演说现场营造的革命情境及其时代意义。

　　要把握这次演说现场营造的革命动员情境，我们可以先了解演说场合、演说者、演说对象、演说背景、演说内容。

　　这次演说的场合是伦敦《人民报》创刊四周年的宴会，演说内容是为纪念《人民报》创刊四周年而作。《人民报》是英国宪章派的周报，1852 年 5 月由宪章运动的领袖之一、马克思和恩格斯的朋友厄·琼斯在伦敦创办。英国宪章运动是指 1836—1848 年英国工人们为得到自己应有的权利而掀起的工人

---

　　① 孙绍振. 演讲的现场感和互动共创——以《我有一个梦想》为个案 [J]. 语文建设，2015（1）.

运动。《人民报》是代表工人阶级利益，传递无产阶级革命思想的进步期刊。这次演说的对象（或听众）是《人民报》报刊工作人员以及其他志同道合的革命人士。马克思发表这次演讲时，距离1848年已有八年之久，新的革命高潮尚未到来，社会处于较为低潮时期。演说者是马克思，我们有必要借助背景材料了解当时马克思的经历与处境。马克思在1849年6月被普鲁士驱逐回到巴黎，8月受法国当局迫害，离开巴黎到英国伦敦；1852年10月至1856年12月，马克思与恩格斯曾为《人民报》撰稿，并对该报的编辑工作给予帮助；1856年4月14日，马克思作为流亡伦敦的外国革命人士代表参加《人民报》创刊四周年宴会并发表了这篇演说。马克思在为《人民报》撰稿前，曾担任《莱茵报》编辑，反对普鲁士专制制度，写成《1844年经济学哲学手稿》，提出劳动异化思想，揭露了雇佣劳动与资本的对立；与恩格斯合写《德意志意识形态》，第一次系统地阐述了唯物史观；组成共产主义者同盟，起草同盟的纲领《共产党宣言》。这次演说的内容是借助《人民报》创刊四周年纪念会阐述无产阶级革命的道理。

通过以上分析，我们可以发现马克思在这次演说现场创设革命动员情境时，需要考虑以下几个问题：第一，从演讲背景来看，当时无产阶级革命陷入低潮，演讲词既要呈现革命现状，又要激发听众们的革命热情；第二，从演讲者以及演讲对象特点而言，演讲词要从社会深层剖析革命面临的矛盾与使命；第三，基于特定的演讲场合，演讲不仅要结构清晰，而且还要引发听众们的情感共鸣，强化演讲的现场感染力。

具体来说，马克思在《在〈人民报〉创刊纪念会上演说》一文中主要从四个层次创设演说的革命情境，生成其时代效用。

一、演讲开篇创设贴近听众、意蕴丰富的革命情境，契合了听众深层次的诉求

在开篇部分，马克思从听众们熟悉的话题"1848年革命"说起，通过对"1848年革命"先抑后扬的评说，先是使得听众形成强烈的心理落差，进而强化了革命信心，意识到革命的复杂性，创设了贴近听众、意蕴丰富的演说革命情境，契合听众深层次的诉求。

本次演讲的听众是《人民报》的报社人员和《人民报》邀请的有着共同革命追求的朋友。按理说，演讲要围绕着对《人民报》的纪念展开，比如从《人民报》1852 年 5 月 8 日创刊那一天说起，回顾它走过的不平凡历程；也可以从创办人厄·琼斯说起，"厄·琼斯在宪章运动失败后，被捕入狱，出狱后创办《人民报》，成为宪章运动后期的著名领袖"①，极大肯定琼斯之于《人民报》的贡献以及他本人的革命先锋特质；还可以从马克思与《人民报》的渊源谈起，也不乏吸引力。但是，作为思想家和革命家的马克思对这次演说有着更高的站位——他要利用这次集会，对这群特殊听众展开基于他们自身极为关注话题的宏大叙事。所以，开篇从大家熟悉的"1848 年革命"说起，他不故作乐观，而将其评述为"一些微不足道的事件"，比喻为"欧洲社会干硬外壳上的一些细小的裂口和缝隙"，这给听众们带来强烈的心理落差，吸引听众。接着，以形象化的语言说理，语调瞬间转折却又深化上一层的意思，指出作为"细小的裂口和缝隙"的"1848 年革命"的革命力量——既能以潜藏深、能量大的特点暴露"无底深渊"，还能以范围广、阵势壮阔的气质显现出能将坚硬大陆撞碎的"汪洋大海"。我们可以想象，这一番话语对于现场听众们而言，无疑是励志的，能强化其革命信心。但是随即马克思又使得演说发生转折，他以既富有画面感又含蓄委婉的语言直言"1848 年革命"是"吵吵嚷嚷""模模糊糊"的。如果我们查阅一些相关材料就会知道，这是指当时无产阶级、资产阶级与以贵族、小商人、手工业者、农民为代表的中间阶层之间的争论，是指无产阶级斗争过程中各种思想流派之间的争论。这揭示了革命的复杂性。总之，马克思在开篇从听众们关注的熟悉的重要话题说起，对"1848 年革命"先抑后扬，立足听众，以形象化语言，于转折中有深化，于深化中又有转折，于含蓄中见深刻，创设的演说情境契合听众深层次诉求，发挥了时代效用。

---

① 陈赣. 以听众意识激活经典演说——在《人民报》创刊纪念会上的演说 [J]. 语文学习，2020 (5).

二、通过比较、类比等手法充实演说的革命情境，
强化听众对"1848 年革命"的革命认知

　　马克思将 1848 年革命与工业革命加以比照，一方面指出"1848 年革命"并非创新，另一方面委婉地揭示了"1848 年革命"之于社会革命氛围营造的重要意义，让听众们感受反差，使得演说情境在纵向比较、感受社会"整体压迫"中贴近被历史化的革命氛围并得以进一步充实，吸引听众的注意，强化听众对"1848 年革命"的革命认知。

　　"的确，这个社会革命并不是 1848 年发明出来的新东西"有两层意思："一是在 1848 年之前英国、法国等国家发生过无产阶级革命；二是指无产阶级革命不是 1848 年发明的，是由工业革命引起的"①。这种简约、鲜明、独特、深刻的观点，对于演讲现场具有一定文化修养、革命追求的听众们而言既有吸引力又能引人深思。接着，由社会革命过渡到社会革命与工业革命的比较，"蒸汽、电力和自动走锭纺纱机甚至是比巴尔贝斯、拉斯拜尔和布朗基诸位公民更危险万分的革命家"，该观点与听众的认知又一次形成反差——一般来说，听众会觉得社会革命变革效果最直接，比工业革命更危险。不过，这里又与上一句话的背后含义形成逻辑上内在的衔接，听众在感到反差时又能有所理解。随后，马克思将 1848 年前的欧洲社会寂寥的无产阶级革命氛围与我们日常对大气压力的忽视相类比，形象、通俗而又含蓄地揭示了"1848 年革命"之于社会革命氛围营造的重要意义，使得听众在纵向比较、感受社会压迫层面强化对"1848 年革命"的革命认知，使得演说情境开始贴近被历史化的革命氛围，吸引听众的注意。

---

　　① 陈赣. 以听众意识激活经典演说——在《人民报》创刊纪念会上的演说 [J]. 语文学习，2020（5）.

三、在社会矛盾分析中进一步建构演说的革命情境，凸显无产阶级革命的合理性与必要性

在第四段前半部分，马克思呈现当时由于工业和技术发展带来的社会对抗、矛盾，在社会矛盾分析中进一步建构演说的革命情境，给听众带来强烈的震撼，揭示了无产阶级登上历史舞台的社会背景，加深了听众们对社会现状的理性认识，使得演说在富有理性色彩的基础上凸显出无产阶级革命的合理性与必要性。

教材编写者在《在〈人民报〉创刊纪念会上演说》一文的"学习提示"指出，这篇文章以唯物主义的观点阐发了蕴含在资本主义社会"干硬外壳"下的深层矛盾。学习演讲词，我们要设想作者演讲时的现场氛围。我们可以想象当时作为听众的革命友人应该很期待马克思由社会革命延伸到对纷繁复杂的社会现象的阐述。从第三段"不敢否定的事实"开始，马克思似乎将上文对1848年革命的正面论述转移到另外一个话题。这种尖锐的社会矛盾给听众带来强烈震撼性却也是他们感同身受的现实，这也使得演讲进一步贴近现实，贴近听众的生活世界，拉近了演讲者与听众的距离。在第四段前半部分，马克思从机器、财富、技术、个人、科学等多方面揭示了"现代工业和科学"与"现代贫困和衰颓"的尖锐对立：机器提高生产率却带来了工人贫穷和疲劳的加剧；财富集中在少数人手里，成为财富新源泉却也成为大多数人"变成贫困的源泉"——大多数人生活更加贫困；技术有所进步却使得道德败坏起来；个人愈益控制自然却愈益被奴化；科学有光彩但也使得社会变得黑暗愚昧。这里的阐述体现了马克思异化理论思想。马克思在《1844年经济学哲学手稿》中提出"异化劳动"的理论，"劳动所生产的对象，即劳动的产品，作为一种异己的存在物，作为不依赖于生产者的力量，同劳动相对立。劳动的产品就是固定在某个对象中，物化为对象的劳动，这就是劳动的对象化。劳动的实现就是劳动的对象化。在被国民经济学作为前提的那种状态下，劳动的这种实现表现为工人的失去现实性，对象化表现为对象的丧失和被对象奴役，占有表现为异化、外化……对对象的占有竟如此表现为异化，以致工

人生产的对象越多，他能够占有的对象就越少，而且越受他的产品即资本的统治"①，用"异化劳动"来说明劳动产品与劳动者本身的对立，以及带有强制性与被迫性的劳动本身与劳动者的对立。在《德意志意识形态》《政治经济学批判大纲》《资本论》等著作中也有相关的阐述。我们可以想象，对于作为现场听众的那些志同道合的革命友人而言，他们应该对马克思这一番有关社会矛盾的剖析及其背后的理论并不感到陌生，并且应该由此产生强烈的共鸣；而马克思也在社会矛盾分析中进一步建构了演说的革命情境。不过，对于高中生而言，要有效解读这部分内容，是有难度的。所以，我们在引导学生阅读时要给他们提供以上这些背景材料，让学生完善这方面的知识积累，从而先使自己与文本建立学科知识情境融合，进而更好地感受这篇演讲此处革命情境建构的方式与效用。此部分的演说内容其实与1848年革命保持内在的逻辑关联——现代工业与科学构成了无产阶级解放运动的经济基础，现实的衰颓则说明这场革命时机的成熟。也就是说，马克思在这里通过剖析当时的社会矛盾，让听众在切身体会中有所认同、震撼、共鸣，进一步建构了演说的革命情境，揭示了无产阶级革命的历史背景，凸显了无产阶级革命的合理性与必要性。

四、营造适宜的文化氛围，使得演讲情境亲切而生动，突出演讲的感染力与号召力

按理说，既然已经揭示出了当时社会的主要矛盾，就可以沿着这一矛盾直接展开对演讲主旨的介绍，"在这一矛盾运动中，现代工业的产儿——工人阶级，是新兴生产力的代表，他必然要求改革旧的生产关系，求得自身的解放。这种推动历史进步的历史重任就自然落在无产阶级身上"②，直接强调无产阶级的历史使命。但是演讲是在特定的情境中阐述观点，演讲稿要对听众有所分析：听演讲的是什么人，他们抱着什么样的期待，他们在什么样的社

---

① 中共中央编译局马恩室. 《1844年经济学哲学手稿》研究（文集）[M]. 长沙：湖南人民出版社，1983：164.

② 刘春鹏. 著名思想家演讲鉴赏 [M]. 济南：山东人民出版社，1995：119.

会文化背景下来听你的演讲，对你阐述的观点有什么样的反应，等等。前来参加《人民报》创刊纪念会的听众都是志同道合的革命人士，除了坚定的革命立场，大都具有相同的文化背景与相似的审美体验，他们抱着聆听马克思有关无产阶级革命使命的阐述的期待。马克思在演讲时对听众的这些文化背景以及内在诉求有所考虑，并努力使听众较为深入地了解演讲阐述的革命观点。所以，马克思在不同党派对工业革命不同态度的对比中，营造适宜的文化氛围，强调工人阶级尤其是英国工人阶级对历史的认知与革命担当，引发听众们的情感共鸣，凸显演说革命情境的感染力与号召力。

从第四段后半部分开始，马克思呈现了有些党派面对社会矛盾时的伤感、盲目，为接下来的阐述做铺垫。马克思要谈的是有关无产阶级抱负与使命的问题，但他深知演讲要有针对性，要有感染力。他以听众们熟悉的莎士比亚剧作中的典故来设喻阐述道理。用"狡狯的精灵"来比喻当时生产力与生产关系的对立矛盾，用"好人儿罗宾"比喻处理现实矛盾对立的善于斗争的工人阶级，用"迅速刨土的老田鼠、光荣的士兵"来比喻经历炼狱式磨炼却依然努力前行的无产阶级，形成特定生动得当的现场氛围，使整个演讲始终处在一种鲜活的语境中，强调工人阶级尤其是英国工人阶级的历史认知与革命担当，引发听众革命情感共鸣。此外，结尾处用"菲默法庭"来比喻 19 世纪欧洲正在面临的一次考验，"历史本身就是审判官，而无产阶级就是执刑者"形象地告诉我们，资产阶级的灭亡和无产阶级的胜利同样不可避免，凸显演说革命情境的感染力与号召力。

教材文本的微专题系列解读（一）

一、《散步》：仅仅是在表现"尊老爱幼"的优良传统吗？

教材中是这样说的："一家人一起散步本来是很平常的事情，然而这平常的小事，体现出了温馨的亲情。一家三代人散步时，出现了矛盾，终归于和谐。这个故事，是对中华传统美德中'孝敬''慈爱'观念的形象诠释。"这似乎有道理。可以从文中的故事情节中得到印证。

可是作者莫怀戚是这样说的："《散步》写于 1985 年；因为是发一种'生命的感慨'，所以注定了它的抒情色彩，因我不善诗作，它就成了散文……切入角度：强化'生命'，淡化伦理，一是因为伦理说得已经太多，出新太难，二是'生命之说'不但本质，而且人性与动物性的参照也出来了……所以成熟的生命，即所谓中青年人吧，其责任的沉重可想而知……而沉重的责任，自需背负，所以我在文中设计了……而且为了突出'责任感'，特意改造出歧路之争，由我裁决，不能两全这个重要细节。"

我们可从以下三方面进一步分析：第一，作品的主要内容都是在表现"我"和"妻子"的责任感。第二，作品中的两处景物描写并不仅仅是"展现生机""表现了对生命的珍爱""对生命力的礼赞"，更是在为担负的责任做渲染。第三，文中极为关键的部分是两处心理描写，直接揭示了"责任"的主旨。

可见，本文的主旨除了表现"尊老爱幼"的优良传统，还表现了中年人的责任感。

二、《秋天的怀念》：仅仅只是抒发对母亲的怀念吗？

某名师曾这样点评本文："《秋天的怀念》是著名作家史铁生写的一篇回忆性散文。作者回忆了母亲在自己身患重病的情况下，体贴入微地照顾瘫痪的儿子，并鼓励儿子好好活下去的故事。文章用一个个平凡而感人的细节阐释着母爱的伟大，字里行间充满着对母亲的无尽怀念和对母爱的深情赞颂。语言含蓄，情感真挚，细腻动人。"课后练习也说本文"表现了母亲的伟大"，中心内容写的是"母亲"。

现在，我们必须要解决的问题是：《秋天的怀念》仅仅是怀念"母爱"吗？结合文章的三个片段来进一步分析：第一个片段，"我"拒绝母亲春天里去看菊花的请求。第二个片段，"我"答应母亲秋天里看菊花却因母亲病故而未能成行。第三个片段，"我"和妹妹秋天里赏菊花，告慰母亲的在天之灵。

本文明线为"看花"，鲜明体现"我"的追悔和母爱的伟大；与之相辅相成的则是另一条暗线，即"我"在母亲影响下对人生苦难态度的变化。叙事明线"看花"折射出"我"对待母爱的态度的变化，表达了对于母爱的深切追悔和感恩怀念；情感暗线则表达了"我"的内心在面对人生苦难的历程中逐步完成了由脆弱向坚强乐观、宁静豁达的转变。

在结尾部分，作者为什么不直接抒发对母亲的怀念，反而细致描摹起秋风中各种颜色的花儿正"泼泼洒洒"地开得烂漫？通过环境描写，暗示出曾经消极悲观的"我"在母亲的关心与影响下，已经重新焕发出生命力，变得坚强、乐观，含蓄地抒发了对母亲的怀念之情。

可见，《秋天的怀念》除了怀念母亲，还表现了"我"的成长。

三、《皇帝的新装》：皇帝为什么被骗？

课文前面的"导语"是这样说的："一个并不高明的骗局，竟然畅行无阻，最终引出一场荒唐的闹剧。读完这篇童话，我们首先会嘲笑那个愚蠢的皇帝……"文中的那位皇帝，为什么被骗？

其实，骗子的行径有好几处疑点，比如关于新衣特性的介绍；骗子多次索要财物；替皇帝更衣。这场骗局看似畅行无阻，其实行骗之路可谓步步惊心，每一步都有可能被揭穿。

既然是并不高明的骗局，皇帝为什么没有看穿，反而轻易地受骗上当？

当两位骗子把布的特性介绍给皇帝之后，皇帝就毫不犹豫地接受了这种布："那真是理想的衣服！"皇帝心里想，"我穿了这样的衣服，就可以看出在我的王国里哪些人不称职；我就可以辨别出哪些是聪明人，哪些是傻子。是的，我要让他们马上为我织出这样的布来。"

皇帝并不傻，也不像很多人说的那样愚蠢，他有他的考虑：第一，"色彩和图案都分外美观"正好迎合了皇帝对新衣服变态的迷恋。第二，更重要的是，骗子为皇帝提供一个最简单也最便捷的方式来甄别忠奸，皇帝要用这种布料来代替自己对周围人称职与否、聪明与否的判断，这会更有利于维护皇权的威严、自身的统治。

可见，极度虚荣和自身的昏庸无能使得皇帝面对骗子的谎言失去了一个正常人本该有的判断力。

那么，在故事的结尾，"真相"已经水落石出时，皇帝为什么还要继续受骗，坚持把游行大典举行完毕呢？他真的很傻吗？

"他实在是没有穿什么衣服呀！"最后所有的老百姓都说。皇帝有点儿发抖，因为他觉得百姓所讲的话似乎是真的。不过他自己心里却这样想："我必须把这游行大典举行完毕。"因此他摆出一副更骄傲的神气，他的内臣们跟在他后面走，手中托着一个并不存在的后裙。

维护皇权和所谓的自身的尊严成了皇帝"成全"骗局的又一个原因。

四、《皇帝的新装》：为什么是孩子说出了真话？

安徒生在故事的结尾让孩子说出了真话，揭穿了骗局："可是他什么衣服也没穿呀！"一个小孩子最后叫了出来。

某名师是这样解读的："为什么是孩子第一个识破了骗局呢？他比大人聪

明吗？尽管会引发争议，但很快就会达成共识，即小孩绝不可能比大人聪明。在这之后我们可以把骗子的话进行改造：任何不听话的或者愚蠢得不可救药的坏小孩，都看不见这衣服。相信学生们立马发现如果当时骗子对小孩这么说，小孩也一定会上当，毕竟，谁也不愿意当坏小孩。因此，小孩之所以没有上当受骗且能识破骗子的骗术，并非因为他纯真，而是没有私欲，因为他不知道骗子所说的话的利害关系，无欲则刚。"

显然，该名师没有把本文当作"童话"来理解，而是在脱离童话"想象"中展开自己的想当然的想象。

现在，我们要解决的问题是：为什么成人们不敢说出真话揭穿骗局，而孩子却能说出真话揭破谎言呢？可从以下几方面展开分析。

第一，成人们在现实世界中，摄于权威，囿于愚蠢，惧于利益的失去，都在言不由衷地说着假话。成人如果要在这个骗局中说出真话，就需要舍去自身的利益，放下私念与虚荣心。

第二，孩子的世界中本来就没有成人世界中的来自"权威、利益、虚荣心"等的压力，说真话对他们来说是自然而然的事情，是纯洁无瑕的自然流露，不需要什么境界。

第三，作者之所以安排这样的结局，让简单的骗局被孩子一语中的地戳穿，就在于将"成人世界"和"儿童世界"形成对比，让"假"和"真"形成对比，让人性的丑陋和美好形成对比。作者以"童话"的形式，表达着其对孩子保持纯真的一份期望。

五、《皇帝的新装》：人物为什么没有个性？

教材课后的练习：在新布料完工前，老大臣、"诚实的"官员和皇帝先后三次去察看新布料，文中对他们的心理活动和现场反应的描述同中有异，试结合课文做一些分析。似乎文中的人物是有个性的。每一个人的表现都是各有差异的，但是都有着自欺欺人的形象，没有个性。可参见文中选段：

在看到新布料后，两位"诚实"的大臣、皇帝怀疑自己愚蠢、不称职、虚伪、不诚实。

"一点也不错。"所有的骑士都说。可是他们什么也看不见，因为什么东西也没有。

"上帝，这衣服多么合身啊！裁得多么好看啊！"大家都说，"多么美的花纹！多么美的色彩！这真是贵重的衣服。"

站在街上和窗子里的人都说："乖乖！皇上的新装真是漂亮！他上衣下面的后裙是多么美丽！这件衣服真合他的身材！"

如果是小说，这可能是败笔，但对寓言式的童话而言，却是长处。我们不能忘记，这不是小说，而是童话，而且是寓言性的童话。寓言的寓意性，就是把一种普遍的意念寄托在没有时间、地点、条件特点的环境，没有个性的人物身上。这就构成了寓言式童话的单纯性。

正是因为人物没有个性，使得文中的人物说谎的荒诞性是被层层强化的：从大臣到国王，从国王到群众，都按照同样的荒诞逻辑行事。

正是因为人物没有了个性，几乎所有的人物都是按照统一的逻辑行事，整个社会都不约而同地选择用谎言来自欺欺人。这充分说明，这不仅是个人的心理迷狂，而且是社会风习的黑暗。

六、《走一步，再走一步》：父亲是如何一步步地帮我"悬崖脱险"的?

"教参"后的"教学建议"鼓励我们学会多角度阅读："一篇文章，除了探究中心思想之外，还可以多角度地阅读，这样读就不至于老是往一个方面去想，能读得有创意，能提高阅读质量。多角度阅读，首先要确立角度，关键也在于确立角度。"今天，我们来确立一个角度来解读课文：父亲怎样一步步地帮我"悬崖脱险"的。

第一，平静地进行心理疏导。当看到自己孩子"吊"在悬崖中间时，他没有慌张，没有追问，没有责备，用安慰的语气疏导孩子，没有再增加处于崩溃状态的儿子的任何心理负担。

"暮色苍茫，天上出现了星星，悬崖下面的大地越来越暗。这时，树林里有一道手电光照来照去。我听到了杰利和我父亲的声音！父亲的手电光照着我。'下来吧，孩子，'他带着安慰的口气说，'晚饭做好了。'"

第二，没有直接爬上去把儿子抱下来解除危险，而是尝试让儿子自己去克服困难，让孩子有深刻的实践过程体验。

第三，最重要的一步，父亲指导孩子把困难化整为零，把大目标分解为如同一个个"小步骤"，一步步走好当下的每一步。

"不要想着距离有多远。你只要想着你是在走一小步。你能办得到的。"（把困难化整为零。）

"眼睛看着我电筒的光照着的地方，你能看见石架下面那块岩石吗？"（指明努力的小目标。）

"好……现在你把左脚踏到那块岩石上。不要担心下一步。听我的话。"（赶紧行动。）

"很好……现在移动右脚，把它移到右边稍低一点儿的地方，那里有另外一个落脚点。"（再走一步。）

总之，父亲在"我"被困在悬崖时，给了"我"信心，也给了"我"方法。他是一个教子有方的父亲！

七、《走一步，再走一步》：不仅仅要体会心理活动，也要学会心理描写方法

课后练习有这样一道题目："默读课文，找出描写'我'的心理活动的语句，体会'我'在这一事件中心理上的变化。"

受助前：

"我一时拿不定主意。"

"它是一堵垂直的峭壁，壁面上有许多凸出来的岩石、崩土和蓬乱的

灌木。大约只有二十米高，但在我眼中却是高不可攀的险峰。"

"我落在最后，全身颤抖，冷汗直冒，也跟着他们向上爬。我的心在瘦骨嶙峋的胸腔里咚咚直跳。"

"我终于爬上去了，蹲在小山道上，心惊肉跳。"

"我看在眼里，吓得几乎晕倒。"

"我从悬崖边向下望，感到头晕目眩；我绝对没法爬下去，我会滑倒摔死的。"

"我伏在岩石上，恐惧和疲乏使我全身麻木，不能动弹。"

受助后：

"我顿时有了信心。"

"我的信心大增。'我能办得到的。'我想。"

"我产生了一种巨大的成就感。"

我们要从中学习相关心理描写方法：

1. 直接进行心理刻画。

（1）内心独白：自己对自己讲的无声的话。

例如："我绝对没法爬下去，我会滑倒摔死的。""'我能办得到的。'我想。"

2. 用感受直接描写心理。

例如："我顿时有了信心。""我的信心大增。""我产生了一种巨大的成就感。"

3. 用神态、动作和语言反映内心的活动。

例如："我落在最后，全身颤抖，冷汗直冒，也跟着他们向上爬。我的心在瘦骨嶙峋的胸腔里咚咚直跳。""我伏在岩石上，恐惧和疲乏使我全身麻木，不能动弹。"

4. 用景物自然地折射、暗示心理活动。

例如："它是一堵垂直的峭壁，壁面上有许多凸出来的岩石、崩土和蓬乱的灌木。大约只有二十米高，但在我眼中却是高不可攀的险峰。"

5. 用梦幻巧妙地发出内心的呼唤。

例如："我听见有人啜泣，正纳罕那是谁，结果发现原来是我自己。"

八、《走一步，再走一步》："叙点"与"议点"

写作记叙类文章要处理好两个点。一个是"叙点"，由精致的细节构成。一个是"议点"。"议点"是对记叙内容的感悟点进行议论，常常以简洁的句子揭示思想，点亮全篇。这里所谓的"议点"就是表达自己的看法。

接下来，我们先看这篇文章的"叙点"。写得很精彩。概括来说，主要有：第一，走好最初的一小步；第二，再走一步；第三，走一步，再走一步，走了很多步，最终踩到了崖下的岩石上。

我们再来看"议点"。"我曾屡次发现，每当我感到前途茫茫而灰心丧气时，只要记起很久以前我在那座小悬崖上所学到的经验，我便能应付一切。我提醒自己，不要想着远在下面的岩石，而要着眼于那最初的一小步，走了这一步再走下一步，直到抵达我所要到的地方。这时，我便可以惊奇而自豪地回头看看，自己所走过的路程是多么漫长。"

这个段落是针对"走一步，再走一步"的叙述展开的议论。它具备这些特征：第一，议论与叙事紧密结合，衔接自然；第二，篇幅适宜，卒章显志；第三，无论是议论口吻还是议论的层次，都没高高在上，都与"我"的成长相关，读起来十分亲切；第四，议论的层次丰富且逻辑严密——遇到困难，不要被困难吓倒，要学会化整为零，把大困难化为小困难，明确目标，沿着目标前进；做到了这些，不仅能应付一切困难，而且还会使得我们前进得更远、收获得更多。

在教学时可以让学生结合自己实际情况谈一谈对结尾段的理解与感悟。记得那年在课堂上任教这一课时，我让学生积极讨论、发言，记得有一位学生是这样说的："生活中，我们会遇到不少困难，有时困难还很大。遇到困难时，我们不要被困难吓倒，而是要学会化整为零，把大困难化为小困难，明确目标，把大目标化为小目标，一步一步努力，就会克服困难，收获战胜困难而致的成熟。比如在某个学科学习方面成绩长期不理想，分数很低，不要悲观，要规划奋斗目标，一步一步来，落实好每一步的计划与目标，坚持下来就会有所改进，也会有收获。"

九、《背影》：何以成为经典？

《背影》1500字左右，看上去朴素、平淡、无奇。但是，它却成为经典作品！这是为什么呢？我们可结合创作背景以及作品本身审美特征，从以下几方面分析：

第一，生逢其时。《背影》在现代文学作品中第一次重点刻画一位正面的父亲形象。在"满街走着坏爸爸"的情况下，这一位"好爸爸"一下子激起了无数读者的情感共鸣。鲁迅在《我们现在怎样做父亲》一文中说道：中国的"圣人之徒""以为父对于子，有绝对的权力和威严；若是老子说话，当然无所不可，儿子有话，却在未说之前早已错了。"

第二，教材的广泛影响和权威性。至迟从1935年起，《背影》不断入选叶圣陶等编选的《国文百八课》《开明国文讲义》等民国时期中学教科书，未曾中断。新中国成立后，《背影》也一直入选中学语文课本。

第三，父子情深。各式各样的教材、参考书、教辅说起《背影》总是强调此文写出了写尽了父子情深。这一点成为我们的阅读共识。

第四，《背影》揭示出了不平衡的父子之情转化为平衡的父子之情的过程，写出了父子之情的动态转化。我们首先要明白起先文中的父子之爱是错位的：对父亲的爱，儿子起初并不以为意，对父亲随时都要加以保护的姿态毫不领情，甚至是厌烦、拒绝。但父亲在儿子这种态度下，却依然事必躬亲。直到"背影"的出现，"我"才被感动。这种感动是偷偷的，不能让父亲看到，因为"我"对父亲有愧疚感。"背影"是不平衡的父子之情转化为平衡的关键。更难得的是父亲对儿子的情感转折依然毫无感觉。他的爱不求回报。

第五，著名的"背影"镜头。"我看见他戴着黑布小帽，穿着黑布大马褂，深蓝布棉袍，蹒跚地走到铁道边，慢慢探身下去，尚不大难。可是他穿过铁道，要爬上那边月台，就不太容易了。他用两手攀着上面，两脚再向上缩；他肥胖的身子向左微倾，显出努力的样子，这时我看见他的背影，我的眼泪很快地流下来了。"叶圣陶在《文章例话》中对此作了著名解读：通过重点分析"攀爬月台"一幕，以"力不胜任而心甘情愿""艰难而愉快"等语准确概括，生动揭示了父亲行为感人的具体原因，也就是《背影》父爱的个性特征。

十、《背影》：作者是怀着什么样的特殊情感来写作此文的？

教参中是这样解读的："阅读这篇散文，我们可以感受到父子亲情——父亲对儿子的疼爱和儿子对父爱的感念。这是人间至情。这也是家庭美德，是我们中华民族传统美德的重要组成部分。"那么，本文的主旨是否就是表现作者对父亲的想念之情的？这就需要进一步确认了。确认要找准关键，要找到突破口。叙事性散文中，要特别注意理解文中的抒情性、议论性句子，而这些句子常常集中在文本开头、结尾。

第一段这样说："我与父亲不相见已二年余了，我最不能忘记的是他的背影。"这里的"不"是什么意思？仅在这一段是无法得到准确答案的。我们来看文章结尾一段的部分文字："近几年来，父亲和我都是东奔西走，家中光景是一日不如一日。他少年出外谋生，独力支持，做了许多大事。那知老境却如此颓唐！他触目伤怀，自然情不能自已。情郁于中，自然要发之于外；家庭琐屑便往往触他之怒。他待我渐渐不同往日。但最近两年的不见，他终于忘却我的不好，只是惦记着我，惦记着我的儿子。"这里有个关键句子："他待我渐渐不同往日。"意思是，父亲对"我"渐渐地没有往日那样好了。为什么呢？这时，我们就可以来理解这里的"不"字的含义了。"最近两年的不见，他终于忘却我的不好"，是谁不见谁？

这个句子表述的主体是父亲（"他"），可见是父亲不见"我"。父亲为什么不见"我"？因为"我的不好"。可见，此处"不"字的含义是"不想"，"不愿"。

现在再回过头来看文本开头的"不"字的含义。"我与父亲不相见已二年余了"，这里是谁不见谁？这个句子表述的主体是"我"，也就是说是"我"

不见父亲。"我"为什么不见父亲？从后文可知是因为"我的不好"。

可见，此处"不"字的含义是"不敢"，"不好意思"。这个"不"字是跳进文本中的噪音，泄露了父子之间曾经有过比较激烈的矛盾冲突的事实。尽管如此，但深受传统文化浸染的朱自清也常常产生深深的自责和忏悔，而父亲来信中的那句"大约大去之期不远矣"更是使他下定决心要与父亲冰释前嫌，这样既给父亲安慰，也使自己心安。此时，我们就可以来理解作者是怀着什么样的特殊情感写作此文了。"我"因为自己的"不好"而不敢、不好意思见父亲已二年余了，而父亲"终于忘却我的不好"，来信表示很想念"我"，不再计较"我的不好"，而是"惦记着我，惦记着我的儿子"。

你说此时，儿子心中会是一种什么样的感情？愧悔！

十一、《背影》：为什么最不能忘记的是父亲的背影？

回忆父亲，不能忘记的更应当是父亲的容颜、经历过的与父亲相处的场景……为什么偏偏说父亲的背影是最不能忘记的呢？

我们看一看教参是如何解答的："父亲买橘子爬月台的背影，作者印象最深。那一回送行，整个过程，这一刻是父亲最费劲的，也是父爱表现得最强烈的一刻……再则，背影这个视角也新。背影引人想象正面形象，开拓了想象空间，无尽的想象更能引起感情的涟漪……"

这种解读有一定道理，但还不够到位。

朱自清与父亲矛盾较深，他对父亲的正面印象也许并不很深，他们之间缺少沟通、羞于沟通，加之也因为自己的"不好"，所以不敢、不好意思正面直视父亲。父亲的背影凝聚了作者对父爱的独特发现和深刻认识。

起先，"我"是不理解父亲的。

后来，"我"理解了父亲。

那么，"我"对于父亲，是怎样由不理解到理解呢？显而易见，父亲爬过铁道，给"我"买橘子时的"背影"，就是"我"思想感情转折的契机。

"父亲是一个胖子，走过去自然要费事些。我本来要去的，他不肯，只好让他去。我看见他戴着黑布小帽，穿着黑布大马褂，深蓝布棉袍，蹒跚地走到铁道边，慢慢探身下去，尚不大难。可是他穿过铁道，要爬上那边月台，就不太容易了。他用两手攀着上面，两脚再向上缩；他肥胖的身子向左微倾，显出努力的样子，这时我看见他的背影，我的眼泪很快地流下来了。"这是特写镜头，这也是瞬间形象的定格。从空间来看，是父亲与"我"拉长距离的过程。父亲远离了"我"，"我"却从内心与父亲拉近了距离。

所以，"我"最不能忘记父亲的背影，主要是因为：第一，"我"与父亲有矛盾，缺少沟通，很少直面父亲的正面形象。第二，父亲的背影凝聚了作者对父爱的独特发现和深刻认识，使得"我"被父爱感动，由不理解父亲走向理解父亲。

十二、《丑小鸭》：丑小鸭怎能变成白天鹅？

教材中的课文导读提示是这样说的："作者笔下的这只丑小鸭，处处受排挤，受嘲笑，受打击。但他并没有绝望，也没有沉沦，而是始终不屈地奋斗，终于变成了一只美丽、高贵的天鹅。这一切缘于他心中那一份恒久的梦想。你我都能成为一只天鹅，你会成功的，不过有很长的路要走……"

教参中对这篇文章的主题做了如下的归纳："面对丑小鸭的生活经历，我们会产生强烈的感情共鸣，会受到深刻的思想启示：只要不懈追求，努力进取，即使身处逆境，也终能实现自己的理想。"

这是安徒生的本意吗？

从文本来看，这篇童话讲的是一只小天鹅长成大天鹅的故事，而不是小鸭子变成白天鹅的故事！从生活常识来看，丑小鸭变不成白天鹅，除非是基因突变，即使基因突变，也要几代的结果！标签化的解读认为"丑小鸭"之所以能变成"白天鹅"是因为"始终不屈地奋斗""他心中那一份恒久的梦想""不懈的追求""努力进取"。可是这符合文本内容吗？

其实，从文章内容来看，最初丑小鸭的追求仅仅是为了获得他类（鸭、鸡、大雁、老太婆、猫、小孩、猎狗）的认同与理解，根本不敢想有朝一日成为白天鹅。即使它看到了白天鹅，"不禁感到一种说不出的兴奋"，它的追求也难说多么"进取""美好"，文章写到了当时它的内心活动——"他怎能梦想有他们那样美丽呢？只要别的鸭儿准许他跟他们生活在一起，他就已经很满意了——可怜的丑东西。"

其实，安徒生也明确地告诉我们："只要你是一只天鹅蛋，就算是生在养鸭场里也没有什么关系。"可见，"丑小鸭变成了白天鹅"是误读，事实是被误认为是"丑小鸭"的小天鹅最终变成了大天鹅！

十三、《丑小鸭》：安徒生到底想告诉我们什么？

文中不是丑小鸭变成了白天鹅，而是被误认为是"丑小鸭"的小天鹅变成了白天鹅！安徒生写这样一个童话故事是想告诉我们什么呢？

教参中是这样说的："本文是一篇带有自传色彩的童话故事"，"这篇童话是作者自身的写照"，"丑小鸭"的经历与安徒生的人生经历相类似。但这不能说明本文表达的就一定是"人要有远大的志向、执着的奋斗精神"的主题。

我们可以这样解读：

第一，安徒生借自己的坎坷经历，告诉我们——要注意自己周围是否有本是"小天鹅"的"丑小鸭"，不要以自己的标准来衡量他们、嘲笑他们、排斥他们，而要善待他们。

第二，安徒生也借此尖锐地讽刺了那些对小天鹅百般挑剔、百般嘲笑、目光短浅、观念庸俗动物们。

第三，安徒生认为自己从来就是天才，只不过误落在一个贫穷人家，他在写自己的经历与成长过程。

第四，安徒生讲述这个故事还有更深层次的想法。当我们一时发现不能融入群体、不能和大家一样地生活，大可不必懊恼，因为这或许是你超越了他人走在了队伍前列而已；无数事实证明先驱者往往是孤独的；跟着自己内心的想法而走，不必从俗媚俗。

十四、《爸爸的花儿落了》："我"都有哪些"离别"？

这个单元的"单元提示"是这样说的："在我们成长的过程中，有幸福的回忆，美好的向往，也会有小小的烦恼。这个单元的文章，或记录作者成长的足迹，或展示他人成长的历程，都给我们以有益的启迪。学习这个单元，要整体把握课文内容，并结合自己的经历和体验，深入体味文中的情感……"

教参中是这么说的："从本文题目就可以看出，这部分实际上写主人公经历了那么多人生世事，在爸爸去世之时，终于体会到自己已经长大了，不再是小孩子了。"

其实本文的主题是：在爱与别离中成长。"离别"是一个人成长过程中必经的人生体验。在这篇文章中，英子都有哪些"离别"呢？离别了小学的师生；离别了"宋妈""兰姨娘""蹲在草地里的那个人"；离别了亲爱的爸爸；离别了纯真的童年。这些"离别"使得"我"不断成长！

林海音在《城南旧事》（代序）中写道："读者有没有注意，每一段故事的结尾，里面的主角都是离我而去，一直到最后的一篇'爸爸的花儿落了'，亲爱的爸爸也去了，我的童年结束了。那时我 13 岁，开始负起了不是小孩子所该负的责任。"

教材文本的微专题系列解读（二）

一、《从百草园到三味书屋》："百草园"为什么是"我的乐园"？

我们在课堂上，可能还没有认真思考"百草园"为何是"我的乐园"这一问题，就急匆匆地展开了"应试化"的解读。比如，让学生思考文中围绕着"百草园是我的乐园"写了哪些乐事？学生则能想到有趣美景、传奇故事与雪地捕鸟等乐事。再比如，让学生思考在描写"百草园"时，用了哪些修辞手法？从哪几个角度描写景物？学生独立阅读后，能知道这里运用了比喻、拟人、排比等修辞手法，从颜色、形状、声音、味道等角度描写景物。

其实，我们真的要好好想一想，为何作者要把一个"只有一些野草"的荒废的园子当成"乐园"呢？

鲁迅告诉我们，这里有菜畦、石井栏、皂荚树、桑椹、蝉、黄蜂、叫天子、油蛉、蜈蚣、斑蝥、何首乌藤、木莲藤。可以想象，成年人肯定觉得这些动植物没有什么趣味。

但我们注意到在这里，鲁迅瞩目于"菜畦"的"碧绿"、"石井栏"的"光滑"、"桑椹"的"紫红"、"鸣蝉"的"在树叶里长吟"、"黄蜂"的"伏在菜花上"、"叫天子"的"忽然从草间直窜向云霄里去了"、"油蛉"的"低唱"、"蟋蟀"的"弹琴"、"斑蝥"的从后屁股"喷出的烟雾"、"何首乌"的"吃了便可以成仙"、"覆盆子"的"又酸又甜"。也就是说，鲁迅瞩目的是"百草园"提供的可以带着童趣自由观察、体验大自然的空间世界。百草园显然不只有野草，更有活泼的生命。这构成了"乐园"的第一乐！

此外，还有长妈妈给"我"讲传说故事，此即"乐园"的第二乐！美女蛇的故事很吸引孩子，给百草园增添了神秘色彩，丰富了百草园作为儿童乐园的情趣。我们不妨通过朗读下面的片段，感受、领悟、体验小鲁迅当年听长妈妈讲民间故事的无穷乐趣："到半夜，果然来了，沙沙沙！门外像是风雨声，他正抖作一团时，却听得豁的一声，一道金光从枕边飞出，外面便什么声音也没有了，那金光也就飞回来，敛在盒子里。"

"雪地捕鸟"也是百草园的一大趣事！

总之，"百草园"里的世界是自由的世界，在这里"我"可以自由观察、体验充满活力的自然，可以听到长妈妈讲的民间传说故事，可以自由自在地做游戏，所以鲁迅说它是"我的乐园"！

一个活泼的儿童在一个活泼泼的世界上活泼泼地成长着——这就是我们从《从百草园到三味书屋》前半部分的描写中获得的整体印象。

二、《从百草园到三味书屋》："只要读书"的"三味书屋"给了"我"什么？

我们先来看一看由"百草园"到"三味书屋"的过渡部分："我不知道为什么家里的人要将我送进书塾里去了，而且还是全城中称为最严厉的书塾。也许是因为拔何首乌毁了泥墙罢，也许是因为将砖头抛到间壁的梁家去了罢，也许是因为站在石井栏上跳了下去罢……都无从知道。总而言之：我将不能常到百草园了。Ade，我的蟋蟀们！Ade，我的覆盆子们和木莲们！"那失去百草园这个"乐园"的沮丧，对未知的"三味书屋"的恐惧，以及成年的"我"回忆起自己童年生活的这一"灾变"所感到的愤激与无奈，都尽在其中！

我们要解决的问题是"三味书屋"给了"我"什么，课后研讨与练习中说到"用百草园的自由快乐衬托三味书屋的枯燥无味""用百草园的自由快乐同三味书屋的枯燥无味作对比"，那么我们要思考的是："三味书屋"仅仅给"我"带来"枯燥无味"吗？

书中曾围绕着"怪哉"展开了师生的对话：

"先生，'怪哉'这虫，是怎么一回事？……"

"不知道！"他似乎很不高兴，脸上还有怒色了。

由此"我才知道做学生是不应该问这些事的，只要读书"。可见，"三味书屋"的教育是一种扼杀儿童求知欲、不允许独立思考、以追求高官厚禄为唯一目的的"死读书，读书死"的教育！

但还有"后园"里"偷"来的乐趣。"后园"有"折腊梅花"、"寻蝉蜕"和"喂蚂蚁"的乐趣。但这是偷来的，只能"静悄悄"地玩，而且随时会被老师"大叫"回去。

此外，还有"读书"的趣味，将读书游戏化："大家放开喉咙读一阵书，真是人声鼎沸。有念'仁远乎哉我欲仁斯仁至矣'的，有念'笑人齿缺曰狗窦大开的'，有念'上九潜龙勿用'的，有念'厥土下上上错厥贡苞茅橘柚'的……"

这场面让人忍俊不禁，但同时我们也可以感受到，包括小鲁迅在内的私塾里的这些顽童，实际上将读书游戏化了，并从中感受到一种乐趣，以及成年后鲁迅回叙这段经历时流露出的一丝温馨。

还有怀着好奇心来看老师的"入神"读书场景："……先生自己也念书。后来，我们的声音便低下去，静下去了，只有他还大声朗读着：'铁如意，指挥倜傥，一坐皆惊呢……；金叵罗，颠倒淋漓噫，千杯未醉嗬……'我疑心这是极好的文章，因为读到这里，他总是微笑起来，而且将头仰起，摇着，向后面拗过去，拗过去。"这也构成了鲁迅童年记忆中终生难忘的一个"神圣"瞬间，或许他正是在这个瞬间感悟到了读书的乐趣，并影响了他一辈子的读书和写作。

在"三味书屋"，"我们"还可以趁着先生自我陶醉，开小差、做小动作。

鲁迅对三味书屋的评价、情感，是复杂的。最后一段，写到课堂上的"做戏""画画儿""书没有读成，画的成绩却不少了"。这里不是简单的对于三味书屋教育的批判，还有怀念。读书期间培养的艺术兴趣，鲁迅是受益终身的。

三、《社戏》："社戏"似乎并不是特别好，为什么"我"觉得好？

课文中写道："一直到现在，我实在再没有吃到那夜似的好豆，——也不再看到那夜似的好戏了。"

那么，这是一场怎样的社戏？

如果我们认真阅读课文，会发现所看的"戏"并不是特别好："近台没有什么空了，我们远远的看罢"；有名的"铁头老生"只和一群赤膊的人打仗，并没有翻八十四个筋斗；一个小旦老是"咿呀咿呀的唱"；"我"所期盼的蛇精与跳老虎也并没有出现；托桂生买豆浆去，没有买到；小伙伴们都很疲倦了；一个老旦唱个不停。

看戏留有遗憾，一般情况下，会感到扫兴。我们看鲁迅是如何写离开"社戏"后的情景的："月并没有落，仿佛看戏也并不很久似的。而一离赵庄，月光又显得格外的皎洁。回望戏台在灯火光中，却又如初来未到时候一般，又飘渺得像一座仙台楼阁，满被红霞罩着了。吹到耳边来的又是横笛，很悠扬；我疑心老旦已经进去了，但也不好意思说再回去看。"

虽然看好戏的强烈愿望未得到满足，但是心情却没有变化。为什么？

因为关键不在看的戏，而是看戏的过程体验：好不容易才能去看戏，不对"戏"有太多的期待，主要是感受它的新奇；去看戏路上，"月夜行船"，心情欢喜，陶醉于沿途的风景；陪"我"去看社戏的小伙伴们淳朴、热情，一起看戏时充满了乐趣（主动、慷慨、能干、骂人、牢骚、失望等）。

可见，如果单纯从"戏"的内容来看，它并不让人感到过瘾，让"我"感到过瘾的是纯洁的小伙伴、淳朴的人情！

四、《社戏》：为什么偷来的豆最好吃？

《社戏》中，至少写了三次吃豆经历："那夜"偷豆；煮六一公公送来的罗汉豆；现在的吃豆。到底哪一次吃的罗汉豆最好吃呢？"但我吃了豆，却并没有昨夜的豆那么好。""真的，一直到现在，我实在再没有吃到那夜似的好豆。"同是六一公公送来的罗汉豆，为什么偷着吃比送来的更好吃？到了现在，按理说，吃罗汉豆的方式更多样更丰富了，为什么也没那夜偷来的罗汉豆好吃呢？

我们要关注的是"偷豆"是在什么情境下发生的：在文章第 24 段开始写"偷豆"，不过还只是写出之所以"偷豆"的缘由"离平桥村还有一里模样，船行却慢了，摇船的都说很疲乏，因为太用力，而且许久没有东西吃。这回想出来的是桂生，说是罗汉豆正旺相，柴火又现成，我们可以偷一点来煮吃的。大家都赞成，立刻近岸停了船；岸上的田里，乌油油的便都是结实的罗汉豆。"可见，这里是因为太饿了，想起了偷豆吃。人在饥饿状态下吃东西，往往会觉得特别好吃。

我们再来看一看这次偷豆是偷了谁家的？"阿阿，阿发，这边是你家的，这边是老六一家的，我们偷那一边的呢？""且慢，让我来看一看罢""偷我们的罢，我们的大得多呢。""双喜因为再多偷，倘给阿发的娘知道是要哭骂的，于是各人便到六一公公的田里又各偷了一大捧。"可见，这里反映出小伙伴们的热情、纯洁无私、周到细致。

最后，来看一看"我"和小伙伴们是如何吃"偷"来的罗汉豆的："我们中间几个年长的仍然慢慢的摇着船，几个到后舱去生火，年幼的和我都剥豆。不久豆熟了，便任凭航船浮在水面上，都围起来用手撮着吃。吃完后，又开船，一面洗器具，豆荚豆壳全抛在河水里，什么痕迹也没有了。"这里说的是吃豆时的热闹、自由、无拘无束！

总之，之所以说偷来的罗汉豆最好吃，一是因为"我"是在疲乏、饥饿的状态下吃的罗汉豆；二是因为"偷豆""吃豆"过程中体现出了孩童们的热情、淳朴无私，这让"我"十分眷恋；三是因为体现出的人情美；四是因为这次经历是"我"童年生活的一部分，"我"十分怀念这种淳朴、热闹、自由的童年生活！

五、《孔乙己》：文章里的"四笑"

《孔乙己》是一幕悲剧，然而全文没有一个"悲"字出现，贯穿全文的一个字是"笑"。孔乙己是在笑声中出场，是在笑声中活动，最后又是在笑声中消失的！小说中写到了人们对孔乙己的"四笑"。正确理解这四次"笑"，会帮助我们深刻理解这篇小说的思想内涵。四次笑，各有什么不同的含义？

第一次"笑"——

"……孔乙己一到店，所有喝酒的人便都看着他笑。有的叫道，'孔乙己，你脸上又添上新伤疤了！'他不回答……他们又故意的高声嚷道，'你一定又偷了人家的东西了！'孔乙己睁大眼睛说，'你怎么这样凭空污人清白……''什么清白？我前天亲眼见你偷了何家的书，吊着打。'孔乙己便涨红了脸，额上的青筋条条绽出，争辩道，'窃书不能算偷……窃书！……读书人的事，能算偷么？'接连便是难懂的话，什么'君子固穷'，什么'者乎'之类，引得众人都哄笑起来：店内外充满了快活的空气。"

人们拿孔乙己的伤疤、偷书的事情、被吊打的经历来取笑孔乙己，直至把本来"不想回答"、故作平静的孔乙己逼得窘态百出。孔乙己的窘态与慌乱无措，不仅没有使得人们停止了笑声，反而使得取笑升级为"哄笑"，使得店内外充满了快活的空气。他们不仅不同情孔乙己的不幸，反而还以此作为"谈资"取笑孔乙己，用以调剂单调、无聊的生活。可见，这些"短衣帮"生活是多么无聊，精神是多么麻木冷漠。

第二次"笑"——

"孔乙己喝过半碗酒，涨红的脸色渐渐复了原，旁人便又问道，'孔乙己，你当真认识字么？'孔乙己看着问他的人，显出不屑置辩的神气。他们便接着说道，'你怎的连半个秀才也捞不到呢？'孔乙己立刻显出颓唐不安模样，脸上笼上了一层灰色，嘴里说些话；这回可是全是之乎者也之类，一些不懂了。在这时候，众人也都哄笑起来：店内外充满了快活的空气。"

我们会发现，第二次"笑"给孔乙己带来的打击更严重，孔乙己由起先的"不容置疑"到"立即显出颓唐不安模样""脸上笼上了一层灰色"，孔乙己是十分痛苦的。

那么这些人是拿什么来取笑孔乙己的呢？拿孔乙己"连半个秀才也捞不到"，也就是说读书的失败来取笑孔乙己。读书没读出基本的成果，一事无成，这对于孔乙己来说是内心最深的遗憾、伤疤、痛苦。而这些人拿孔乙己的这种现实不幸与内心痛苦来取笑孔乙己，更可见他们的麻木、冷漠、无情、自私。

第三次"笑"——

"有几回，邻居孩子听得笑声，也赶热闹，围住了孔乙己。他便给他们茴香豆吃，一人一颗。孩子吃完豆，仍然不散，眼睛都望着碟子。孔乙己着了慌，伸开五指将碟子罩住，弯腰下去说道，'不多了，我已经不多了。'直起身又看一看豆，自己摇头说，'不多不多！多乎哉？不多也。'于是这一群孩子都在笑声里走散了。"

孔乙己生活是很孤独的，人也很善良，当孩子们围住他讨豆吃时，他其实渴望与孩子们交流，所以他分给每一个孩子一颗豆。但是孩子们丝毫不想与眼前这位"怪爷爷"交流，只想吃豆，看到孔乙己慌乱护豆的言行，在笑声中走散了。这里的"笑声"是孩子们的"笑声"。鲁迅为什么要写到孩子们的"笑声"？孩子们可能就是觉得孔乙己怪异、好玩、好笑，"笑声"中没有什么恶意，但请注意文中孩子们的出场是在"听得笑声""也赶热闹"中出场的，鲁迅在这里其实担忧的是成人们的麻木、冷漠观念对于孩子们成长的不利影响，是担心"下一代"的人格成长。

第四次"笑"——

孔乙己第二次出场，他被打折了腿，已经不成样子了，然而掌柜仍然同平常一样取笑孔乙己。即使孔乙己恳求不要再取笑他了，聚集的人们依然都在取笑断腿的孔乙己。这些人连起码的同情心都丧失了！

这篇文章通过别人对孔乙己的四次"笑"，营造了"快活"的氛围，一层层地展现了孔乙己不幸的遭遇，也一层层地揭露了当时民众的麻木、冷漠、无情、愚昧。改造当时的社会，不仅要破除封建科举的毒害，而且也要改造愚昧的国民精神。

六、《孔乙己》：孔乙己是什么样的典型形象？

孔乙己，姓孔，名字不详，是鲁镇人，五十多岁，出生在晚清，没考中秀才，写得一手好字、会茴字的四种写法，身材高大，被打致残。他读过书，但没有进学；他替人家抄书，但却不能坚持下来；他偶尔做些窃书的事，被吊打；他常去咸亨酒店喝酒，被人嘲笑；他分茴香豆给孩子们吃；他教小伙计识字；他偷丁举人家的东西，被丁举人打断了腿；他在笑声中出场在笑声中退场。

我们要思考的是，孔乙己有哪些形象是典型的。孔乙己热衷功名吗？在文中并没有依据。孔乙己轻视劳动，好吃懒做吗？孔乙己是一个知识分子，难免不擅长劳动，不熟悉生存之道。因此要确认他是怎样的知识分子。

第一，孔乙己是一位迂腐但善良的知识分子。虽然生活穷困潦倒却不肯摆脱读书人的架子（穿长衫、排出九文大钱、教别人写字、表达文言化），依然以读书人自居。虽然穷困潦倒偶有偷窃但从不拖欠酒钱，教"茴"的四种写法，分孩子们豆吃。

第二，孔乙己是一位没落的知识分子。虽然是读书人但科举没中秀才。被人看为是读书失败的人。生活穷困，读书失败，不会生存，遭人嘲笑。

第三，孔乙己是一位孤独的知识分子。他在连吃饭都成问题、生活很贫困的情况下还去酒店喝酒，不是如"长衫"们那样追求风雅之兴，也不像"短衣帮"那样为了消乏，而是解愁、消愁。他教"我""茴"的四种写法，也是希望能和"我"交流。他分给孩子们茴香豆也是为了和孩子们交流。但无人愿意和他交流。他是咸亨酒店的孤独者！

第四，孔乙己是一位受尽欺辱的知识分子。被嘲笑、被挖苦、被毒打。

第五，孔乙己是一位想努力维护却无力维护读书人尊严的知识分子。孔乙己不愿正视现实，他不愿脱下那件又破又脏的"长衫"。这是他理想的寄托。在咸亨酒店，他内心渴望找回自己作为读书人的位置，但在现实中却一次次碰壁。

总之，孔乙己是一位迂腐、善良、没落、孤独、受尽欺辱、无力抗争的读书人。

七、《孔乙己》：是什么造成了孔乙己的悲剧？

教材后的"研讨与练习"提到："对造成孔乙己悲剧命运的原因，有多种看法：有的说他是科举制度的牺牲品，有的说是冷酷无情的社会害了他，有的说也要归咎于他自己的不争气……对此，你有什么看法？"

科举制度的牺牲品——成为"多余人"、无用之人、迂腐的人。

冷酷无情的社会害了他——人们麻木、冷漠、无情、自私。

他自己的不争气——好吃懒做。

以上的这些原因，可以说是我们目前回答问题的"标准"答案。虽然全面，却不够深刻！

其实还有一个很重要的原因：孔乙己一生都没有走出自己破碎的梦。

第一，一袭"长衫"藏旧梦。孔乙己的长衫虽然又脏又破，而且还不洗不补，但它是读书人身份、地位的象征。对于孔乙己来说，长衫不破，他的旧梦就尚在，他的那个旧梦就不会消失。

第二，"之乎者也"显旧梦。《孔乙己》中，孔乙己大多数时间都说白话，只有在三种情况下说"之乎者也"的文言：第一种情况是，短衣帮说"什么清白？我前天亲眼见你偷了何家的书，吊着打"时，孔乙己争辩后说了"君子固穷"等。面对短衣帮的质问和发难，孔乙己没有任何心理和思想准备，内心慌乱，还交织着一些激动和恼怒，接连说出一些让人难懂的话，他是想用自己读书人的身份回击，想在短衣帮面前保存自己的脸面。第二种情况是，短衣帮说"你怎的连半个秀才也捞不到呢"时，孔乙己嘴里说出的全是"之乎者也之类"的话。面对诘问，他真的想不出合适的理由，于是情急之下便自然说出了那些只有读书人才能听明白的话。显然，他一方面是一种无意识的搪塞，是想给自己找个台阶下，另一方面则于无意识中用文言词语彰显了他的身份，让他尴尬的内心回归到了平静。第三种情况是，"孩子吃完豆，仍然不散，眼睛都望着碟子"时，孔乙己直起身摇头说了"不多不多！多乎哉？不多也"。孔乙己的话既是说给孩子们听的，也是说给短衣帮听的。因为，他弯下腰说的是白话，直起身来说的则是文言词语，其中隐含着他微妙的心理变化——光说口语，孩子们虽然能听懂，却不能表现他读过书，他引用《论语》里的话是想显示他的学识渊博，并引起短衣帮的注意，在这些人心目中树立他读书人的形象。

八、《孔乙己》：为什么选定"我"作为叙述者？

课文后面的"研讨与练习"是这样问我们的："作者为什么要通过一个小伙计'我'的眼光来讲述孔乙己的故事？"

很多人是这样解答的：作者以一名不谙世事的酒店小伙计的口吻，不动声色地讲述着孔乙己的凄惨遭遇，让人体会到，连这样一个小孩子都这样冷漠，可见当时社会的世态炎凉。而且以第一人称讲述故事，比第三人称显得更为真实亲切。

这样的解读有道理，但不够深刻。我们还可以作如下思考：

第一，"小伙计"年纪尚幼，无知单纯，是酒店中人，这使得孔乙己与酒客、掌柜这两类人的一言一行都尽收眼底，也让人觉得可信。鲁迅是要把孔乙己的活动范围限制在咸亨酒店里，只从孔乙己到酒店喝酒这件事上表现孔乙己。鲁迅又习惯于将主人公置放在社会的众目睽睽之下，在与社会的关系中来展现他的悲剧性格与命运，形成"看/被看"的叙述模式。所以，能在文中充当"我"的只能是在场的人。在场的人中"小伙计"是最合适的叙述者！

第二，"小伙计"的地位与身份决定了他与孔乙己、酒客、掌柜都有一定的距离，他可以以一个旁观者的身份，同时观察与讲述孔乙己的可悲与可笑，以及"看客"（酒店、掌柜）的麻木与残酷。

第三，"小伙计"与孔乙己都是咸亨酒店里的"异类"，正因为这种相似性，使得"小伙计"对孔乙己的遭遇比较敏感，常常能捕捉到旁人无法捕捉到的有关孔乙己的细节。

第四，随着故事情节发展，小伙计自身的性格，以及他与孔乙己、酒客们的关系，也发生了微妙的变化，这增加了作品的思想深度。如果在小说开头部分，"我"确实保持了旁观者的客观与冷漠的话，那么以后"我"就逐渐参与到故事中来，特别是小说写到"我"如何"附和着笑"，当百无聊赖的孔乙己主动与"我"攀谈，以寻求心灵慰藉，"我"先是应付，既而"不耐烦，懒懒地答他"，最后竟"努着嘴走远"时，不能不让人感到——"我"（小伙计）已经受当时社会风气的影响，逐渐变得麻木与冷酷。

九、《湖心亭看雪》：如何理解文中的"独往"？

《湖心亭看雪》篇幅短，文笔清新淡雅，有画面感，容易背诵，适合朗读，深受我们的喜爱。但文中有两处内容看起来前后矛盾：

"是日更定矣，余拏一小舟，拥毳衣炉火，独往湖心亭看雪。"

"湖上影子，惟长堤一痕，湖心亭一点，与余舟一芥，舟中人两三粒而已。"

"独往"是否成立？

对于这个"独往"，教参有所解读："一个'独'字，充分展示了作者遗世独立的高洁情怀和不随流俗的生活方式，而一人独行于茫茫雪夜，顿生'寄蜉蝣于天地，渺沧海之一粟'的人生彻悟之感。"这种解读是孤立的解读，未与下文"舟中人两三粒"等内容相联系。

还有些人认为，可以从两个层面理解这里的"独往"：第一，作者写作上的错误与纰漏；第二，这正是作者"痴"的体现。但是这种解读仍未跳出"独往"本身范畴，有牵强附会之嫌。那么，我们究竟应该如何解读"独往"呢？

要弄清楚它，首先需要了解古时候的奴仆制度。"奴仆"指奴、婢、僮等。如本文中"到亭上，有两人铺毡对坐，一童子烧酒炉正沸"。奴仆地位轻贱，在跟随主人活动时，不能被视为"同伴"。所以当他们叙述自己活动时，如果身边没有志趣相投或者同阶层的"同伴"，即使身边有奴仆相随，他们也往往称出行为"独往"。李清照《一剪梅》"红藕香残玉簟秋。轻解罗裳，独上兰舟"。新婚燕尔，身为贵少妇的李清照，身边肯定有婢女服侍，只是此时夫君远行未能相伴，所以李清照说"独上兰舟"。

回到《湖心亭看雪》这篇课文，我们应该要"知人论世"。作者张岱出身仕宦世家，早年家境优裕，所以家中应有一定数量的奴仆，他出游绝不是孤身一人，尤其是在"大雪三日，湖中人鸟声俱绝"的恶劣环境里。当时"余住西湖"，家里也有钱，估计应该经常荡舟西湖，家仆中也应有负责驾舟的"舟子"。除了"舟子"还应该带了一个负责照理杂务的家僮。所以在茫茫的雪湖中，他们看起来成了"两三粒"。但是，由于作者的贵族身份以及等级观念，加上"舟子"等人根本不能理解作者超凡脱俗的雅趣，作者在潜意识里就认为自己去湖心亭看雪没有"同伴"相随，所以他说自己是"独往"。

十、《湖心亭看雪》：如何理解作者的"强饮"？

《湖心亭看雪》写了在连续下了三天大雪后，作者晚上独自到西湖湖心亭看雪以及在湖心亭与金陵客饮酒的经过，文中重点描绘了西湖的雪景，结尾处"痴"字写出了作者及客对西湖雪景的痴迷之情。我们会发现对"拉余同饮，余强饮三大白而别"中的"强饮"存在不同的解读：一种解读认为它是"痛饮"；一种解读认为它是"勉强喝了"。

无论哪一种解读，我们首先还是要知人论世。作者张岱出身仕宦世家，少为富贵公子，爱繁华，好山水，通晓音乐戏曲。但他又与一般的纨绔子弟不一样，他博学多才，一生笔耕不辍。他经历了明亡、家道破落的巨大变故，对于自己虽才高却命不好的人生遭遇，怀有悲愤之感，明亡后不仕，自己选择归隐山林，将内心的情感寄寓于山林。

我们先来看第一种解释"痛饮"。"痛饮"——痛快地喝了三大杯。前文写了"大雪三日，湖中人鸟声俱绝。是日更定矣，余拏一小舟，拥毳衣炉火，独往湖心亭看雪"，我们感受到作者张岱超凡脱俗的雅兴以及孤高自赏的品格；况且是"崇祯五年十二月"，是明末黑暗动乱时期，有避世的幽愤。这是去湖心亭看雪时的心情。到了湖心亭，没料想竟然有人先"我"而到，有意外的惊喜。作者不直接说自己的这种惊喜，却借助二客，反写他们"见余大喜"，反客为主。"湖中焉得更有此人！"不只是二客这样想，作者也是这样想的。"拉余同饮。余强饮三大白而别"。这里应是痛快的饮酒，一是酒逢知己，二是喝酒可以驱寒，三是都是"痴人"，不忸怩作态。此外，在分别时，"问其姓氏，是金陵人"，这说明作者有意再见知己。看来彼此很投缘，投缘，又是痴人，所以饮酒时"强饮"应该是"痛饮"。只有将"强饮"解读为"痛饮"，才能更好体现作者的个性。

如果是第二种，将"强饮"解读为"勉强地喝酒"，那么可以推测：第一，作者没什么酒量，迫于二客的劝酒，不得已而喝；第二，作者喝酒没兴致，只是为了应付。无论哪一种推测，将"强饮"解读为"勉强地喝酒"都似乎与全文内容不协调，也不契合作者的个性。

十一、《苏州园林》：课文第4段是如何体现苏州园林图画美的特点？

苏州园林的总体特征是"务必使游览者无论站在哪个点上，眼前总是一幅完美的图画"。

文章怎样具体说明苏州园林的特征？第一，亭台轩榭的布局不讲究对称，讲求自然之趣。第二，假山池沼的配合讲求自然美。第三，花草树木的映衬给人图画美。第四，近景远景的层次给人景致美。第五，每个角落都注意图画美。第六，门和窗是高度的图案美。第七，极少用彩绘给人色彩美。从七个方面紧扣"无论站在哪个点上，眼前总是一幅完美的图画"这个总体特征。

我们结合第4段这个具体的段落来欣赏苏州园林的美以及作者如何说明苏州园林的美：

> "苏州园林里都有假山和池沼。假山的堆叠，可以说是一项艺术而不仅是技术。或者是重峦叠嶂，或者是几座小山配合着竹子花木，全在乎设计者和匠师们生平多阅历，胸中有丘壑，才能使游览者攀登的时候忘却苏州城市，只觉得身在山间。至于池沼，大多引用活水。有些园林池沼宽敞，就把池沼作为全园的中心，其他景物配合着布置。水面假如成河道模样，往往安排桥梁。假如安排两座以上的桥梁，那就一座一个样，决不雷同。池沼或河道的边沿很少砌齐整的石岸，总是高低屈曲任其自然。还在那儿布置几块玲珑的石头，或者种些花草：这也是为了取得从各个角度看都成一幅画的效果。池沼里养着金鱼或各色鲤鱼，夏秋季节荷花或睡莲开放，游览者看'鱼戏莲叶间'，又是入画的一景。"

我们可以从以下的角度来欣赏苏州园林的美：说说这一段的层次；说说假山的堆叠如何体现图画美；说说池沼的布局如何体现图画美。

第一，说一说这一段的层次。开头第一句总说，统领全文，是中心句。第2、3句是说假山，第4—10句是说池沼。这是由总到分的结构。

第二，说一说假山的堆叠如何体现图画美。第2句强调的是假山的堆叠是一项艺术，强调的是设计者的创意，是艺术，体现图画美。第3句具体说明假山的形态。"或者……或者……"表示非此即彼，足见假山无一不是精心堆叠；"重峦叠嶂""几座小山配合着竹子花木"则是说假山太逼真、太真实、太自然了；写游览者的感受，是从侧面说明假山的艺术效果——仿佛身处山中而不是人为设计的园林里，在感受自然、天然之趣。还有"生平多阅历"两句，既是赞美，又点出了假山艺术性强的原因。

第三，说一说池沼的布局如何体现图画美。池沼的布局从整体到局部都讲究图画美，从水上到岸边再到水中都有图画。"活水"说明水的特点——灵动、自然；"水面假如成河道模样，往往安排桥梁"——小桥、流水，是自然的美，是诗意的美；"池沼里养着金鱼或各色鲤鱼，夏秋季节荷花或睡莲开放，游览者看'鱼戏莲叶间'，又是入画的一景"——"鱼戏莲叶间"就是一幅画，一幅动静结合、色彩丰富、诗意盎然、富有情趣的画。

苏州园林的美，绝不仅仅体现在对"信息"的筛选与提取上，也绝不仅仅止于对文章说明顺序、说明方法的表层把握上，而应更多地体现在我们对文章内容的具体欣赏上。先是对文章的具体欣赏，而后再来说需要把握的文体知识。

十二、《桥之美》：桥之美，美在哪？

本文课后的"研讨与练习"提及：在作者看来，"桥"美在何处？你对此有什么感想，从中得到什么启发？

"教参"的答案：作者并不着眼于从桥自身的结构来欣赏"桥之美"，而更着迷于桥在不同环境中所起的多种多样的形式作用。学生从中得到的启发会是多方面的，如领悟到桥除了具有实用功能外还具有审美功能，生活周围就有饱含画意的景致等，还有可能借作者的眼光对某一处自然风景或室内布置进行一番品头论足，老师要适时加以鼓励和引导。

该答案体现出我们对《桥之美》的解读还不够细致。有关《桥之美》这篇文章，前还有争议，它到底是一篇说明文吗？其实，它应该是一篇说明性的小品文。

桥之美，美在哪？

总括"桥之美"并不难，文章第3段明确告诉我们了——"不过我之爱桥，并非着重于将桥作为大件工艺品来欣赏，也并非着眼于自李春的赵州桥以来的桥梁的发展，而是缘于桥在不同环境中的多种多样的形式作用。"

这就说明桥的美，存在于本身的形式以及它与环境的关系中。

1. "茅盾故乡乌镇的小河两岸都是密密的芦苇，真是密不透风，每当其间显现一座石桥时，仿佛发闷的苇丛做了一次深呼吸，透了一口舒畅的气。那拱桥的强劲的大弧线，或方桥的单纯的直线，都恰好与芦苇丛构成鲜明的对照。"

乌镇芦苇丛中的石拱桥与茂密的芦苇相配合，打破了环境的单调与压抑，给人以轻松舒畅之感。

2. "早春天气，江南乡间石桥头细柳飘丝，那纤细的游丝拂着桥身坚硬的石块，即使碰不见晓风残月，也令画家销魂！"

江南早春细柳轻拂下的石桥：江南乡间的石桥与细柳相配合，将坚硬与柔软这两种不同的美组合在一起。

3. "湖水苍茫，水天一色，在一片单纯明亮的背景前突然出现一座长桥，卧龙一般，它有生命，而且往往有几百上千年的年龄。人们珍视长桥之美。颐和园里仿造的卢沟桥只17孔，苏州的宝带桥53孔之多，如果坐小船沿桥缓缓看一遍，你会感到像读了一篇史诗似的满足。"

苍茫湖水中的长桥：卧龙一般的有历史沧桑感的长桥与苍茫的湖水相配合，给人以"思古幽情"的美感。

4. "广西、云南、贵州等省山区往往碰到风雨桥，桥面上盖成遮雨的廊和亭，那是古代山水画中点缀人物的理想位置。因桥下多半是急流，人们到此总要驻足欣赏飞瀑流泉，画家和摄影师们必然要在此展开一番搏斗。"

广西、云南、贵州等地山区的风雨桥：风雨桥与桥上的廊、亭中的人相配合，主客协调，有和谐之美。

5. "张择端在《清明上河图》里将桥作为画卷的高潮，因桥上桥下，往返行人，各样船只，必然展现生动活泼的场面，两岸街头浓厚的生活情调也被桥相连而成浓缩的画图。矛盾的发展促成戏剧的高潮，形象的重叠和交错构成丰富的画面，桥往往担任了联系形象的重叠及交错的角色，难怪绘画和摄影作品中经常碰见桥。"

《清明上河图》中的桥：《清明上河图》中的桥与两岸街头浓厚的生活情调相配合，联系形象的重叠与交错，展现出生动活泼的生活美。

还有庄稼地小径尽头的小桥、高山峡谷间的索桥，此处不一一举例。

教材文本的微专题系列解读（三）

一、《老王》：理解文本时绕不开的几个问题

针对该篇，教参中设置了以下的"问题探究"。

问题一：为什么作者一家对老王那样的不幸者能那么关心、爱护？社会地位、生活条件比较优越的人往往瞧不起卑微者，要有什么精神才能像作者那样尊重人、理解人、关心人？

参考答案：作者一家人有平等观念、人道主义精神。我们要具有这样的精神才能像作者那样尊重人、理解人、关心人。

问题二：这篇写人记事的散文，材料琐碎，但是经过作者的组织，成为一个有机整体。作者是怎样组织的？

参考答案：作者是以与老王的交往为线索，兼用逻辑顺序和时间顺序编排的。

以上探究的"问题"虽然有价值，但似乎并不是我们想不明白的、易有困惑的。要准确理解《老王》这篇散文，有几个问题是我们绕不开的，也是我们不容易把握的。

第一，文章结尾最后一句话"那是一个幸运的人对一个不幸者的愧怍"，绝非杨绛因其幸运而同情不幸的老王这么简单。有些人认为可能是由于杨绛只关心老王的生活不幸，却忽视了他的精神不幸，结果拿钱侮辱了他。可是文章最后一段明明确确地告诉我们——"因为吃了他的香油和鸡蛋？因为他

来表示感谢，我却拿钱去侮辱他？都不是。"可见这种解读是站不住脚的，那么，作者愧怍的原因究竟是什么？

第二，作者为什么把她要怀念、赞美的"老王"的外在形象写得那么可怕呢？

第三，杨绛散文的重要特色在于将内心的情感蕴含在平静的叙述之中，这篇文章是如何体现这一特点的？

第四，文章第三段结尾部分说"他也许是从小营养不良而瞎了一眼，也许是得了恶病，反正同是不幸，而后者该是更深的不幸"，为什么得了恶病瞎了眼是"更深的不幸"？

第五，这篇文章是抒情散文，如何分析文中的情感脉络？

读课文，理解教材文本，当然会提出问题，但这还不够，我们更要学会提出富有价值的问题。这些问题是我们把握不准确的，或者说有困惑。能发现这些困惑，就会促使我们展开相关的思考与学习。这也是我们在预习时需要着重考虑的。

二、《老王》：为什么把"老王"的形象写得那么可怕？

有学生提出：作者既然要表现老王生命行将终结却完全不顾自己，将最贵重的营养品奉送给作者，为什么却把他写得很可怕？把活人写得像死人一样？

让我们先来看一看原文，老王送香油和鸡蛋时的相关描写：

"有一天，我在家听到打门，开门看见老王直僵僵地镶嵌在门框里。往常他坐在蹬三轮的座上，或抱着冰侧着身子进我家来，不显得那么高。也许他平时不那么瘦，也不那么直僵僵的。他面如死灰，两只眼上都结着一层翳，分不清哪一只瞎，哪一只不瞎。说得可笑些，他简直像棺材里倒出来的，就像我想象里的僵尸，骷髅上绷着一层枯黄的干皮，打上一棍就会散成一堆白骨。我吃惊地说："啊呀，老王，你好些了吗？"

以往，我们遇到这样的内容，一般会这样思考与表达：这一段文字是对老王的外貌描写，用了什么修辞手法？有什么作用？

照一般的阅读期待，既然表达作者对老王那样的不幸者的关心、同情和尊重，就应该是美化的、诗化的，怎么能用丑化的语言呢？这就需要我们联系文本了。

"我谢了他的好香油，谢了他的大鸡蛋，然后转身进屋去。他赶忙止住我说：'我不是要钱。'""等到听不到脚步声，我回屋才感到抱歉，没请他坐坐喝口茶水。可是我害怕得糊涂了。那直僵僵的身体好像不能坐，稍一弯曲就会散成一堆骨头。我不能想象他是怎么回家的。"

作者接受老王馈赠时，对老王的理解还只是限于物质上的，虽然有所感激，仍有些不理解，并未真正理解老王高贵的精神（明明知道自己不久于人世，却在临终之前还给作者一家送来香油与鸡蛋，这是何等的善良与朴实），所以想到的只是在经济上给予同价的补偿，看到的形象还只是生理上的病态，尤其是"说得可笑些，他简直像棺材里倒出来的"，面对接近死亡的征象居然还有开玩笑的兴致。

这篇文章中出现的对临终之前的"老王"的形象的"病态"乃至"丑化"描写，不仅仅只是揭示老王身体问题的严重程度，而是蕴含着特定的情感成分。这需要我们走进文本，从分析这篇散文的情感角度出发，把握内中的要义。通过分析，我们知道，之所以这样，是因为作者并未真正理解老王高贵的精神。

三、《老王》：面对"老王"，"我"愧怍的是什么？

先来看原文内容：

"我回家看看还没动用的那瓶香油和没吃完的鸡蛋，一再追忆老王和我对答的话，捉摸他是否知道我领受他的谢意。我想他是知道的。但不知为什么，每想起老王，总觉得心上不安。因为吃了他的香油和鸡蛋？因为他来表示感谢，我却拿钱去侮辱他？都不是。几年过去了，我渐渐明白：那是一个幸运的人对一个不幸者的愧怍。"

作者为什么感到"愧怍"？有人解读为一个社会总有幸运者和不幸者，幸运者有责任关爱不幸者，帮助改善他们的处境。作者回想起来，觉得对老王的关爱还不够，所以感到"愧怍"。这种解读比较笼统。

是因为作者不仅没有关心病入膏肓的老王，反而还吃了老王的香油和鸡蛋？是为自己在老王面前没有退让不够细心而愧怍？原文中否决了这一推测，"都不是"。

是因为老王来表示感谢，作者却认为老王是想拿鸡蛋和香油来换钱的，没有理解老王的好心？有些意思了，但还是"都不是"。

这里有一个问题需要注意：老王帮助了作者一家人，作者一家人也帮助了老王，按理说不应该有"愧怍"。显然，这是作者在"一再回忆""每想起老王，总觉得心上不安""几年过去了，我渐渐明白"后产生的"愧怍"。

我们也要注意，在原文中"愧怍"前还有一个修饰部分——"那是一个幸运的人对一个不幸者的"。"幸运"与"不幸"是相对而言的。"幸运"主要是指作者虽然也遭受到了苦难但毕竟走过来了，结束了苦难岁月；在苦难岁月中，得到了老王的无私而朴实的信任与帮助。那么，"不幸"主要是指老王生活很艰难，很苦，并且还并未得到作者的足够的帮助与真正的理解与关心。

这也可以从本文的抒情脉络发现：同情—被"老王"所感动，却也夹带着知识分子的优越感—并未真正理解老王高贵的精神—真正理解老王。

所以，我们可以说，作者以为自己对不幸的人有所同情、有所宽容，是很高雅的，但是对于一个不幸者具有的高贵的精神，却未曾感觉与发现（在"送香油和鸡蛋"这部分体现得比较明显），只对人家外貌病态感到"害怕"——在老王临终前只看到外在的病体的丑陋却没有看到精神上的高贵。这是"愧怍"的主要原因。

当然，"愧怍"是针对文本全部内容而言的，甚至可以说针对作者与老王交往的全部过程而言的。从这个角度来出发，我们可以这样认识这个问题：

作者之所以"愧怍"是因为经过了很多年逐渐意识到当年老王给予他们一家人的帮助与关心是多么的珍贵，而自己应该给予老王更多的关心与帮助，实际上却没有。概括来说，作者之所以"愧疚"，主要是因为她感觉自己没有真正理解老王高贵的精神，只看到老王外在的病态；除此之外，也觉得面对老王对她们一家人的无私帮助与信任时，她没有给予老王足够多的关心与帮助。

四、《老王》：情感全在平静的叙述中

本文是一篇抒情散文。全文几乎没有直接抒情的部分，作者对老王的同情、宽容、感激、敬意、愧疚，都潜藏在字里行间。

杨绛的散文不像钱钟书的散文那样淋漓尽致地幽默，也不像朱自清散文那样有温情细腻的抒情。杨绛似乎有意追求不事渲染的感叹，只在意叙述的效果。对西方当代文学的高度关注以及由此而形成的内在修养，使得她回避渲染，节制叙述。她的叙述是从容不迫的。

比如，一开始叙述的"我"与"老王"的对话，连细节都没有："我常坐老王的三轮。他蹬，我坐，一路上我们说着闲话。""……后来我在坐着老王的车和他闲聊的时候，问起那里是不是他的家。他说，住那儿多年了。"

再比如，在后文部分，叙述也同样有节制性："'文化大革命'开始，默存不知怎么的一条腿走不得路了。我代他请了假，烦老王送他上医院。我自己不敢乘三轮，挤公共汽车到医院门口等待。""老王帮我把默存扶下车，却坚决不肯拿钱。他说：'我送钱先生看病，不要钱。'我一定要给他钱，他哑着嗓子悄悄问我：'你还有钱吗？'我笑着说有钱，他拿了钱却还不大放心。"作者感激善良的老王，也隐含着作为知识分子的自己在老王面前的优越感。

再比如，写老王送鸡蛋香油，都未有补充介绍，惜墨如金。这一部分的叙述在节制中蕴含着作者的情感，比如："……可是过些时老王病了，不知什么病，花钱吃了不知什么药，总不见好……""……我谢了他的好香油，谢了他的大鸡蛋。然后转身进屋去……""他还讲老王身上缠了多少尺全新的白布——因为老王是回民，埋在什么沟里。我也不懂，没多问……"从这里可以看出作者对老王的现实生活处境缺乏真切的关心，没有理解老王的高贵精神。

也可以发现在特殊时代，作者做事谨慎，注意保护自己。

五、《我的叔叔于勒》：这篇小说的主题是什么？

莫泊桑擅长从平凡琐屑的事物中截取富有典型意义的片段，以小见大概括出生活的真实。他的短篇小说侧重摹写人情世态，构思布局别具匠心，细节描写、人物语言和故事结局均有独到之处。

本文通过描写法国小家庭的生活片段，运用对比的手法，叙述了菲利普夫妇对待亲弟弟前后截然不同的态度，揭露了资本主义社会人与人之间赤裸裸的金钱关系，体现出资本主义社会金钱至上的生活准则，深入批判了资本主义社会冷漠无情的本质。

这是过去我们经常用的解读，多年以来，教师这样子教授，考试这样考了，考生这样答了！

马克思、恩格斯说："资产阶级撕下了罩在家庭关系上的温情脉脉的面纱，把这种关系变成了纯粹的金钱关系""它使人和人之间除了赤裸裸的利害关系，除了冷酷无情的现金交易，就再也没有任何别的联系了"。

但是这经得起推敲吗？是合理的吗？是准确的吗？牵强不牵强？有没有上纲上线？自己有没有好好独立思考？

过去，我们往往在解读文学作品时，会陷入模式化思维，产生标签化解读，容易让传统视角遮蔽我们的眼光，束缚我们的思想——分析作品，一涉及小人物的悲剧，就大谈这是"封建阶级的压迫""资本主义的剥削"，一涉及弱势群体的斗争，就高谈这是"劳动人民的反抗"……

分析作品还是要回到文本内部，以文本内容为据，不应上纲上线，进行政治化解读。资本主义社会就没有亲情了吗？文中，"我"不就是对自己的亲叔叔表达关心与同情了吗？即使存在人与人之间赤裸裸的金钱关系，就一定是社会主旋律吗？至少可以从以下几方面对"揭露了资本主义社会人与人之间赤裸裸的金钱关系"的解析展开质疑：

1. 菲利普夫妇不是"资产阶级"，他们生活很艰难，他们是小人物。
2. 即使他们是"资产阶级"，他们"讨厌于勒""期盼于勒""躲避于勒"

也都有着无奈之处。是时代逼迫他们这样做，是社会迫使他们这样选择，是残酷的现实让他们不得不这样做。

3. 菲利普夫妇与弟弟于勒之间，并非全都是赤裸裸的金钱关系。

这篇小说的主题是什么呢？

第一，站在小说社会背景的角度来看，作者刻画了菲利普夫妇的人物形象，描写了在金钱面前不堪一击的亲情，揭露了资本主义社会人与人之间赤裸裸的金钱关系。

第二，站在菲利普夫妇立场上，小说揭示的是小人物的辛酸。

第三，从人性角度出发，无论社会人情世态怎样发展，我们都不能失去人的本性——善良，不应有嫌贫爱富的观念，不应有势利的思想。

六、《我的叔叔于勒》：如何理解菲利普的人物形象？

很多人认为菲利普夫妇自私、势利、贪婪、冷酷无情。不过，从另一个角度来看，菲利普夫妇的做法也是可以原谅的：

1. 于勒的恶习导致菲利普夫妇一家不得不忍受生活的艰辛。

2. 生活窘迫穷困，自顾不暇，只能对于勒避而远之。

小说的另一个主题是表现了那个时代生活在社会最底层的小人物及弱势群体的辛酸和卑微。我们结合文中相关语句进一步把握：

"我父亲做着事，很晚才从办公室回来，挣的钱不多。"（工作勤奋）

"于勒叔叔把自己应得的部分遗产吃得一干二净之后，还大大占用了我父亲应得的那一部分。"（在缺钱花的情况下还能任弟弟占有自己应得的遗产）

"人们按照当时的惯例，把他送上从哈佛尔到纽约的商船，打发他到美洲去。"（并没有驱赶弟弟）

"唉！如果于勒竟在这只船上，那会叫人多么惊喜呀！"（期盼于勒归来，并不见得是势利、虚荣）

"对于叔叔回国这桩十拿九稳的事，大家还拟定了上千种计划，甚至计划到要用这位叔叔的钱置一所别墅。我不敢肯定父亲对于这个计划是不是进行了商谈。"（并没有惦记着弟弟的钱）

"父亲忽然看见两位先生在请两位打扮得很漂亮的太太吃牡蛎……毫无疑问，父亲被这种高贵的吃法打动了，走到我母亲和两个姐姐身边问：'你们要不要我请你们吃牡蛎?'"（不见得一定是爱慕虚荣，也可以说是对孩子们的关爱）

避近于勒后，菲利普的神态描写、语言描写："父亲神色很狼狈，低声嘟囔着：'出大乱子了!'"（震惊、慌乱）

当"我"给了叔叔于勒十个铜子的小费后，菲利普并没有责怪儿子的行为。（并不排斥关心帮助于勒）

这样看来，菲利普的人物形象包括以下方面：有些自私、虚荣、势利；工作勤奋；关爱儿女；对弟弟有感情，期盼弟弟回家，对弟弟并没有太多怨恨；从现实层面考虑，无奈地躲避弟弟，拒绝与弟弟相认。此外，菲利普太太除了刻薄、泼辣之外，也有节俭居家的人物形象。

第三编
阅读与评论

孙绍振文本解读的原则、方法与空间

——以《语文建设》"专栏"文章为例

孙绍振先生曾撰文介绍自己投身文本解读的由来，"由于一种偶然的机缘，本世纪初，我卷入了中学语文教学，主编了教育部北师大版的初中语文课文，还与台湾中华文化教育学会理事长孙剑秋教授主编了台湾南一版《高中语文》。在为这两种课文编写教师用册时，出于对流行的文本解读极端不满，乃亲自操刀，对古今中外的小说、诗歌、散文、戏剧进行微观分析"①。新世纪初期，盛行的"多元解读""个性化解读"，要么是习惯于从表面到表面的滑行，在作品与现实的统一中进行重复无效的分析；要么直接套用西方理论，对文本作"装腔作势"的生硬演绎；要么脱离文本刻意求"新"，丝毫不在意对文本本体奥秘的揭示。彼时文本解读的盲目、低效、虚假、空虚，令人担忧。这也使得恰当的文本解读成为文论界、教育界乃至全社会的迫切需要。孙绍振先生对文本所作的微观分析，十分精彩，很快就引起多方关注与认可，"许多报刊、出版社向他约稿，其他语文教材也请他写解读"②。正是在这样背景下，《语文建设》编辑部邀请孙先生开设专栏，撰写有关文本解读的文章，每期一篇，借此来给广大读者提供启发和指导。孙先生在《语文建设》发表的文章，数量很多，质量很高，视野很广，影响很大，最能集中体现他在文本解读方面的思考：诸如文本批评应如何处理理论与文本的关系，

---

① 孙绍振. 实践真理论：聚焦文本特殊性的多元解读和范畴创建——从文本经验中提炼、新创和自创中国文学理论 [J]. 小说评论，2022 (6).

② 赖瑞云. 孙绍振解读学对理论和实践的多维贡献——从语文教育的视角 [J]. 福建师范大学学报（哲学社会科学版），2016 (2).

应如何协调文本主体、读者主体、作者主体三者之间的关联，微观分析与宏观分析如何兼容，文本具体分析时如何推进对特殊矛盾的揭示，西方文论影响下的文本解读有何表现特征，如何推动具体分析的广度与深度，等等。他不仅提供有深度的思考，更重要的是提供了解决问题的方法和策略。这些文本解读虽然有的来源于他自二十世纪八十年代以来就已形成的文学观念，有的是对他原有学术思想的进一步发展，但均是在具体分析中落实对文本内部艺术奥秘的揭示。近年来，文本解读在新的潮流裹挟下应何去何从成为备受关注的文学话题与教育话题。为了便于具体分析，笔者以孙绍振先生2017年至今在《语文建设》专栏上发表的文章为例，从原则、方法、空间这三个方面对他的文本解读展开相关研究。

一、建构中国式文本解读学

孙绍振先生多次引用韦勒克、沃伦《文学理论》中西方文论面向文本分析时存在无力状态的介绍，以及李欧梵《世纪末的反思》中"文本城堡"在西方文论"各路人马"挑战中依然"屹立无恙"的生动描述。他指出，西方文论面向文本时往往指向理论的宏观演绎，如符号学、结构主义、解构主义等常从文化哲学的大前提出发，带动对相关文本的直线演绎，漠视文学作品独特性，容易陷入到知识谱系的建构之中，走入到概念演绎的迷宫中，"执迷于以定义为纲领，一味对概念作抽象的辨析，满足于在概念中兜圈子，容易把本来简明的事物和观念说得玄而又玄"①。他提醒我们不应过度依赖西方文论。理论很重要，但理论要落到实处。理论就像冯至《十四行集》中给一片泛滥无形的水定形的椭圆形瓶子，可以用来使我们把握没法把握的东西，给它一个形状，但那个东西本身就是那个形状吗？有时，理论并不可靠。早在二十世纪八十年代，孙先生就说过"绝对防止滥用神秘玄虚的概念，使人家害怕，让人家头晕"②，不要过度迷恋玄虚无用的理论。在此之后，他一直保

---

① 孙绍振，孙彦君. 文学文本解读学 [M]. 北京：北京大学出版社，2019：13.
② 孙绍振. 文学创作论 [M]. 福州：海峡文艺出版社，2019：4.

持对西方文论的警惕与批判，这构成了他文本解读的原则之一。

"我拒绝对西方话语作疲惫的追踪，相反，致力于在对其批判的基础上，建构中国式的文本解密流派。"① 孙先生致力于建构中国式文本解读学，他的文本解读最重要的原则是坚定回到文本本身。回到文本本身，不是简单复述文本，比如对古典诗歌如若用翻译的方式解读，显然会走样失真，顿失诗歌的意象与韵味，应疏通其疑难，呈现完整丰富的内容和自洽充分的形式。孙绍振先生指出后现代教育理论倡导的离开文本主体的绝对的读者主体论由于把读者主体突出到极端地位导致"多元解读"的兴盛，"全国各地课堂上违背文本主体的奇谈怪论层出不穷，其理论根源概出于此。什么《背影》中的父亲'违反交通规则'啊，向祥林嫂学习'拒绝改嫁的精神'啊，《皇帝的新装》中的骗子是'义骗'啊，《愚公移山》是'破坏生态环境'，不一而足"②。这些文本解读"怪状"强化了孙先生在文本解读层面的学术担当和精力投入，回到文本本身成为他文本解读的自觉追求。我们可从以下几个方面展开分析：第一，重视探寻构成艺术形象的奥秘。真善美既不是统一的也不是绝对分割的，而是"错位"的，"错位的幅度越大，审美价值越高"③。作品中的艺术形象是在现实生活、作家内在自由、想象与变异这三者协同作用下形成的。第二，重视艺术形式的规范。孙绍振先生认为"形象是感情特征、生活特征和艺术形式特征的三维结构"④，原始状态的艺术形象要经过艺术形式的规范才能达到艺术的审美层次。文本艺术形式是很客观的存在：散文，情思流动，意象结想，钱钟书认为"小品文"有不衫不履之妙，妙在格调；杂文，逻辑推演，议论鲜活；诗歌，意象意境，无理而妙。孙先生在《语文建设》发表的文章中有多篇侧重形式解读。如在《从草船借箭看欣赏小说的艺术法门》中指出小说艺术法门体现在"虚构"与"错位"上。在《演讲体散文的现场

① 孙绍振. 月迷津渡——古典诗词个案微观分析（修订版）[M]. 上海：上海教育出版社，2018：2.

② 孙绍振. 批判与探寻：文本中心的突围和建构 [M]. 济南：山东教育出版社，2012：35.

③ 孙绍振，孙彦君. 文学文本解读学 [M]. 北京：北京大学出版社，2019：186.

④ 孙绍振. 文学创作论 [M]. 福州：海峡文艺出版社，2019：211.

感和互动性——读龙应台〈文学——白杨树的湖中倒影〉》中揭示了《文学——白杨树的湖中倒影》作为演讲体散文具有的出语不凡、"贬低"听众、刺激听众、"先下手为强"、调动听众主动性等特点。《苏洵〈六国论〉和作为古典散文文体的"论"》以"论"这一文体具有的"辨正然否""而虑之筌蹄，万事之权衡"等特征来展开文本解读。第三，强调回到文本本身，并不是否定读者主体、作者主体。孙先生"文本中心论"不是西方文论的"文本中心论"，后者消解了作家主体性，过度依赖文本导致读者再解读失去本应有的地位。他指出，应在文本阅读中实现文本主体、读者主体、作者主体三者之间的同化与调节，固然文本召唤结构有待于读者参与，知人论世有助于深化文本理解，但作者主体心理图式和读者主体心理图式要受到文本主体的制约。

建构中国式文本解读学，离不开对传统的继承。孙绍振先生的文本解读自觉借鉴我国传统文论的宝贵经验，富有中国气派。我国传统文论虽然在逻辑自洽、体系建构、观念范畴概括等方面存在一些不足，但具有鲜明的特色：一是遵从阅读题中之义，侧重文本细读；二是分析细致，不流于空疏；三是往往以创作论为中心，接通文本肌理；四是善于直接概括经验，善于直接归纳。孙先生熟知传统文论，"我们传统的诗话、词话，我们的'推敲'，我们的'诗眼'，我们的'精思'，特别是'无理而妙''入痴而妙''诗酒文饭'之说，不是更为深厚的底蕴吗？"①，在这种直面"传统"的诚恳与深情中，他表达了理顺传统的意识与借鉴传统的自觉。在《〈刘姥姥一进荣国府〉中的四个'笑'字》中他注重以史家笔法来深度阐析王熙凤四"笑"的审美意蕴。在《归有光〈项脊轩志〉评点》中开篇部分孙先生坦言"此篇较短，我想不用一般的总结分析论述的方法，而采用中国传统的评点方法"，并且指出这种传统方法的优势"这样做的好处是可以逐字逐句地细致分析，避免总体论述分析容易出现的细部遗漏"。笔者认为孙先生在这篇文章中以"评点法"来展开细读实现了微观空间的意蕴品析与微观自洽而成的整体美学建构的兼顾——他在逐句分析中不仅揭示了"项脊轩"这一物象的表现手法、意蕴特点，

---

① 孙绍振. 月迷津渡——古典诗词个案微观分析（修订版）[M]. 上海：上海教育出版社，2018：1.

而且还原出语脉的衔接、转变与递进，可谓细剖一片，深进一重。

南帆认为孙绍振先生是一个坚定的审美主义卫士，"破译文本的深层密码是他的雄心壮志"[①]。的确，孙先生将由马克思《资本论》的辩证逻辑思维、康德的审美价值论、结构主义、弗洛伊德心理层次分析等理论整合而成的学术思想捍卫、揭示文本的深层审美。为了呈现有效的文本解读，他敢于批评权威，进行"去蔽化"批评。比如，主流权威观点认为海明威《老人与海》表现的是"永不言败的精神"。孙先生在《失败的强者，孤独的硬汉——读〈老人与海〉（节选）》认为以"永不言败的精神"概括老人英雄形象有些简单化。孙先生通过文本细读告诉我们：老人势单力薄却坚韧，泰然自若地接受失败，沉着勇敢地面对死亡，不向命运低头，老人是孤独的（一群旅游者中的那位女士对鲨鱼骨头的评价透露出对老人"硬汉"之美的无知），老人虽失败但有那位孩子朴实温馨的守护，老人一如既往地梦想具有狮子一样的英雄气概。再如，历史学家蒙曼认为《花木兰》表现了封建时代一切忠孝义德等美德。孙先生《从两首木兰诗看经典本〈木兰诗〉的思想和艺术》对此予以批判——他通过对文本思想的解读，揭示出花木兰英雄内涵在于对男性英雄传统文化的颠覆。针对易中天"《三国演义》的虚构'丑化'了曹操"的观点，孙先生通过对曹操形象的深度分析，指出"艺术化的曹操的性格，交织着智慧优越、奇才驾驭、权力随意性，比之历史上的奸雄，要丰富得多……"。

二、具体问题具体分析

有效的文本解读，不仅分析精彩，而且能提供具体的操作方法。孙绍振先生的文本解读，针对具体问题展开具体分析，在方法论上极具可操作性。他的文本解读，注重发现和揭示文本内在矛盾，从而进入分析层次。谢冕认为文本分析就操作性系统方法而言，孙绍振堪称"工程师"。王光明指出孙绍

---

① 南帆. 孙绍振：一个坚定的审美主义卫士 [J]. 南方文坛，2018（1）.

振先生的文本解读"能真正进入文本的脉络，理解创作的文心与理路"①。孙先生认为方法比经验更全面更深刻。他立足辩证法，分析作品的整体美学、结构层次、情感、语言等；他曾说"从形象结构的逻辑起点上，作分析的、综合的、逻辑的、历史的展开，这是我方法论上的追求"②；他曾对自己的文本解读方法作过整体介绍，"在方法上，用的是黑格尔的辩证法，正反合的内部矛盾转化的模式，还有结构主义的层次（表层和深层）分析法"③。学术界对于孙先生文本解读方法的研究虽然凝聚了不少共识，但也存在宅化、泛化、固化等不足。笔者接下来将对孙绍振先生文本解读的方法作进一步思考。

（一）还原法

孙绍振先生指出：应把艺术形象的原生状态还原出来，揭示其与艺术形象之间的差异与矛盾，进而进行分析。文本解读若能发现这些差异，尚属于感知层面或艺术感觉的还原。要从这种矛盾中进一步出发，把握作品中不用于功利价值的情感逻辑，并善于还原出相对应的被消解的现实理性逻辑，让文本审美情感与现实实用逻辑呈现错位，在矛盾中分析情感的审美价值。孙先生将这个层面的"还原"称之为"情感逻辑的还原"。除此之外，还有"历史语境还原"，主要是指把作品还原到同一母题的历史发展过程、作家精神史、作家创作过程、时代背景等历史语境，呈现艺术形象与历史语境之间形成的特殊矛盾，凝聚有价值的问题，深入分析。比如把《水浒传》"武松打虎"放在中国古典小说的英雄人物刻画中审视，就可以看出《水浒传》在英雄形象塑造上有明显突破和历史的深化——英雄人物不是超人，也有平凡的一面。对于"还原法"，赖瑞云曾有过精彩的阐述，"即把构成艺术形象的原生状态还原出来，看看作家对原生态如何选择排除，有什么差异，发现二者之间的差异或者说矛盾，从而进入分析，揭示作家创造了怎样的情感世界，

———————————

① 王光明. 一个"文学教练"的底气——孙绍振和他的理论批评［J］. 南方文坛，2017（2）.

② 孙绍振. 文学创作论［M］. 福州：海峡文艺出版社，2019：5.

③ 孙绍振. 名作细读：微观分析个案研究（修订版）［M］. 上海：上海教育出版社，2018：3.

怎样的审美境界"①。"还原"是具体分析的重要方法，是为了引出矛盾，展开对文本的具体分析。

通过运用还原法，从文本中提出问题，揭示文本内在矛盾，进行由表及里的分析，突出经典作品独特艺术价值。孙先生的这一方法无论在学术界还是在语文教育界都得到广泛认可。有些文本解读会根据读者主体心理固有图式（往往基于相关阅读经验）来同化对文本的认识，如以对古典诗歌离别母题的记忆同化徐志摩《再别康桥》，认为该诗表现了诗人的离愁别绪。孙绍振先生认为这"完全是主观意念对作品的硬套"②。他细读《再别康桥》，运用还原法从文本关键语句提出矛盾：矛盾之一，现实生活中有和云彩告别的人吗？矛盾之二，现实生活中有人甘心做一条水草吗？矛盾之三，那榆荫下的一潭，怎么会是天上虹？矛盾之四，为什么明明想放歌却不能放歌？矛盾之五，"沉默"怎么会是"今晚的康桥"？矛盾之六，"我"挥一挥手，为什么"不带走一片云彩"？通过分析这些问题，孙先生告诉我们：诗人把过去美好的情感珍贵地保留在记忆里，非常甜蜜地独享，这种悄悄的独享是美好的充满诗意的，诗人和自己的这份记忆告别。

孙绍振先生曾说过，新世纪初投身文本解读时"多少带着兴趣的自发性"③，后来他为了深化文本解读，注重学术文献的梳理和历史成果的吸收。"学术文献""历史成果"打开的研究空间进一步接通"历史语境"。从近些年孙先生在《语文建设》上撰写的文章来看，他十分注重"历史语境的还原"。他运用这种方法，分析了多篇文本，达到历史和逻辑的统一，进一步提升了他的文本解读能力。还原"历史语境"，既能展现与文本有关的历史发展过程，也能揭示与文本相匹配的逻辑发展过程，并且能在纵深分析中保持对分析对象的聚焦、深化认识，实现"历史"与"逻辑"在文本关联过程中的统一。比如，《从宰牛之举重若轻到养生之顺道无为——读〈养生主·庖丁解

① 赖瑞云. 孙绍振解读学对理论和实践的多维贡献——从语文教育的视角［J］. 福建师范大学学报（哲学社会科学版），2016（2）.

② 孙绍振. 文学创作论［M］. 福州：海峡文艺出版社，2019：398.

③ 孙绍振. 月迷津渡——古典诗词个案微观分析（修订版）［M］. 上海：上海教育出版社，2018：2.

牛〉》一文从对早于《庄子》的先秦诸子散文在推理层面的历史发展过程的还原、梳理，归纳了它们"在形而下的境界作形象展示"的逻辑特征，顺势分析了《养生主·庖丁解牛》"在形而上的境界作形象展示"的逻辑突破。此外，孙先生还把《庄子》中"庖丁解牛"故事还原到同一母题的历史发展过程中。在《淮南鸿烈》《吕氏春秋》《管子·制分》中的"庖丁解牛"故事只是长篇大论中许多例证的一个，且只用来阐明自己的道理，而《庄子》中"庖丁解牛"是核心故事且用以阐释养生之道。这样的历史还原，提纯了对《养生主·庖丁解牛》艺术逻辑的解读——庄子以汪洋恣肆的语言和神秘玄妙的想象展示了超越现实的境界，在想象力、语言上有巨大突破。这方面的文章还有《以侠义之轻财表现政治远见之豪爽——读〈虬髯客传〉》等文。通过"历史语境还原"，将艺术形象还原其创作时代背景、作家精神史等层面，还可以有效阐释形象内涵。比如《〈天狗〉：从泛神、泛我到非我》还原"五四"时期打破偶像崇拜、实现个性解放的思潮以及对郭沫若产生深远影响的泛神论，从历史腹地揭示《天狗》的形象内涵——否定天上和人间的一切偶像，冲破一切精神罗网，充满叛逆激情，狂飙突进，个性获得极度解放。

　　然而微观分析固然重要，但也存在视野窄化的可能性。所以，在微观分析中还原历史语境，拓宽分析的视野，能优化具体分析，且有助于深化文本分析。孙先生意识到对文本的深入分析离不开对相关语境的还原，"必须放到产生这些作品的时代（历史）中去，还原到产生它的那种政治的、经济的、文化的、艺术的气候中去"①。《狄更斯的幽默：泪水中的微笑和抒情——〈大卫·科波菲尔〉（节选）解读》将《大卫·科波菲尔》这一部英国现实主义代表作还原到历史语境中，当时现实主义非常强调"真实性"，除细节真实外还要真实再现典型环境中的典型性格，由此展开对选文细节与性格的分析，理解文本独特的情感意味。《杭州超越扬州的历史性崛起颂歌——柳永〈望海潮·东南形胜〉解读》从当时杭州的发展情况、古代诗词中的杭州景观、词的发展状况等方面，还原当时的经济、文化、历史语境，为有效解读《望海潮·东南形胜》的意象、意脉、艺术形式等奠定基础。《文体差异和文气清浊范

---

① 孙绍振，孙彦君. 文学文本解读学［M］. 北京：北京大学出版社，2019：43。

畴的提出——细读曹丕〈典论·论文〉》将把作家精神气质、独特个性放在文学首位的《典论·论文》中"文以气为主"的"气"放到中国文学发展脉络中还原其关涉的外延与内涵，突出了《典论·论文》的价值。

（二）意脉分析法

文本是一个整体，内部之间彼此关联，照应绵密。文本解读要重视文本结构，读出层次感，深入文章肌理，讲究逻辑性，要有从结构上把握文本内容形式的方法。孙绍振先生重视对经典文本结构的分析，他将文本结构分为三个层次：第一层是显性的、表层的感知；第二层是隐性的、潜在的意脉；第三层是艺术形式。何为"意脉"？简而言之，它指的是隐藏在文本之中的情感脉络。分析意脉，一方面来说想把握它有难度，"意脉之所以难以把握，在于它不但是潜在的，而且在字面上往往是不连贯的"[①]；另一方面来说它又相当重要，"进入文本的深层，恰恰从意脉开始"[②]"意脉的变化、起伏、显隐，是形象的生命所在"[③]。意脉分析法是孙先生文本解读的重要方法。

孙绍振先生对经典文本所作的意脉分析，十分精彩。我们可从如下几个方面加以体会：第一，运用意脉分析法，重读经典文本，常得出新颖而深刻的见解。比如孟浩然《春晓》，"春眠不觉晓，处处闻啼鸟"，抒情主人公睡得很舒服、甜蜜，被鸟啼之声唤醒，表现了春天的美好；"夜来风雨声，花落知多少"，意脉突然转折——美好的鸟啼猝然引发抒情主人公对昨夜花朵在风雨中遭受摧折的回忆，一二句春眠的美好、听觉的美好瞬间转换到风雨之大、花朵折落之多的失落之中。意脉的变化，表现了感情的特殊，表现了今晨鸟啼的美好与昨夜花落的矛盾——春天固然美好，但这种美好也是易逝的；正因为春光易逝，才弥足珍贵。而这无疑是诗人的艺术观察力、艺术感受力对于生活物象的情感同化，体现出诗人敏锐的感受力和人生独特的感慨。第二，在意脉流动分析中，品读意象内涵。有些文本解读往往习惯于点明意象后就急于分析意象内涵，对意象"生成"过程缺乏分析。孙绍振先生解读李白

① 孙绍振，孙彦君. 文学文本解读学［M］. 北京：北京大学出版社，2019：203.
② 孙绍振，孙彦君. 文学文本解读学［M］. 北京：北京大学出版社，2019：203.
③ 孙绍振，孙彦君. 文学文本解读学［M］. 北京：北京大学出版社，2019：198－199.

《独坐敬亭山》时，先是分析"众鸟高飞尽，孤云独去闲"的意脉——独坐敬亭山看到许多鸟都飞光了，从视野里消失了，一片云也悠闲地离开了；接着从中发现矛盾：孤云怎么会是悠闲的呢？进而还原出诗人的情致——诗人面对绝对的孤独，在悠闲自在的状态下去欣赏云、天。显然，这样的解读是在分析过程中揭示意象的内涵，避免了跳跃分析、直接下结论的解读误区。第三，分析文本意脉，挖掘深层思想与风格特征。如对《化暂短为永恒的爱情——读席慕蓉〈抉择〉》梳理《抉择》意脉的分析：由只为相聚一次到"刹那"是甜蜜到对所有星球的感谢到暂短的相聚和长久的别离一样永恒再到"然后再缓缓地老去"，揭示了"享受忧伤的缠绵"情感的审美价值，深化了对诗人爱情诗"暂短即永恒"精致风格的微观感知。如《曲折而委婉：高雅的胜利——读苏辙〈上枢密韩太尉书〉》结合对意脉的分析，揭示苏辙这篇自荐文章曲折而委婉的特征。第四，在文脉思绪中揣摩文本的艺术形式。《以文脉逻辑递进贯穿骈句——读丘迟〈与陈伯之书〉》将文本语脉分为六个层次，在逐层分析中适时点明"书"之文体特点。《反讽和抒情的交织——读〈就英法联军远征中国给巴特勒上尉的信〉》指出雨果这篇书信前半部分用多种手法使圆明园形象化，阐明价值，后文文脉突然转折，行文不再含蓄，直接鞭挞巴特勒，把英国和法国比作"两个强盗"。

（三）比较法

事物的性质只有在比较中才能得到充分显示，因此文本的价值在比较中会得到更为充分的体现。孙绍振先生十分重视比较法，常把它与还原法一起使用。相同题材在不同艺术形式规范下会呈现不同的审美样态，孙先生会将同一题材下不同艺术形式的作品进行比较。比如，白居易《长恨歌》与洪昇《长生殿》虽都取材于唐明皇和杨贵妃的爱情故事，但在前者的"诗歌"形式中两人爱情是生死不渝的，而在后者"戏剧"形式中两人的冲突是严峻的。再比如，孙先生在《怨天学天弱者发出感天动地的精神光彩——读〈窦娥冤〉第三折》将《窦娥冤》与刘向《说苑·贵德》中"东海孝妇"故事相比较，指出《窦娥冤》在人物形象、戏剧性等方面的价值超越之处。即使是相同的艺术形式，它们在共同遵循形式总体规范的同时，由于受创作个性、"形式"具体展开状态等因素影响，也会呈现不同创作风格。如在《〈烛之武退秦师〉

和春秋笔法》将《烛之武退秦师》与《春秋》相关部分的"春秋笔法"相比较，揭示前者"春秋笔法"的独特之处。《从两首木兰诗看经典本〈木兰诗〉的思想和艺术》将《木兰诗》与同编自郭茂倩《乐府诗集》中的另一首《木兰诗》进行比较，突出经典文本《木兰诗》民歌体的朴素风格、反俗套的主题。《杜甫、孟浩然"洞庭诗"之比较》将杜甫《登岳阳楼》与孟浩然《临洞庭湖赠张丞相》相比较，突出《登岳阳楼》在时空阔大、意脉相连等方面的超越之处。另外，由原稿到修改稿，能呈现文本写作过程。将原稿与修改稿进行比较，有助于读者认识到作品排除了的东西、变形了的东西以及被艺术形式、作家思想等规范的形象构建过程，有助于揭示艺术奥秘。孙绍振先生在《在人物情感的错位中实现精神复活——读托尔斯泰〈复活〉》对有关聂赫留朵夫到监狱中探看玛丝洛娃的情节进行了原稿与修改稿的比较。为了揭示经典形象的复杂性与深刻性，有时还需要进行多角度多维视野的综合比较。《猪八戒形象：以丑为美》对猪八戒这一看似已被大众熟知的形象，在多维比较中揭示这一形象的经典之美：放在《西游记》唐僧师徒内部之间比较；与《三国演义》《水浒传》等经典话本小说中进行相关人物比较；将其与西方经典中的"丑"人物比较。

三、"历史"空间与"实践"空间

保持对特殊性的追逐、坚持对文本中心意义和逻辑严密性的关注、侧重以严密的逻辑引出尖锐的观点、警惕对文本的谬解，这些均是孙绍振先生文本解读的个性特色。他有着一以贯之的学术追求，"他的敏捷、机智、幽默是公认的，但他从不做空泛的议论，也不追逐思想性的过度阐释，他更乐于在艺术的体验中来表达他关于艺术的见解"[①]，他坚信微观分析时文本解读最有效的方法，他认为文本解读的任务"则是用具体分析的方法，将其在抽象过程中牺牲了的特殊性、唯一性、不可重复性还原出来"[②]。孙绍振先生的文本

---

① 陈晓明. 始终开拓心灵的处女地——简论孙绍振的诗学思想 [J]. 扬子江评论，2016（3）.

② 孙绍振. 经典小说解读 [M]. 上海：上海教育出版社，2018：351.

解读，摒除机械反映论和狭隘的社会功利论，以对文本隐性矛盾、缝隙的有力揭示及丰富体悟进行具体分析，洞察文本奥秘。进入二十一世纪以来，他把主要精力放在文本解读以及文本解读学建构上，出版了《名作细读：微观分析个案研究》、《孙绍振如是解读作品》、《演说经典之美》、《解读语文》（与钱理群、王富仁合著）、《月迷津渡——古典诗词个案微观分析》、《批判与探寻：文本中心的突围和建构》、《审美阅读十五讲》、《孙绍振解读经典散文》、《文学文本解读学》（与孙彦君合著）、《解读经典小说》等著作，"其解读作品数量之多、覆盖面之广、影响之大，当是理论界和教育界之所未见的"①，受到读者热烈欢迎，使"文本细读"得到重视。但是，文本解读的现状不容乐观：一方面，那些只看到客观现实、意识形态和文学作品间的直接联系或以文学批评中的作家论、作家个性与作品的线性因果代替文本个案分析的文本解读，并未退场；另一方面，近些年来"情境阅读""群文阅读""整本书阅读"等新型阅读理念构成了对文本解读尤其是文本细读的挑战——微观分析被一些人认为是狭隘的、片面的、琐碎的，难以培养高阶思维。孙绍振先生显然也关注到了这样的"现实"，他以更为广阔的文本解读空间体现自己独特而深刻的新思考。

早在 2008 年，他在指出归纳法显而易见的优越性的同时就直言归纳法的局限性，"不管是个人的还是时代的，经验毕竟是有限的"②。他主张应将归纳法和比较法结合起来。孙绍振先生提倡具体分析并非只就文本而论文本，而是立足文本，以对相应文本的微观分析为聚焦点，同时兼容宏观分析——对作品的局部艺术分析与整体把握有机统一在他的文本解读之中。他在具体分析中适时跟进与微观内容相匹配的归纳总结与拓展深化，也时常会在文本解读中体现"综合—分析—综合"的思维空间。这种有原则有张力的文本解读，既避免了文本内部封闭分析的狭隘，又能确保"拓展""归纳""综合"始终聚焦特定的文本内容，避免脱离文本，能深化文本分析。这样的文本解读方

① 冯直康. 阅读：从隔膜、自发走向自觉——略论孙绍振对语文阅读教学方向的重塑 [J]. 名作欣赏，2020（2）.

② 孙绍振. 散文：从审美、审丑（亚审丑）到审智——兼谈当代散文理论建构中历史的和逻辑的统一 [J]. 当代作家评论，2008（1）.

法与空间，对于当下正在全国中小学盛行的"大单元阅读"颇具启发性与指导性。此外，眼下盛行的"整本书阅读"倡导建构整本书阅读经验，开阔阅读视野，培养良好的阅读方法，而专题阅读是整本书阅读的主要方法。比如，《朝花夕拾》是鲁迅在平静朴素叙述中渗透了真挚感情的回忆性散文集，呈现了鲁迅从幼年到青年时期的生活道路与心路历程，既充满温情与童趣，也夹杂对人情世态的洞察。我们可从"鲁迅的童年经验""鲁迅笔下的那些人物""鲁迅笔下中国社会状况"等方面展开专题阅读。《昆虫记》是法布尔用三十年时间写就的充满吸引力的科普著作。我们可从"法布尔笔下的昆虫本能与习性""科普作品的艺术趣味""科学性与文学性的有机统一"等角度展开解读。但目前整本书阅读收效不好。孙绍振先生认为整本书阅读低效的主要原因是阅读主体处于被动接受状态，化被动为主动就要带着问题推进阅读深度，没有问题的冲击性以及对问题的具体分析，学习共同体、合作探究都很难把阅读主体提到自觉、自发的高度。《整本书阅读方法：带着问题进行具体分析——以〈三国演义〉为例》一文从"'奇才决定论'的主题""曹操形象的深度奥秘""曹操性格的内在矛盾"等专题层面展开具体分析，体现了他在新课改背景下语文文本解读空间的探索与实践。接下来，笔者主要从"历史"空间和"实践"空间这两个方面进一步讨论孙先生文本解读的空间。

（一）批判性地吸收历史文献成果，将解读提升到新的历史高度

经典文本往往蕴含着深厚的历史文化积淀，依托鲜明的时代背景，累积着前人相关艺术母题的创作经验。而对经典文本的解读不应对文本作孤立的分析，应把作品还原到相关历史发展过程中，把文本解读放在具有历史形态的、指向相应对象范畴的"解读史"空间，在前人的基础上，实现文本解读基于历史经验而又超越历史经验的全新分析。孙绍振先生批判地吸收学术历史文献成果，为文本解读打开更为开阔的参读空间，使文本解读在一个相对宏阔的历史空间中通过参考相关的研究资源来落实由表层到深层的解读"揭秘"，将解读提升到新的历史高度。《"推"还是"敲"好？——关于"推敲"的千年争讼》引用自古以来对贾岛《题李凝幽居》"鸟宿池边树，僧敲月下门"中"敲"字的研究文献资料，呈现关于"推敲"的千年争讼及其蕴含的不同审美观念，使得对"敲"的解读在具体分析基础上衍生了回应历史"争

讼"、理清诗歌艺术本体规律、重申诗歌解读之道等的深层思考。《杜甫、孟浩然"洞庭诗"之比较》引用了胡应麟《诗薮》、吴沆《环溪诗话》、叶秉敬《敬君诗话》、沈德潜《唐诗别裁》等历代诗话中对杜甫《登岳阳楼》、孟浩然《临洞庭湖赠张丞相》这两首诗的相关评论,指出前人诗话大都认可杜诗"气象"过之,但对为何优于孟诗众说纷纭且没有有效的具体分析。孙先生吸收前人相关研究成果,对文本进行具体分析,从时间与空间予以阐述:"吴楚东南坼,乾坤日夜浮"不仅"目击"了洞庭湖,还"神遇"了洞庭湖,想象天地日日夜夜沉浮于洞庭湖的波浪中,写出了空间雄浑中还写出了时间的无限,这种"气魄"是孟诗所不具备的。《"红杏枝头春意闹":千年解读中的理论和方法问题》引用李渔《窥词管见》、贺裳《皱水轩词筌》、方中通《与张维》、王国维《人间词话》、钱钟书《七缀集》等文献资料中对宋祁"红杏枝头春意闹"中"闹"之赏析,浓缩"争论"的差异——有的认为"闹"字非常见,用字粗俗,表达无理;有的认为"闹"字虽好但人工痕迹过于明显;有的认为"闹"字形容杏之红,有理外之理;有的认为"闹"使境界全出;有的举系统实例说明宋词常用"闹"字形容无声的"色"。孙先生批判性地吸收这些成果,在此基础上通过分析提出了自己独特解读:"红杏枝头春意闹"中"闹"取"热闹"之意,既是一种以声形色的突破,又是汉语千百年来积累而成的潜在自动化的联想机制。

(二)"实践真理论"

马克思在《关于费尔巴哈的提纲》中指出,人的思维是否具有客观真理性不是一个理论问题而是一个实践问题,关于离开实践的思维是否具有现实性的争论是一个纯粹的经院哲学的问题。理论是否正确不是由理论本身证明而是只能由实践证明。毛泽东《反对本本主义》《改造我们的学习》《反对党八股》《人的正确思想是从哪里来的?》都强调过正确思想是从社会实践来的观点。孙绍振先生十分熟悉这些经典论著及其蕴含的"实践真理论"。"'实践真理论'世界观决定了我坚信文本是第一性的,理论是第二性的。理论不管在逻辑上多么自洽,都不可能穷尽艺术形象的无限丰富的内涵,而理论范畴系列的自洽性假象不可避免地造成封闭性"①，孙先生这一番话体现了"实践真理论"对于他的文本解读的影响。在他看来，西方文论确如苏珊·朗格所说的以概念的自洽为务从而致力于概念演绎，这并不契合我国"知行合一"的实践观、文论传统以及马克思主义"实践真理论"。孙先生多次引用美国理论学家 J. 希利斯·米勒有关理论跟它萌发生成的语境存在盘根错节关系这一论述，提醒我们"挪用"理论后在新语境中尚需对"理论"进行阐释，更需检验。靠什么检验？只能靠实践！我们在落实文本解读实践时应对西方文论进行批判性的理解与运用，应保持与西方文论的平等对话。虽然孙先生对待西方理论的态度受到如南帆等一些学者的"质疑"（南帆十分欣赏孙绍振先生的学术才华与成就，但他认为文学理论管辖区可能远远延伸到审美范畴之外），但他坚信"实践真理论"，他的文本解读体现出的"与西方文论的平等对话和争鸣"的特征是显而易见的。

2021 年，孙绍振先生在《语文建设》第 6 期、第 7 期、第 8 期连续发表《实践真理论及其活的灵魂——读毛泽东〈人的正确思想是从哪里来的？〉》《〈改造我们的学习〉的重大历史和现实意义》《严峻的历史分析：理趣和谐趣的交织——读〈反对党八股〉》，从中可以看出他对文本解读与实践的关系的新思考。他强调需重视对《人的正确思想从哪里来？》《改造我们的学习》等经典文本"真理论"世界观、方法论的辩证逻辑的具体分析。他严肃地指出，阅读此类文章的意义，不仅是对党的思想建设历史的重温，而且更重要的是让新一代中国青年从中学习中国主体立场，树立实践真理论人生观、世界观，掌握具体分析的方法，建构中国历史文化自觉与自信，学会从"实践"的角度揭示错误思想观念的社会基础——比如，"党八股"的客观社会基础是小资初级革命分子的狂热性、片面性没得到节制，发展成了主观主义、宗派主义；再比如，从实践中真理普遍性与特殊性统一来看，"教条主义者"只看到矛盾普遍性而无视矛盾特殊性，不了解矛盾普遍性寓于矛盾特殊性之中。

---

① 孙绍振. 实践真理论：聚焦文本特殊性的多元解读和范畴创建——从文本经验中提炼、新创和自创中国文学理论 [J]. 小说评论，2022（6）.

四、结语

　　孙绍振先生将大量精力投入到文本解读中，以微观的分析深入文本内部，解读文本艺术奥秘，揭示深刻的意义，为中国文本解读学建构提供富有可操作性的方法和可供借鉴的"范本"。他在文本解读学方面所作的原创性建构，十分值得作学术上的系统梳理，非本文篇幅所能容纳。本文主要以孙先生近年以来发表在《语文建设》的文本解读文章为例，通过对其细致阅读、具体分析后进行概括与归纳，进而力求尽可能多地在"具体分析"的层面从文本解读的原则、方法与空间这三个方面展开对孙先生文本解读的研究。

（本文发表于《文艺论坛》2024 年第 2 期）

"大单元"教学：理论逻辑、历史逻辑与现实逻辑

——兼评孙绍振《"大单元/大概念"阅读：理论方法和战略前途》一文

　　"大单元"教学是当前语文教研的"热点"。作为一种新型的单元教学方式，"大单元"教学在整合单元教学目标、内容、情境、方法等方面具有极为鲜明的结构特征，对于语文教学改革也颇有启发。不过，目前"大单元"教学的理论研究与实践状况，并未实现良好的互构，甚至彼此之间有些抵牾。学界对"大单元"教学的概念阐释较为深刻，但显得抽象。外来的"大单元"被整合到我国语文教学的过程中其与单元教学历史经验、积淀之间的关系如何，也应得到更多的关注。如何促使"大单元"教学实践真实、有效，仍需探索。本文从"大单元"教学的理论逻辑、历史逻辑、现实逻辑三个角度，结合对孙绍振先生《"大单元/大概念"阅读：理论方法和战略前途》一文的思考，展开相关的分析。

一、"大单元"教学的理论逻辑："统整"理念在单元教学中的集中体现

　　"大单元"教学成为语文教研教学的热点，但目前我们对其的学理阐释还显得不够严谨、准确。有不少"大单元"倡导者侧重以推崇概念性知识、大概念的安德森、威金斯、埃里克森等国外学者相关理论为学理依据，极力主张实现对所谓的概念性知识的深层次理解，甚至宣称概念性理解是大单元教学的根本目标，这忽视了我国语文教学中对于"知识"的认识不同于国外的事实，导致所作的概念诠释给一线教师带来困惑。目前学界普遍认为"大单元"教学的学理支撑是"大概念"。一些研究者较为重视威金斯、麦克泰格等

人对"大概念"所作的"既是各种条理清晰的关系的核心，又是使事实更容易理解和有用的一个概念锚点"① 阐释，这种黏合在国外特定文化或教育语境的概念界定突出了"大概念"的核心性与实用性，但淡化了我国语文教学内在元素，显得较为抽象与陌生，并不一定适合中国特色的语文教学。有的研究者对于"大单元"中的"单元"的认知无视"单元"作为教材基本组织单位的内在属性，有意从"教材单元"跨越到"学习单元"，人为随意挪移、拼凑"单元"。有的研究者解释"大单元"时说到它能促使知识抽象到概念程度，而这易于学生的真正理解。这种知识观与当前课标指引下素养本位、情境创设、依据祖国语言文字被有效理解与实践的语文教学知识观有所差异。还有研究者在对"大单元"进行学理阐释时存在逻辑错误的问题。比如作为"大单元"统整载体的"大概念"是属于思维层面的存在，可是一些研究者却将其说成是一种在语文教学中最核心、最重要的教学思想或一种指向整体思维、辩证思维的知识观，将作为思维形式存在的"大概念"视为"教学思想""知识观"，混淆了对象范畴。

在我国本土化的语文教学中，对"大单元"进行理论概念阐释，绝不应是有意生搬国外的理论术语来抬高概念的陌生感，也绝不该是刻意追求概念学理的抽象度，而是基于中国式母语教学特点，对概念内涵进行严谨、简洁、有理论溯源通道且经过必要转化的解释，以便人们真正理解。2017 年版高中语文新课标倡导鲜明的统整化课程理念，这使得"大单元"成为教研热点。"统整"课程理念意在扭转零散、片面、分离的课程观念，将分散、零碎的东西加以归纳与整理，以核心素养为本，以学习任务群为课程内容，整体设计学习活动。"大单元"教学理论逻辑之一来自于"统整"的课程理念。但凡论及"大单元"教学，都必须要将其贴近语文课程理念来展开。这不仅是理论逻辑的需要，也是必须坚守的原则。这要求我们对"大单元"教学进行学理阐释时必须体现鲜明的课程理念元素，而不是宽泛的文论或观念。此外，"大单元"教学的理论逻辑也来自于中西方相关的统整思维、教育思想。如一些

---

① ［美］格兰特·威金斯，杰伊·麦克泰格. 追求理解的教学设计（第二版）［M］. 闫寒冰，宋雪莲，赖平，译. 上海：华东师范大学出版社，2017：75.

研究者所言，中国传统哲学强调的整体观以及 20 世纪西方"结构主义""要领概念"等体现出的"把离散的事实和技能聚合起来形成意义"①的整体思维，以及系统论、信息论、格式塔心理学"整体论"、布鲁姆"掌握学习"等教育思想，都以统整化的文化观，为"大单元"教学提供学理支撑。从这个层面来说，"大单元"教学理论逻辑之二来自于"统整"的文化观。这要求我们对"大单元"教学予以概念诠释时应体现出其蕴含的思维观、文化观。

孙绍振教授在《"大单元/大概念"阅读：理论方法和战略前途》一文中重视对"大单元"进行概念考证与论证。孙老师旗帜鲜明地指出"大单元"教学是"异域教育理论"，并说明引入目的："最终的目的并不是引进，而是借助它来创造中国特色的教育理论。"②他结合波普尔提出的接受理论两阶段说"第一阶段是接受其作为向导，第二阶段则是对其进行批判"③，鞭辟入里地揭示出当前"大单元"教学研究存在的问题是"人们往往停留在第一阶段，迟迟不进入批判性思维"④。学界目前存在的一些对"大单元"教学所作的不严谨的生搬硬套式的学理阐释，不仅没有遭到批判，还有进一步传播、赋值的态势。这体现出研究者对"大单元"学理阐释缺乏基本的独立思考，也体现出他们学术态度、思维的浮躁。孙绍振老师进一步指出了缺乏理性批判的"大单元"倡导者与追随者"只是注意到理论的宏观自洽，却忽略了其滔滔不绝的论述掩盖的思维规则（形式逻辑、辩证逻辑）的背离"⑤。熟悉孙老师的语文同仁们都知道，他的文章闪烁着锐利的思想光泽又有着口语般的通俗质朴，他坚守的是理论联系实际的马克思主义学风和文风。有人说，"大单元"教学继承了中国传统思维中的整体观。孙老师信手拈来多则经典实例告诉我

① 李卫东. 大概念：重构语文教学内容的支点 [J]. 课程·教材·教法，2022（7）.

② 孙绍振. "大单元/大概念"阅读：理论方法和战略前途 [J]. 语文建设，2022（21）.

③ 孙绍振. "大单元/大概念"阅读：理论方法和战略前途 [J]. 语文建设，2022（21）.

④ 孙绍振. "大单元/大概念"阅读：理论方法和战略前途 [J]. 语文建设，2022（21）.

⑤ 孙绍振. "大单元/大概念"阅读：理论方法和战略前途 [J]. 语文建设，2022（21）.

们"中国传统思想精华中的整体不是部分的相加，而是矛盾的对立和转化"。①
这启发我们对"大单元"进行传统统整观溯源或还原理论逻辑时，要纠正目前对中国传统思想"整体观"的片面认识，突出在矛盾的对立统一中建构整体意义的中国式统整观。"大单元"虽然"大"但离不开微观的单元文本或语篇，"大单元"的基于比较、归纳与综合的统整解释力、结构化功效，不可能一蹴而就，离不开对单篇课文的具体分析。"大单元"教学的前提是什么？这是目前学界不少研究者有意回避的问题，但这却是必须要做出明确回答的严肃问题。在孙绍振老师看来，具体的分析是综合深化的基础，是"大单元"教学有效实施的前提。他从"概括综合"与"具体分析"之间的思辨关系，展开对"大单元"概念内涵的理性审视，"大单元强调概括综合，其实隐含着片面：概括综合与个案文本具体分析既对立，又处于统一体中"②，"分析的结果需要综合，综合的深化需要分析"③。他还将"综合"与"分析"放在认识过程中进一步思辨，认识的过程乃是"从一分为二的具体分析到综合，再从归纳综合到具体分析，不断作螺旋式上升"④ 的循环过程。孙老师痛斥不加论证就把具体分析归结为"机械分析主义"的行为，批判未结合我国传统对外来的"大概念"加以分析、提炼、转化的现状，同时他也为旨在扎根中国的"大单元"教学指明了发展方向——兼顾统整归纳与具体分析的辩证关系，对国外的淡化文本分析的"大单元"抽象理念加以中国式的创造性转化。

　　如前文所言，溯源"大单元"教学的理论逻辑，主要有两大层面：一是"统整"的课程理念在单元教学中的集中体现；二是"统整"的文化观在单元教学中的集中体现。我们将两个层面整合，就可以将"大单元"教学的理论逻辑表述为"统整"理念在单元教学中的集中体现。特别要说明的是，这里

　　① 孙绍振. "大单元/大概念"阅读：理论方法和战略前途［J］. 语文建设，2022
(21).
　　② 孙绍振. "大单元/大概念"阅读：理论方法和战略前途［J］. 语文建设，2022
(21).
　　③ 孙绍振. "大单元/大概念"阅读：理论方法和战略前途［J］. 语文建设，2022
(21).
　　④ 孙绍振. "大单元/大概念"阅读：理论方法和战略前途［J］. 语文建设，2022
(21).

的"统整"具备如下特征：第一，它高度契合课标统整理念；第二，它不对我国传统思想中的整体观进行强制、歪曲的解释，而是基于严谨求实的态度，倡导兼顾综合归纳与具体分析于一体却又以具体分析为基础、综合归纳为核心任务的中国式"统整"观；第三，它不是对国外"大单元"统整观的盲从，而是以包容而自信的理性姿态实现对其的创造性转化。

二、"大单元"教学的历史逻辑：单元教学传统的现代演进

如果我们只是将"大单元"作为外来理论置于学理层面加以省察，它的范畴指涉和存在样态的抽象性是不容忽视的。其实在我国语文单元教学中，即使如"大单元"这种新潮理念也应遵循或参照单元教学的某些稳定的规定性，"熔融"于单元教学传统中。从现有研究成果来看，不少人似乎拒绝对"大单元"根植的我国语文单元教学传统进行任何形式的深入阐释，似乎逐渐习惯于对"大单元"教学进行概念预设的学理解析，外来的"大单元"被整合到我国语文教学中时应基于的本土化传统中凝聚起的"特点"被忽视了。

我们有必要对我国语文单元教学传统做些回顾与梳理。"单元"是课程开发的基本单位。单元型的语文教学的框架在二十世纪前期就已基本形成，其中尤以《国文百八课》为代表。夏丏尊、叶绍钧主编的《国文百八课》，每一课为一个单元，有一定目标，包括"文话""文选""文法""修辞"，初具单元形态，为教师开展单元教学提供了依托。新中国成立以后的单元教学，主要依托教材单元实施。改革开放以来，不乏单元教学的探索。有的学者从单元教学方法上做探索，比如朱绍禹先生认为单元教学面对的课文是被类聚的文本，应确定相同教学目标，采用相同或相似教学方法；黄光硕先生则主张单元教学可通过对单元内的一两篇课文的讲读带动其他课文的自读。其实我国早在二十世纪八十年代就有一线教师注重以控制论、信息论、系统论等为理论基础展开过单元教学探索。比如钟德赣"五步三课型反刍式单元教学法"、吴心田"四步骤多课型语文单元教学"、宁冠群"六环节四步单元教学法"等，他们注重依据现行教材单元特点，基于学习任务范畴将单元教学分为若干步骤或环节（如钟德赣"五步三课型反刍式单元教学法"将每个单元

教学过程分为总览、阅读、写说、评价、补漏五个步骤），围绕知识点、学情分析、文本特征等展开课型建构（如导读式课型、比较式课型、精读式课型、自读式课型等），显示单元教学的系统性和完整性。饶杰腾在 1992 年出版的《中学语文单元教学模式》一书中将语文单元教学方法的特点总结为"从异中求同的过程中把握规律"和"由同中辨异的过程中学会活用"。概括来说，我国传统的单元教学注重文本分析，以纵有系列、横有关联的状态彰显内在逻辑性，集中教学目标，优化教学过程，改进教学方法，符合学生认知规律，在异中求同的过程中把握规律，在同中辨异中学会具体分析。当然，单元教学在发展中也出现了一些问题，比如单一地依据系统论的方法来安排单元教学，狭隘地借助知识序列强行组合单元内容，都使得老师们容易将原本血肉丰满的文章肢解化为零散的知识点，以知识点串连课文篇章，以至于教材课文成为了注解语文知识的范例。

"大单元"教学应遵循以上值得借鉴的单元教学传统，改进传统单元教学的短板，发挥自己的前沿优势，以单元教学传统的现代演化的状态彰显自身根植于中国语文教学过程中遵循的历史逻辑。我们可从如下几方面展开思考：第一，"大单元"教学要依托教材，重视单篇分析以及在此基础上的单元归纳；第二，"大单元"教学侧重课程内容的统整与任务的单元化，但绝不应该刻意贬低单篇教学（有人甚至将叶圣陶先生当年针对精读提出的"纤屑不遗，发挥净尽"视为导致目标散乱的原因）；第三，"大单元"教学以单元大概念为统整载体，实现对单元教学篇目、内容、主题、方法、资源、情境、任务等进行结构化课程聚合，彰显基于言语实践活动的具有结构化的综合性课程理念，应紧扣语文学科的特点，引导学生的分析能力与综合能力在如当年陈良璜、陈良琨先生所言的"立体交叉""互相渗透"中螺旋上升；第四，"大单元"借鉴了美国基于思维过程组织教材单元的编制原理，目前国外所谓的开发出的项目单元、问题单元、课题单元、作业单元、活动单元、经验单元等多样单元体现出的以概念性思维激发协同思考的整合思维，有助于改进以往单元教学过度依赖知识的弊端，但具体运用到我国语文教学中，一定要注重对课文的情感体验；第五，"大单元"教学固然弘扬大概念视角（按照林恩·埃里克森、洛伊斯·兰宁《以概念为本的课程与教学：培养核心素养的绝佳实践》一书中对它的解释，"概念"描述了来自内容主题以及来自于学习的复杂过程、策略和技能的心智建构或观念，用来呈现我们希望学生在本单元结束时能实现的理解），但它要融入到中国式语文单元教学特色中，更应继承并优化"异中求同"与"同中辨异"的双重视角。

孙绍振老师在《"大单元/大概念"阅读：理论方法和战略前途》一文中引述马克思主义、毛泽东思想的相关观点，"马克思颠覆了黑格尔从抽象概念出发的思维模式"，"毛泽东在《在延安文艺座谈会上的讲话》中说：我们看问题，不要从抽象的定义出发，而要从客观存在的事实出发"[1]。孙老师以此作为原则，指出"大单元/大概念的理论不应该是研究的出发点，客观存在的事实才是出发点"[2]。他先是以对美国教材教学的案例分析为例指出"笼统地把大单元/大概念阅读当作欧美的先进模式缺乏起码的调查"[3]，体现出学者思考问题的严谨；之后回顾我国本土文化在与外来文化相遇后完成对异域理论创造性转化的历史，在此基础上提出对待国外文化的理性策略——"将其与中华传统文化相结合，劣势排异，优势互补"[4]。至此，他结合上述美国单元教学实际、本土文化对待外来文化的策略，强调了基于相关语境还原的历史逻辑梳理。"大单元"教学与我国单元教学的历史经验、积淀的关系，是探讨"大单元"不可回避的问题。一些"大单元"倡导者认为传统单元教学的单篇教学只是呈现碎片化的知识，极力赞同"大单元"理论具备的把离散的事实和技能聚合起来的"聚合效应"。这其实给不少一线教师带来认知上的困惑——我们习惯的单篇教学真的如此落后吗？语文教学或教材层面的"离散的事实和技能"是什么呢？孙老师依然是坚持从客观存在的事实出发，将阐析的视野聚焦在语文教育层面。显然，他意识到这首先应是方向性的问题，要

① 孙绍振. "大单元/大概念"阅读：理论方法和战略前途 [J]. 语文建设，2022 (21).

② 孙绍振. "大单元/大概念"阅读：理论方法和战略前途 [J]. 语文建设，2022 (21).

③ 孙绍振. "大单元/大概念"阅读：理论方法和战略前途 [J]. 语文建设，2022 (21).

④ 孙绍振. "大单元/大概念"阅读：理论方法和战略前途 [J]. 语文建设，2022 (21).

有基于我国语文教学传统的历史逻辑说明。他以极为简洁的话语揭示了研究对象"传统"的最本质所在——"中国教育传统和现状与西方很不相同"①，接着介绍了我国语文单元教学传统的精华：以单篇课文为基础的单元教学具有长期的丰富的实践经验。诚如孙老师所言，我们不仅将单篇课文教学视为长期实施的教学模式和方法（哪怕其中有利有弊），而且无论在经典课例的建构，还是具体文本教学成果呈现，以及相关阅读理论的生成上，都有可喜的收获。认真研究并积极借鉴这些宝贵的历史传统，对将"大单元"教学接通中国语文单元教学传统并有效实现其自身的历史逻辑型塑与赋值进而完成有效的本土转化，具有显著意义。孙老师将其价值归纳为"这一切本来应该是'大单元/大概念根植中国的历史阶梯'"②。

三、"大单元"教学的现实逻辑：课程结构化的时代需求

实现课程内容结构化，是新时代对于课程教学提出的新要求。2017 年版普通高中课程方案指出："重视学科大概念的核心作用，实现课程内容结构化"③。这种来自于课程方案层面的对"大概念"的吸收与运用，使得"大概念"成为当下教研的"热点"。目前对于"大概念"的界定还有争议。但无论是汪潮"语文学科中具有核心和统领作用的概念""在教学活动中发挥基轴和串联效用的概念"④ 的"统领"说、李卫东"一种指向整体思维、辩证思维的知识观""有很强的迁移价值，能运用到新的情境中解决实际问题"⑤ 的"全面"说，还是徐鹏"具有抽象性、概括性、适用性和生成性，在语文学习中

① 孙绍振. "大单元/大概念"阅读：理论方法和战略前途 [J]. 语文建设，2022 (21).
② 孙绍振. "大单元/大概念"阅读：理论方法和战略前途 [J]. 语文建设，2022 (21).
③ 中华人民共和国教育部. 普通高中课程方案（2017 年版 2020 年修订）[S]. 北京：人民教育出版社，2020：4.
④ 汪潮. "大概念"统摄下的阅读教学 [J]. 语文建设，2020 (20).
⑤ 李卫东. 大概念：重构语文教学内容的支点 [J]. 课程·教材·教法，2022 (7).

具备广泛的解释力"①的"广泛"论，他们认同的"大概念"内在属性是明确的——它是有效促使单元目标、内容、情境、任务、活动等课程元素形成一个整体并进而彰显结构化特征的统整概念。从课程方案以及课程标准对于"大概念"的功能定义来看，引入"大概念"最主要目的是促进课程内容结构化。那么，作为以语文学科大概念为统领、以核心素养为取向的单元整体教学的"大单元"教学的兴起，显然也是课程结构化的现实需求。以上是从课程方案、课程标准实施要求的角度对"大单元"教学的现实逻辑进行的介绍。除此之外，从语文教学实际来说，单元教学对单篇教学的过度依赖带来的课程内容松散化、零碎化、机械化、刻板化、封闭化也使得它亟需完成单元教学理念的重构。所以说，"大单元"教学的现实逻辑是基于课程结构化的需求。

不过，现今的"大单元"教学出现了一些问题：忽视对课文的具体分析，使得所追求的课程结构化空有形式；片面追求"大"导致内容宽泛；脱离学生真实需求，忽视真实情境的创设；过度看重对大概念的统整掌握，缺乏对教学实践的检验与评估。比如，有教师将统编高中语文必修下册第三单元的大单元教学设计如下：任务一，阅读比较相关作品，体会几位作家不同的戏剧风格；任务二，熟读三篇文章，如果你是一位导演，对《雷雨》《窦娥冤》《哈姆莱特》节选部分的情节会怎么处理？笔者认为"任务一"任务宽泛，没有具体的认知支架，"任务二"在情境创设中并没抓住戏剧文本的体性、类型与篇性进行问题提炼，这样的教学难以引导学生走进文本进行深层对话，教学效果可想而知。现今的"大单元"更多是突出单元内容整合后形成的"大"内容、"大"概念、"大"任务、"大"活动。"大单元"教学值得讨论研究的乃是"大单元"需要"大"到什么程度才合适，才便于教和学，才能产生最好的效益。固然，课程结构化的现实需求，需要"大单元"教学的统整与优化，但前提是有效的统整与务实的优化，而不是空摆架子、强行拼接、高调造势。

课程结构化主要是指通过课程内容的重组、整合，内部结构的优化，使

---

① 徐鹏. 基于语文学科大概念的教学转化 [J]. 中学语文教学，2020（3）.

其形成有机关联、层次分明、前后贯通的统一体。"大单元"教学是指依据作为教材基本组织单位的"单元"空间，以单元大概念为统整载体，实现对单元教学篇目、内容、主题、方法、资源、情境、任务等予以结构化课程聚合的单元整体教学方式。现今"大单元"教学在实践层面尚处于探索阶段，对其教学策略的探讨是十分必要的。"大单元"教学既可以基于单元多文本的内在关联从而把握旨在突出课程内容结构化的教学核心概念，也可以围绕着教材相关单元整体学习内容、目标以明确单篇课文的教学价值——"大单元"视域下的单篇教学也是实现课程结构化的有效方式。"大单元"教学以结构化的学习任务为组织载体，既可融入多文本的综合阅读，也应重视单篇细读。如有些研究者所言，"扎实的单篇教学是开展大单元教学的前提，学生在单篇细读的基础上持续思考，才能深入探究单元的核心问题，才能发挥核心问题在大单元教学中的统摄作用"①。"大单元"教学指向的综合性的阅读鉴赏能力的培养，不是轻而易举就能生成的，需要单篇教学的引领。搁置单篇教学、无视文本具体分析，牵强整合的"大单元"教学很难真正实现课程内容结构化。

孙绍振老师在《"大单元/大概念"阅读：理论方法和战略前途》中以统编高中语文必修下册第五单元的"大单元"教学为例，强调了基于文本内部严密解读与概括分析的单元教学结构逻辑。该单元包括马克思《在〈人民报〉创刊纪念会上的演说》、恩格斯《在马克思墓前的讲话》以及李斯《谏逐客书》、林觉民《与妻书》，人文主题是"抱负与使命"，对应的任务群是"实用性阅读与交流"。按照教材以及教师用书的相关介绍，这四篇文章都是"实用性"文本——《在〈人民报〉创刊纪念会上的演说》《在马克思墓前的讲话》是革命导师的著名演讲词，《谏逐客书》《与妻书》同为书信，都有着特定表达目的。所以，教材编写者要求单元教学要把握文本切于实际、关注特定对象、富有针对性的特点。可是，《在〈人民报〉创刊纪念会上的演说》对蕴含在资本主义社会"干硬外壳"下的深层矛盾的有力揭示，《在马克思墓前的讲话》对马克思作为思想家、革命家的伟大成就的层进式揭示，《谏逐客书》在

---

① 王玉杰. 大单元视域下的高中戏剧教学策略［J］. 中学语文教学，2021（12）.

写给君王的奏疏中体现出的说理策略,《与妻书》既缠绵悱恻又有浩然正气的情感走向,仅仅附着在"实用性"文本范畴就可以以聚合的状态呈现契合文本自身特质的结构化特征吗?孙老师旗帜鲜明地指出"以'实用性'概括,则显然概括过窄,聚合不周"①。显然,他意识到一个很重要的问题——单元文本聚合发挥结构化效用,要有一个最基本的前提,那就是"聚合"要真实。虽然教师用书对"大单元"的"大"也保持一定的清醒,"无论设计什么样的'大情境''大任务'教学,首先都要把文章读到位,否则就有可能把语文学科核心内容架空,把语文教学变成浮泛的研讨与空洞的诉说"②,"教师可利用辅助、阐析、比对、联系等多种方式搭建支架,帮助学生细读文章"③,但并未发现以"实用性"聚合单元多个文本很难统摄文本内容空间。孙老师进一步指出,"实用性"文本大都是就事论事的,可是单元包括的四篇课文体现出的经典性与超越性,与就事论事、立竿见影的实用性追求不可混为一谈,并非典型的"实用性"文本。其实课标中对"社会交往"的"实用性"文本的解说也有与之相似的观点。除此之外,孙老师还指出该单元在组合《谏逐客书》《与妻书》群文建构时存在无类比附的逻辑问题。《谏逐客书》的"书"是属于"章、奏、表、议"一类的最高政治级别的呈文,所以李斯在文中阐述政见,雄辩滔滔,以理服人;而《与妻书》是私人书信,情感真实自然。将两者文体等而同之,聚合概括为"书信",显然是不当的。当然,可以说它们都有明确的写作对象、目的,可是正如孙老师所言,这是基本的写作常识,不需强调,也不适宜以此作为支架启发学生阅读鉴赏。那么"大单元"教学视域下究竟应如何建构课程内容结构?孙老师并未予以直接回答,但我们可从他在论析"大概念"与"文本""任务""核心素养""教学效果"的关系思辨中体会到要义所在。他说"大概念不能从文本内部作严密的概括和分析,

① 孙绍振. "大单元/大概念"阅读:理论方法和战略前途[J]. 语文建设,2022(21).

② 人民教育出版社,课程教材研究所,中学语文课程教法研究开发中心. 普通高中教科书·教师教育用书:语文必修下册[M]. 北京:人民教育出版社,2019:162.

③ 人民教育出版社,课程教材研究所,中学语文课程教法研究开发中心. 普通高中教科书·教师教育用书:语文必修下册[M]. 北京:人民教育出版社,2019:161.

乃是从外部设置情境，另行规定'任务驱动'，表面上似为涵盖面之求同，实质在逻辑上以偏概全，甚至碎片杂糅，凌空蹈虚"，"脱离了特殊性的分析，光凭大概念，'语言建构与运用''思维发展与提升''审美鉴赏与创造''文化传承与理解'等核心素养将无从聚合"①。显然，孙老师强调的是基于文本内部严密解读与概括分析的单元教学结构的逻辑建构。

正如孙绍振老师所言，面对"大单元"教学，我们要在实践中探索，要在理论中争鸣，要警惕盲目性，推动正反馈的良性循环。我们可从梳理"大单元"教学的理论逻辑中进一步规范对其概念的考证与论证，也可在回溯"大单元"教学的历史逻辑中审视"大单元"教学与我国语文单元教学传统的关联，还可从审视"大单元"教学的现实逻辑中着眼课程结构化的时代需求。

（本文发表于《福建基础教育研究》2024 年第 2 期）

---

① 孙绍振．"大单元/大概念"阅读：理论方法和战略前途［J］．语文建设，2022（21）．

他是一道奇丽的风景

他的论著《新的美学原则在崛起》成为研究当代新诗发展史的重要文献，他的学术以其独创的"真善美错位"及"形象三维结构"为基础，自成系统。他从教六十余载，始终扎根三尺讲坛。他耄耋之年仍育才不辍，坚持每年为近500名本硕博学生授课，还带头完成浸润着中华优秀传统文化的34本一千多万字的两岸合编教材。他是福建师范大学首批文科资深教授、我国著名文艺理论家、语文教育家孙绍振教授。2021年，教育部正式批准福建师大成立"孙绍振中国语言文学拔尖学生培养基地"，这是全国高校中国语言文学基地中唯一以学者名字命名的基地。

一、从《新的美学原则在崛起》到《炮轰全国统一高考体制》

孙绍振真正成名是因为一篇为朦胧诗辩护的文章。这篇文章题目是《新的美学原则在崛起》。"朦胧诗"出现在上世纪七十年代中后期，成员包括北岛、舒婷、顾城等，这些年轻诗人从自我心灵出发，运用象征、隐喻等现代诗歌艺术技巧，创作了一批具有新的美学特点的诗歌。他们因其独特新颖的审美风格受到人们注意，也引发争议。有人指出"朦胧诗"令人气闷、叫人看不懂，反对朦胧诗。1980年全国当代诗歌讨论会在南宁召开，孙绍振在会上坦率而尖锐地批评了反对者，"既然你们宣布看不懂，你们又有什么本钱去引导呢？难道不懂就是引导的本钱吗？如果没有什么本钱，又要引导人家，难道凭你干饭比人家吃得多吗？难道看不懂是你们的光荣吗？"发言引发极大的反响，有的人愤怒，有的人赞叹，带来对朦胧诗更为深入的讨论。1981年《诗刊》第3期刊发了孙绍振《新的美学原则在崛起》，他高度肯定朦胧诗的探索意义，"他们不屑于作时代精神的号筒，也不屑于表现自我感情世界以外的丰功伟绩。他们甚至于回避去写那些我们习惯了的人物的经历、英勇的斗争和忘我的劳动的场景。他们和我们五十年代的颂歌传统和六十年代战歌传统有所不同，不是直接去赞美生活，而是追求生活溶解在心灵中的秘密"。这篇文章与谢冕《在新的崛起面前》、徐敬亚《崛起的诗群——评我国诗歌的现代倾向》，享誉中国当代文学界，被称为"三个崛起"，极大程度上推进了中国文学界的思想和艺术解放。孙绍振由"诗人孙绍振"华丽转身为"评论家孙绍振"。《新的美学原则在崛起》展示出孙绍振敏锐的艺术嗅觉、不畏权威批评的勇气、开阔的文学视野、独到的诗歌见解，使得他很快成为全国一流的文学评论家。这是他厚积薄发、水到渠成的结果。

他有一股韧劲。在北大求学期间，他自己去啃经典哲学著作，读恩格斯《路德维希·费尔巴哈和德国古典哲学的终结》，那真是难啃呀，光是普列汉诺夫的序言，就比正文还要长，那是个冬天，他硬着头皮读完了，靠着暖气管，读了好多遍。他在看准的事情上，有一股和他漫不经心的外表不相称的韧劲。在人生最艰难、无书可教的那段岁月里，他读马克思的《资本论》、恩格斯的《路德维希·费尔巴哈和德国古典哲学的终结》、列宁的《哲学笔记》，读黑格尔的《小逻辑》、张世英的《黑格尔〈小逻辑〉译注》；《毛泽东选集》四卷本反复读了四五遍；他还读《资治通鉴》《纲鉴易知录》，也读英文版的《简·爱》和《贵族之家》。他凭着这样阅读韧劲，积累了知识，形成了自己的世界观和方法论。孙绍振这一时期形成的立场，之后几十年都未曾更易过，那就是一直坚信社会、自然、人类的思想，是不断发展和变化的，其动力在于事物的内在矛盾，这个矛盾在一定的外部条件下会向反面转化。

1981年发表响彻全国的《新的美学原则在崛起》之后，孙绍振致力于文学理论研究。1987年出版《文学创作论》《论变异》，1988年出版《美的结构》，1991年出版《怎样写小说》，1994年出版《孙绍振如是说》。他重视探寻构成艺术形象的奥秘，真善美既不是统一的也不是绝对分割的，而是"错位"的；原始状态的艺术形象要经过艺术形式的规范才能达到艺术的审美层次。孙绍振最为独特的地方在于他对实践的重视。1987年他在《文学创作论》中说，"文艺理论与文艺创作的脱离，不管有多少理由，都不是可以夸耀的事"，"最好的理论应该是既表现了理论家自己，又能给作家以具体的帮助"，"这就好像是体育运动，光有评论员还不够，还得有教练员"，"当然，我并不敢僭越到这种地步，以为自己已是一个称职的教练，但是我要选择这个目标"。

如果按照正常的学术发展轨迹，他基本上不会和基础教育有太多的交集。但是20世纪末关于语文教育的大论争让注重实践的他将研究的目光投向基础教育这块影响民族未来的领域。怀着一种使命感和急迫感，1998年他在《粤海风》发表了震撼教育界的《炮轰全国统一高考体制》，他在文中毫不讳言地说："孩子们的牺牲更大，整整的一代人，没有童年和少年，青春的欢乐被考试的痛苦、打击、恐惧、焦虑所淹没，父母的爱心变成了残忍，温情脉脉的关注变成了猫对老鼠的监督，时间之长超过两次世界大战的总和。不论春夏秋冬，不论是春节、暑假，孩子才往电视机前一坐，背后就有绝望的喊叫。"也是因为这篇文章以及之后对全国英语四六级的炮轰，孙绍振开始被人称为"孙大炮"。孙绍振说，他的"炮轰"赢得了欢呼，也招致一些反对声音，他认为一个负责的理论家不能满足于破坏、炮轰，还要有正面建设。那时，正好他受聘编写初中语文实验教材，他着手从建设的角度推动语文教学。他说投身基础教育事业是功德无量的事。

二、多一些微观分析，少一些理论演绎

因偶然的机缘，21世纪初，孙绍振涉足中学语文教学，主编教育部北师大版的初中语文教材。为了更准确地了解初中教学的实际状况，他先后前往甘肃、山东、河南、湖南、山西、黑龙江、北京等7个省、直辖市的83所学校，旁听阅读课近千节，一沓笔记本写满了各种类型的课文解读案例。从立项后的实地调查到教材编写成功后的回访、教材修订，数十年来的每个暑假，一半的时间，孙绍振都是在教材实验区度过的。所以，他被当地中小学教师昵称为"草根博导"。这套教材含课本、教师用书、教辅总计36册共700万

字，主要在中西部地区使用，年发行量达 400 万册。在为课文编写教师用书时，出于对流行的文本解读的不满，他亲自操刀，对古今中外的小说、诗歌、散文、戏剧进行微观分析。当时语文教学界盛行多元解读，例如《背影》中的父亲"违反了交通规则"；应向祥林嫂学习"拒绝改嫁的精神"；《皇帝的新装》中的骗子是"义骗"；《愚公移山》是"破坏生态环境"等，都是当时产生的多元解读。21 世纪以来，孙绍振解读了五百多篇文本，规模巨大。他出版了《名作细读：微观分析个案研究》、《孙绍振如是解读作品》、《演说经典之美》、《解读语文》（与钱理群、王富仁合著）、《月迷津渡——古典诗词个案微观分析》、《批判与探寻：文本中心的突围和建构》、《审美阅读十五讲》、《孙绍振解读经典散文》、《文学文本解读学》（与孙彦君合著）、《解读经典小说》等著作，"其解读作品数量之多、覆盖面之广、影响之大，当是理论界和教育界之所未见的"，受到读者热烈欢迎。《名作细读》重印二十多次，畅销不衰。

孙绍振说，西方文论面向文本时往往指向理论的宏观演绎，如符号学、结构主义、解构主义等，常从文化哲学的角度出发，带动对相关文本的直线演绎，漠视文学作品独特性，容易陷入到知识谱系的建构之中。孙绍振拒绝对西方话语作疲惫的追踪，他致力于通过微观分析建构中国式文本解读学。微观分析，离不开对本土化传统的继承。我国传统文论虽然在逻辑自洽、体系建构、观念范畴概括等方面存在一些不足，但亦具有鲜明的特色：一是遵从阅读题中之义，侧重文本细读；二是分析细致，不流于空疏；三是往往以创作论为中心，接通文本肌理；四是善于直接概括经验，善于直接归纳。孙绍振说："我们传统的诗话、词话，我们的'推敲'，我们的'诗眼'，我们的'精思'，特别是'无理而妙''入痴而妙''诗酒文饭'之说，不是更为深厚的底蕴吗？"谢冕认为对于文本分析，从操作性系统方法来说，孙绍振堪称"工程师"。王光明指出孙绍振先生的文本解读"能真正进入文本的脉络，理解创作的文心与理路"。

如果要总体归纳孙绍振的微观分析方法，还原法、意脉分析法、比较法是三大方法。还原法，是指把艺术形象的原生状态还原出来，揭示其与艺术形象之间的差异与矛盾，进而进行分析。比如《早发白帝城》，当时在三峡行船并不能一天走一千多里（从白帝城到江陵）。"千里江陵一日还"不是记实，客观原状进入作品时发生了变异，然而正是这"无比轻快"的夸张变异渲染突出了诗人无比愉悦轻松的心情。意脉分析法，着重分析隐藏在文本之中的情感脉络。比较法，常与还原法综合使用。比如，白居易《长恨歌》与洪昇《长生殿》虽都取材于唐明皇和杨贵妃的爱情故事，但在以诗歌形式呈现的前者中两人的爱情是生死不渝的，而在以戏剧形式呈现的后者中两人的冲突是严峻的。

孙绍振坚信微观分析是文本解读最有效的方法，他认为文本解读的任务"是用具体分析的方法，将其在抽象过程中牺牲了特殊性、唯一性、不可重复性还原出来"。孙绍振的微观分析，方法有效，极大程度上影响一线教师的语文教学，被称为"语文教师的教练"。他不仅写了大量文本解读文章，还坚守在课堂一线，言传身教，每年为近500名本硕博学生授课，力求使文本解读的理论和实践服务更多学生、服务教学。孙老师今年八十多岁了，仍然坚持给大一新生上"开学第一课"，给研一新生上《文本解读理论》等基础课程，在讲台上一站就是两个小时，一气呵成地讲满一堂课。他说："教师的天职就是上课，一个人的生命是有限的，能把自己最美好、最有价值的东西，在年轻人的生命中得到传承，我觉得挺开心的，没白活。"孙绍振上课上得精彩，不仅吸引福建师大的学生，是几十年来福建师大文学院课堂的亮丽风景，而且受到外校学子的青睐。莫言说1984年孙绍振给解放军艺术学院文学系学员上课，广受好评，学期末给上课教师打分，孙绍振得分最高。

课改二十年来，孙绍振不仅真正确立了文本阅读理论的框架，并且给语文教育教学指明了方向，让纷繁芜杂、令人无所适从的阅读理念之争，最终形成了难得的一致认识。福建省著名特级教师王立根感佩地说："他（孙绍振）振臂一呼，八闽大地的语文教师云集响应，才把语文课堂教学从歧途上挽救出来，他以一己之力改变并重塑了语文阅读教学的方向！"

三、编写两岸语文合编教材，搭建两岸语文交流平台

语文学科作为中华民族通用语教育的学科，对中华民族优秀文化的传播

和民族精神的传承具有不容忽视的作用。台湾语文教材古文所占比例在减少，课纲也有淡化中华文化认同的趋向，课文解读方式也在发生变化，这使得台湾青少年对中华文化的认同在潜移默化中发生改变。两岸认同最重要的是心灵契合，最根本最长久的精神文化交流是话语性的，这需要很多载体。我们共同的母语是最好的载体。这就是孙绍振领衔编写两岸合编教材的初衷与缘由。两岸合编语文教材的编写宗旨是弘扬中华优秀文化，让两岸师生充分体会博大精深的中华文化。

孙绍振带领他的团队花费极大的心力，结合两岸高中语文教育的优势，查阅研究了大量资料，历时五年，完成了52册近2000万字的高质量两岸合编高中语文教材，填补了大陆编著的完整语文教材在台湾省出版和使用的空白！为了编写这套高中语文教材，他先后五次前往台湾听课、调研、演讲、开新书发布会，足迹遍布全台。教材内容突出中华优秀传统文化，以两岸中学教材长期共选的文言诗文经典名篇为主体，如《师说》《岳阳楼记》等经典古文，《论语》《孟子》等典籍的选段，《诗经》、楚辞、唐诗、宋词等中的优秀诗词的选篇，《三国演义》《水浒传》《红楼梦》等小说名著片段，还精选了同样为两岸教材长期共选的现代白话名篇如《孔乙己》《再别康桥》以及两岸当代名家的作品。合编教材体现了两岸教学的优势互补：大陆重视文本解读，解读水平高；台湾重视运用孟子的"知人论世"鉴赏作品，以资料丰富和教学设计见长。合编教材融合两岸优势，为每篇课文设立"主编解读"，编写了大量活泼有趣、实用有效、图文并茂的课堂设计。台湾学者孙剑秋说，两岸合编语文教材为中华传统文化"点一盏灯"，也为两岸莘莘学子照亮未来。两岸合编语文教材，为台湾青少年、台湾教育界乃至台湾的普通民众提供了真正体现中华优秀传统文化的精神产品和文化食粮，也打开了一个对台文化交流的新举措。两岸合编语文教材引起社会的广泛关注，央视网、新华网、人民日报海外网、台湾中评社、《旺报》等数十家媒体均进行了追踪报道，也引起党和国家领导人以及中央相关部委的高度重视。

四、结语

他心有大我、至诚报国，致力推动两岸语文教育的交流与融合；他言为士则、行为世范，亲力亲为，构建中国式文本解读学；他启智润心、因材施教，重视人才培养，引导学生在正确道路上发展自己；他勤学笃行、求实创新，有韧劲、有闯劲；他躬耕教育事业，敢于批判，主动建构新体系，新方法；他乐教爱生、敢于奉献，认为做好基础教育是功能无量的大事；他胸怀天下、以文化人，注重中华传统文化的创造性转化和创新性发展，坚定文化自信。

孙绍振展现了中国教育家特有的精神！

孙绍振是一道奇丽的风景！

（本文为福建师范大学优秀教师先进事迹宣讲稿）

读谢有顺《孙绍振的思想核仁》的几点随感

——从语文教育的视角说起

今天福州下雨，但读到孙老师发来的这篇文章（谢有顺《孙绍振的思想核仁》），内心充满了温暖。读着谢有顺老师以其饱含感性、理性、智性的文字呈现出的对孙老师"思想核仁"的阐述与评析，我将它们与我记忆中对孙老师的印象联系起来，一边情不自禁地沉浸在孙老师广博、睿智、真诚的学术思想中以及谢老师对孙老师独特的评论情境中，深化对孙老师学术思想的系统认识；一边在阅读中有意停顿下来尝试着思考孙老师的"思想核仁"尤其是文本解读思想对于当下语文教育的启发。

1. 孙老师在过去艰难的日子里通过不断读书积累知识，形成自己的世界观和方法论，建构自己的学术根基，这启发我们语文教育者学术根基的建构不是来自于形式上的模仿、套用或"包装"，而是扎扎实实的有效、用心的广泛阅读。

2. 孙老师的热情、幽默、充沛精力、天真烂漫、善思、新见迭出，使得他成为"学界的一棵不老松"，这启发我们语文教育者不应只是追求"苦熬""皓首穷经"的严谨与拘谨，而应努力实现率真性情、深刻思想与生命之爱的融合，并将其渗透在日常教学或研究对象中，享受教育的快乐、研究的快乐、思考的快乐，做一个能长期保持快乐工作与拥有深刻思想的"学"者、"教"者。

近些年来曾被倡导过的"诗意语文""青春语文"，更多是强调"诗意"的美好、"青春"的朝气。从孙老师身上，我们能感受到所谓"诗意""青春"是有思想的有生命力有成果的"诗意"与"青春"，这样的语文观才能真正落实到对语文教育教学的促进上。

3. 孙老师的文字不墨守成规，既有着口语般的朴白，又闪烁着锐利的思想光泽，这启发我们语文教育工作者要从形式到内容上谨慎塑造文风。

不禁想起毛泽东《反对党八股》，毛泽东批判的文风有"空话连篇，言之无物""装腔作势，借以吓人""无的放矢，不看对象""语言无味，像个瘪三""甲乙丙丁，开中药铺""不负责任，到处害人"以及流毒等弊端——指向的是教条主义、形式主义、主观主义的文风。显然孙老师坚守的是理论联系实际的马克思主义学风和文风。孙老师的文字"有着口语般的朴白"与张志公先生当年追求的"精要""好懂""有用"是一致的，当然本文谢老师在这里是从学术层面谈论孙老师的文风，而张志公先生是从语文教育方面对课堂应有之道做的展望，但都可以说立足于母语教育或研究。"不墨守成规"启发我们语文教师要有自己独特的见解，不迷信权威；"闪烁着锐利的思想光泽"则启发我们能提出不同的见解的同时还应有具体分析的能力，还应有于微观分析凸显出的、走向归纳层面的、超越抽象的"抽象"思维与思想——而这不就是语文教师的"个性"与"深度"吗？当下，语文教育有新的理念、新的改革，但一名扎根"语文大地"的教师都应思考一个问题：如何能在教学中用"朴白"的表达，呈现我们"不墨守成规"且能闪烁教师自身"锐利思想光泽"的教学行为。

4. 孙老师有自己的方法论，善于将相应的研究方法用于各种研究对象上，这启发我们语文教师不要人云亦云，要通过实践形成自己的教学方法论，并且善于将它应用在教育对象上。

如谢有顺所言，孙老师的"创作论""文学文本解读学"是他在实践中形成并又适用于实践的方法论。那么我们当下的语文课改提出的理论、方法论，是从实践中得出的吗？真的适用于实践吗？这是存疑的。陈日亮老师曾说语文课改先要有对学生语文学习状态的调查，没有对前一轮语文课改的调查研究，就武断推进新的课改，导致之前积压的问题没解决，是脱离实践路线的。孙老师强调基于实践的方法论，与日亮老师对课改实际效果的质疑，都体现出他们对于"实践""方法""对象"多维关系的深刻思考。

5. 孙老师倡导的通过微观分析洞察文本奥秘的文本解读，才真正是符合中学语文文本解读的应有之道。

如谢有顺所言，"多数人只能借助东西方现有的理论话语来解读文学，但这样的解读，不是从文本出发，而是从既定的权威话语出发作出的。它的局限性是把文本当作验证理论的范例，而忽视了文本自身的特殊价值"。谢有顺提出了当下学术研究的热点趋势：学术越来越侧重知识、资料、历史重述、谱系整理；一些忽视审美感悟的文学研究所具有的学术性很可能被夸大了。其实这也十分贴合当下的语文教研教学实际。迷恋于西方文论、以西方文论展开理论旅行、以新潮时髦的外来文论来架空文本分析、陶醉于史料的堆砌与印证、沉浸于语文概念谱系梳理，近些年深受语文研究者青睐。但没有具体的文本分析，没有如孙老师所倡导的对文本内部细微转折、变异等的揣摩，不注重提高学生对文本的悟性，对文本深层奥秘的挖掘与体验，再"新潮"的理念都会走向空洞。显然，孙老师的文本解读之所以持续深受广大一线教师的喜爱，最关键的原因或许来自于能洞察艺术奥秘的"微观分析"。

6. 孙老师对于阅读与理论的关系审视与看法，启发我们语文教师要形成正确的学理观与阅读教学观。

孙老师《名作细读：微观分析个案研究》《月迷津渡：古典诗歌个案微观分析》《孙绍振如是解读作品》等著作，已经成为文本分析的权威读本，更是中学语文教师讲解经典课文的案头必备书，影响巨大。孙老师曾列举脱离具体文本分析的教学行为："在文本外部，在作者生平时代背景、文化语境方面，他们一个个口若悬河，学富五车，但是，有多少能够进入文本内部结构，揭示深层的、话语的、艺术的奥秘呢？就是硬撑着进入文本内部，无效重复者有之，顾左右而言他者有之，滑行于表层者有之，捉襟见肘者有之，张口结舌者有之，胡言乱语者有之，洋相百出者有之，装腔作势、借古典文论和西方文论术语以吓人、以其昏昏使人昭昭者更有之。"孙老师认为，理论如果不能和阅读经验相结合，生搬硬套，就会窒息阅读的灵性，对藏在文本细微处那些精湛的艺术设计、神妙的精神波动就会麻木无感。这启发我们阅读理论探究一定要走向文本内部肌理、血肉且能有准确的分析、深刻的发现，否则只会带来低效的阅读与困惑。联系当下的所谓"群文阅读""项目化学习""阅读情境""逆向设计""PISA""大单元""大概念""图式"等阅读理论，如何能呈现出和学生阅读经验相结合的特征，并在实践中发挥应有的效果，是我们要重视的。

7. 孙老师的"还原"和"比较"作为文本分析主要方法，不仅适用于单篇，也同样适用于多篇、群文、整本书阅读中。

"还原"的方法，是强调把文学作品还原到创作的过程之中，把原生状态和形象之间的差异揭示出来，打破形象的统一性，进入形象深层、内在的矛盾之中，分析矛盾以及矛盾的转化，就能敞开一个精微的艺术世界。如孙老师所言，"还原之所以必要，就是把作者未曾创造的原生状态想象出来，与作品现存状态对比，把作品还原到它历史的、个体的建构过程中来。在客体对象，在主体情致，在形式的、流派的、风格的建构中，首先要看出它排除了的东西，其次要看出它变形变质的东西，最后要看出它凝聚起来的过程"。孙老师不是从既定的理论来演绎推导预设的结论，而是从文本具体分析的实践中归纳出命题，进而进行美学升华。孙老师的还原法如何运用到群文或整本书阅读中，呈现典型课例，是值得一线教师留意并探索实践的。"比较"的方法，是指多种形式的比较，就像"还原"有艺术感知还原、逻辑还原、价值还原、历史还原，"比较"也有风格、流派、心灵、历史等多层面的比较，通过比较，不但要善于在相同作品中找到相异的地方，还要善于在看起来相异的作品中找到相同的地方；找到文本内部各种隐秘的联系，在比较中磨砺自己的感受力和辨析力。当下群文阅读、整本书阅读倡导专题或议题，强调"任务"，如何在这样的框架中落实孙老师文本解读"比较法"，也值得一线教师探索。此外，孙老师的文学文本解读学是对朱光潜、叶圣陶、朱自清等人的文本细读法的继承，那么聚焦孙老师的文学文本解读学，探索中国式的语文文学文本解读理念，既是对我国语文本土化阅读教学理念、实践的梳理与整合，也是对党的二十大提出的"以中国式现代化推进中华民族伟大复兴""增强文化自信"的落实，具有时代价值与应用价值。

本色的书写，执着的追求

——从《我即语文》来看陈日亮

如今，"新课程语文教学论"层出不穷，"专致力于教材，毕其功于课堂"的旧观念已受到否定，人文教育被强化，产生泛人文化。在一些语文教育专业刊物中，以"包装""修饰"的"形式"教条化迎合新课程理念的"教案""课堂实录"，并不少见。这些"范文"似乎更侧重"怎么教"，如果有言之有据、行之有效的内容，也未尝不可。但更常见的是，那些动不动就在课堂之中填充"对话"，营造一种合作探究表象，却无视教学内容的伪个性教案论文。笔者认为有一个常识，似乎到了必须重申的时候——中学语文教学，"教什么"比"怎么教"更重要，"内容"比"技巧"更实在，"实用"比"华丽"更易操作，"具体"比"抽象"更生动。其实，以上现象的产生，归根到底，源自当今浮华不实的教风。无须讳言，一些教师就是其中的参与者、组织者，甚至是"受益者"。在这种背景下，重构语文教师的"我"，显得尤为重要。

为此，我们需要寻找一个模板，以此作为重要的参照，修德进业。在这方面，陈日亮老师是我们的楷模。要学习，须先接触、观察、了解。正是怀着这样的期待，我阅读了他的《我即语文》一书。

《我即语文》记录了日亮老师将近五十年教书生涯中各时期的一些思考，以"散论""杂谈""琐记""碎语""信札"等主题进行汇编，足见此书"私人化书写"的明显痕迹。而恰恰是这种"私人化的书写"，才更能彰显作者的个性，才更显真实。这种"历时性"的书写，也为研究《我即语文》中"我"的"语文生命"呈现状态提供了可能性。在我看来，《我即语文》就是"我"对自身"语文生命"进行一次温情的回首——或者说，是一部质朴的"写真"。这部"写真",远离作秀、炒作、造情,是"我写故我在"的坦然,是"为体验和体现语文而书写"的大关怀、大承担。

一、在"经历"中不断发展的"我"

研究陈日亮老师的"语文生命",不应忽视他早年的经历。在《我的语文流年》中,他谈到自己"三无"(无书、无图画、无故事)的童年。在我的理解之中,他的那些与"语文有关的事",诸如"识字片""临小楷""看闽剧""诵古文""读《水浒》"等,已成为他早期"语文言语"建构的主要凭借。据日亮老师回忆,自己是因为初三时有一次听老师朗诵鲁迅《故乡》,感受到了"从作家文字的深厚内涵和独特形式中散发出来的"魅力,从而与语文有了更深层次的精神联结,"真正喜欢上了语文"。在大学期间,他已深谙语文积累之道,"我已经懂得语言积累的重要性,在口袋里总装着一个小本子,随时摘记点什么。在食堂排队买饭菜的当儿,也会抽出来翻翻看看;发现了什么新鲜的词语,就记,就查,就用。这习惯,一直保持到如今……"应该说,早年的这些经历,让日亮老师自觉"接触"语文,并喜欢上了语文。恰恰是在这种自觉之中形成的"习惯"与"能力",为他今后的"语文生命"提供了源源不竭的活水。

既是近五十年的"语文生命的写真",自然绕不开作者经历的荒寒岁月。一名语文教师,如果陷入人生中的一段"低谷",甚至要面临极为恶劣的生活环境,应该选择怎样的人生态度呢?在《我有一本"书"叫〈鲁挹〉》一文中,日亮老师为我们再现了一个坚强、宁静、充实的"我"。"文革"中,日亮老师插队到顺昌,孑身前往,面对"山区的冬季,寒凝大地,冰封田垅"的环境,他没有自暴自弃,怨天尤人,而是静下来开始第二次通读鲁迅的作品,"每有会意,便欣然提笔,照老习惯,读完十几篇就一次性摘抄一遍。冬日昼短,寸阴可惜,常常一坐就是三四个小时……抄了大约将近有三本 64 开本的笔记本,我就着手装订成册"。这值得我们当今的语文教师们深思——当我们陷入"低谷"期,是愤世嫉俗,怨天尤人呢,还是宠辱不惊,执着地完善自我修养呢?在当下这个浮躁、功利的时代,作为社会成员的我们,有时也会受到一些事情（如事业、家庭、爱情，等等）的影响，无论是主观的还是客观的，我们都应努力寻找摆脱困境的路径。日亮老师这种宁静、坚强、充实的境界，是值得我们学习的。

在《语文教臆（上）》中，日亮老师向我们介绍了处于"发展"之中的"我"。看来，伴随着"我"的"语文生命"，"我"也是不断"更新"的。20世纪60年代，日亮老师初上讲台，听课的领导就赞其"素质不错"。彼时的他，"内囊不羞涩，口中不贫乏，备课肯钻研，每一个教案都写得像一篇文章赏析，语句精彩，字迹漂亮"，"这头几年，我的主要收获是打下了钻研教材的扎实基础和练就了'讲功'。前者应该归于老教师的言传身教，后者则得益于从小爱看戏和听曲艺，还有学生时代的常上舞台"。而改革开放后的头十年，他给自己定的提升目标是"培养兴趣，讲究规范，掌握方法，训练习惯"。再之后，90年代至今，"有了更多的审视自己和思考比较的机会"。熟悉他的人，都知道他不是一个"保守"的人。这点，难能可贵。他的思想，既成熟又年轻。他从不固守自己的教育理念，而是懂得学习、吸收其他教育资源。近年来，他常去听青年教师的课，并根据听课体会，写成《如是我读》一书。这也是他不断思考、学习的成果。

二、在"传统"中坚守的"我"

陈日亮老师成长于"传统语文教育"之中，受到叶圣陶、吕叔湘等老一辈教育家的深刻影响。在《亲聆叶圣陶》中，叶老"不要抽出而讲之"的精辟见解和"何以为教，贵穷本原，化为践履，左右逢源"的题字，以及之后为精益求精把"贵穷本原"改为"贵穷本然"的细节，都让人体会到他"这种待人接物的认真负责精神，和严谨求实、一字不苟的治学风范"。而这些，也正是日亮老师学习、追求的。在有关"语文之门""语文之路""语文之边"的学科思考中，日亮老师与叶老一样，似乎从来不怎么看重所谓的"口号""声势""名词""新术语""理论旗号"，从来不为纸面的伪繁华局面所动，他们始终不会在自己的教学实践中"耕别人的田，荒了自己的地"。他们建构了富有主体精神、个性风采的"我"，就"语文"来谈"语文"，去繁就简，探语文之"本然",究学科之肌理。叶老的"经过学习,读书比以前读得透彻,写文章比以前写得通顺……理解人家的意思务求理解得透彻,表达自己的意思务求表达得准确"。(《认真学习语文》)这番见解,至今仍是对语文学习目标的最简洁、深刻的阐述。如果我们认真阅读日亮老师那篇《得法养习,历练通文》,自会感受到两者之间内在的精神呼应。他从叶圣陶等老一辈的教育家身上,继承了"朴素""严谨"的语文之道。"……他自己对此所作出的总结是'具体切实'、'不尚空谈'。他的严谨是以'切实'的教学效果为务的"(孙绍振《要多做他这样的草根工作》)。因而,日亮老师在《呼唤严谨求实的语文学风》中对"中学生作文出现了对写作形式技巧的片面和过度的追求,以掩饰认识的肤浅、情感的空虚和智性的贫乏,产生了新的假、大、空"的现象深表担忧。在另外一些文章中,他结合鲁迅"有真意,去粉饰,少造作,勿卖弄"之语,直批那些"'清通'尚且未达,笔下却强作深刻状、朦胧状、瑰奇状、婉曲状"的"为赋新词强说愁"的文章"多半是锦绣其外,枯槁其中",并赞扬"少了为文造情的痕迹,多了内容形式的兼美"的学生习作(参见《序〈福州一中学生作文精华 1 辑〉》、《序〈福州一中学生作文精华 2 辑〉》)。

三、爱读书、不趋时、不尚空谈的"我"

有学者曾说,"许多教师的落伍,就是因为其在任教以后树立了教参就是一切的观念,放弃了专业上的进取精神"(潘新和主编《新课程语文教学论》)。有老师曾这样呼吁,"想要成为站直了的人,教师就不能跪着教书","教师没有信仰,他的学生很难成为站立起来的人"(王栋生《不跪着教书》)。对于一名语文老师而言,支撑专业进取精神的"信仰",就是读书。语文老师的这个"我",很大程度上讲,应是一名"读书人"。日亮老师在这方面为我们做出了表率。《我即语文》插页有一组照片,左边是日亮老师书房里的条幅,"只要有书可读别无营求",右边是他专心读书的画面。该照片的上方,是另外一张照片,是日亮老师与学生们在一起的场景,以这样的文字加以介绍:"学生们的张张笑脸,教师的一生春色。"这话说得多么朴实!这也引发了我的思考:无论是日亮老师早年以"酒盈杯,书满架,名利不将心挂"为奋斗目标的人生观,还是"如今,在人间仍多晚晴的日子里,我还想再通读一遍新版的《鲁迅全集》;还想试试,能不能把威尔·杜兰的《世界文明史》全部看完……"(《我的语文流年》)的"愿学三秋树,不开二月花"的志向;无论是他那语重心长的感慨,"不读书,何以谈文?"(《语文教臆(下)》),还是他在《半月鸿》中与王立根老师就"读"和"写"所作的笔谈,都体现着他作为"读书人"的"进取精神",这何尝不是对"学生们的张张笑脸,教师的一生春色"最好的诠释?以读书来进德修业,从而既让学生们满意("学生们的张张笑脸"),也让自己满意("教师的一生春色"),这是一种多么明澈的教学境界啊!日亮老师也向我们介绍了他的一些读书心得,"我的经验,是学会占据制高点——要自己去发现一个时代(时期)一个门类(题材、体裁)的最优秀最成熟最有代表性的作家作品,精读通读,直至使之成了自己的阅读欣赏的偶像","我读书的时间多在夜间,备课完了之后,一般有个把小时的时间,灯下杂念不生,书香宜人。不过我决不开夜车……",值得我们思考、学习。钱理群教授对日亮老师的"读书"作了极为精彩的点评,"对外,它是抵御一切压力和诱惑的精神支柱;对内,它是自我生命发展的需要,是修身养性、安身立命的依托"。

而今的中学语文教学,一方面是"如今校园里课堂上,书声已微,'琅琅'二字快要废用了吧。老师只会叫学生对语言作分析思考,结果是愈加拉开了学生心灵和语文的距离,语文变得遥远而渺茫了"(《语文之门》)。一方面则是"个性化阅读""对话""合作探究"等理念的植入。新课程理念下的语文教师,似乎只是"平等对话"中的一员,内在于教学情境中,与学生一起发现、探究。日亮老师对此有一番自己的见解。他不排斥这些,但提出了一个关键的原则——要符合学生语文学习的真实状态。"如果连一个哈姆莱特还没弄懂,就让学生去读出千百个哈姆莱特,岂非咄咄怪事!","如今在基础教育阶段所大力提倡的'个性化自主阅读',多大程度上是符合中学生阅读的真实状态,值得调查研究。一篇课文真有那么多的'意义',学生真有可能产生那么多的'个性化'见解吗?它们都有价值吗?都值得肯定吗?现在的语文课让人忧虑的是'意义'太少,还是'意义'模糊?是'个性解读'太缺乏,还是'共性解读'太肤浅?"(《语文教臆(下)》)。在这里,日亮老师向我们展示了他不趋时的一面。

对于中学语文教学过程中的一些问题，日亮老师谈过自己的对策，具体而微，朴实无华，言之有据。在《十如何——语文教学具体操作抽象谈》中，他就如何"备好一篇课文""确定教学内容""收到预习的效果""组织一堂课的教学""设计和使用板书""课堂对话""布置课后的复习""批改作文""进入文本的分析"，做了具体而深刻的论述。真是上好语文课的"金箴"！难怪吴非在《漫话陈日亮》中曾说："江苏一些老师看了他的《十如何》后说，青年教师只要能把'十如何'记住五六条，已经是个合格的老师，建议教师培训围绕这'十如何'说事就行了。"我认为，如果我们能够在课堂前、中、后，结合自己的教学实践，认真理解《十如何》中的要义，将其作为思考与再思考的重要依据，进而化为自身的教学习惯，或许比学习一些"学院派"的理论阐释更有益处——德高望重、术业精湛的语文教师结合自己的体验得出的经验，似乎总要比一些惯于罗列貌似新鲜实则无味的理论术语、以"高深"闻名却忽视中学教学情境的"专家"的专论，更让人信服。

四、结语

暑期时，读完《我即语文》后，我又重读了唐鸣老师主编的《他是一本书——众说陈日亮》一书。在这本书中，我读到了"粉笔生涯真淡薄，书生意气自风流""问渠那得清如许，为有源头活水来""真的读书人""坚定执着的探索者"的"陈日亮"，读到了"守正创新""本钱·本分·本色""培育文心，回归本然""发现机理，穷究本然"的"陈日亮"，还读到了"求实·质疑·出新""坚守也是锐进""一句话，一辈子""将生命当成语文的任务"的"陈日亮"。日亮老师的"形象"真是丰富啊！但是，我一直觉得日亮老师最值得我们学习的，是他的"本色"。他能将这种"本色"贯穿于日常生活及教学之中，不加雕饰，去繁就简，始终如一。在这种"本色"中，自有他的"精神空间"。如果我们都能有这样的"本色"以及"执着"，都能有这样一个"我"，还会存在开头所说的那些现象吗？

（本文收录于 2011 年福州一中教师优秀教研论文集《春华秋实》）

第四编

教学实践

戏剧冲突的审美揣摩与功能指向

——兼评《雷雨》课例

  笔者曾观摩一位教师执教的《雷雨》课例，由此展开了相关思考。为了便于阐述，笔者将该教师称之为 F 老师。F 老师这节课的教学设计基于对教材的合理分析。单元教学目标为把握《雷雨》悲剧意蕴，通过阅读鉴赏、编排演出话剧等活动深入了解戏剧作品；欣赏戏剧设计冲突、构思情节、塑造人物的艺术手法；体会戏剧语言的动作性和个性化（深化对戏剧体裁的认识）。

  笔者较为关注的是 F 老师这节课的教学设计特色。她以"这是一个_____的周公馆"为课堂主线，从人物关系、戏剧道具、戏剧语言三个方面入手，概括周公馆的同时，把握周朴园复杂的人物形象。应该说，课堂教学主问题比较突出，教学思路也较为清晰。

  F 老师这节课教学目标之一是引导学生把握选文的戏剧冲突，但在教案中将之归为"语言建构与运用"，我觉得这是值得商榷的，教学目标的撰写是否要把语文核心素养四大维度单列并逐一呈现呢？笔者认为不太妥当，因为很多目标本身就是核心素养四个方面的融合。接下来笔者主要围绕着戏剧冲突展开对这节课的点评。

一、戏剧冲突的类型与语言审美

  F 老师这节课教学目标之二是学会鉴赏戏剧，理解剧中潜台词的含意。目标很合理，对应了教科书中这篇课文的研讨与练习第二题：戏剧人物的语言往往有潜台词，揣摩下面语句，回答括号内的问题，体会人物语言内涵的丰富性。请注意三点：首先，习题将潜台词放在戏剧语言中说的，更便于学生把握戏剧主要特征（戏剧语言、戏剧冲突、舞台说明）；其次，习题并没有强调通过揣摩台词来归纳人物形象，而是着重体会语言内涵的丰富性，具有更灵活的思考与表达空间；第三，习题为学生揣摩潜台词提供了学习路径，既贴合学情也起到启发点拨的作用。比如"鲁侍萍：可是她不是小姐，她也不贤惠，并且听说是不大规矩的"（课文中鲁侍萍几次说到这样意思的话，表现了她怎样的心情）。而我们统编高中语文教材没了研讨与练习，有学习提示，也能带给我们启发。《雷雨》课文学习提示有一处是这样说的：《雷雨》的台词一直为人称道，要深入体会台词对揭示人物内心活动、推动情节发展的作用。戏剧中人物语言常常有"言外之意"，也就是潜台词，阅读时要细加揣摩。这里也请大家注意两点，第一，从戏剧语言个性化特点的角度把握台词对揭示人物内心活动的作用；第二，从戏剧语言动作性的角度体会台词对推动情节发展的作用。所以结合两版教科书的相关说明，我们要明确的是揣摩戏剧台词是有讲究的，或者说是有原则的，不可能面面俱到，要结合剧情挑选典型的台词，从戏剧语言个性化、动作性的角度揣摩台词丰富内涵，更好地把握戏剧冲突。

F老师这节课也比较重视揣摩戏剧台词，任务也很明确。在"任务三"中让学生揣摩选文中涉及"哦"的台词内涵，并为学生思考提供学习方法的指导：请根据戏剧情节，在"哦"之后，补写一句话或几句话，要求能够结合舞台说明，贴合情景，符合人物身份，体现人物心理。应该说，挑选出的供学生讨论赏析的台词很典型，而让学生通过补写台词内容也能更好地引发对潜台词丰富内涵的揣摩品味。但是也有值得商榷的地方：第一，最好能结合剧情来揣摩台词，不然没什么铺垫的情况下就让学生找出选文出现的几处"哦"，分析为何多次写"哦"，显得突兀，学生可能会有些迷茫。比如我们过去教材课后题问"在鲁侍萍讲述往事过程中，周朴园经历了怎样的心理变化?"此处还可以再加一句，"结合相关台词进行分析"。第二，课堂问题与学习任务要保持必要的逻辑关联。笔者认为在这里，引导学生揣摩"哦"台词内涵与落实"这是一个_____的周公馆"没有紧密的逻辑对应。

由此引申出一个比较重要的教研问题：戏剧作品教学中，揣摩戏剧语言（台词）要与剧情、戏剧冲突结合起来。

陈日亮老师认为，戏剧作品通过精心设计的、特殊的戏剧对话，组织安排情节，凸显戏剧冲突，塑造人物性格，以区别小说。这是值得研究探索的。他把它称为"语言的情节性"。

什么是戏剧冲突呢？戏剧冲突是戏剧区别于其他文学艺术样式的最基本的特征。故事情节要在戏剧冲突中呈现，人物要在戏剧冲突中塑造，主题要在戏剧冲突中凸显，创作要紧扣戏剧冲突。

戏剧冲突是"戏剧作品中必须具有的因人物与人物之间、人物与环境之间以及人物自身所存在的矛盾所引起的尖锐对立"（欧阳周、顾建华、曹治国主编《简明艺术辞典》，中国和平出版社 1993 年版）的关系。

戏剧冲突是戏剧美学中最重要范畴之一，"主要体现为具有特定性格的人物在追求各自的理想和目标过程中所产生的富于动作性的斗争。它一般不借助于抽象的意志或观念，而是用具体的人物与人物、人物与环境或人物内心的矛盾冲突来加以表现"（吴新雷主编《中国昆剧大辞典》，南京大学出版社 2003 年）。

西方戏剧理论家在黑格尔提出"冲突"这一概念后认为它是戏剧普遍规律，提出"意志冲突说"。法国布轮退尔认为"戏剧是人的意志与限制、贬低我们的自然势力或神秘力量之间的对比和表现"；英国威廉·阿契尔告诉我们"一场意志与意志的面对面的斗争，无疑是戏剧中最紧张的形式之一"。

在把握戏剧冲突类型之前我们要了解戏剧冲突与情节的关系。它是戏剧情节的基础也是剧情发展的外在表现形式。

教材中节选的是《雷雨》第二幕相关部分。主要情节是：鲁侍萍（鲁妈）来看望在周家帮忙的女儿四凤，在周家客厅遇到三十年未见的爱人周朴园，两人由"雨衣""关窗""无锡口音"展开对话，并引出了往事，在相互试探中相认，爆发了争吵；作为工人代表的鲁大海来找周朴园谈判，却不料周朴园已收买了工人代表，矿上已经复工并且签署了复工合同，鲁大海恼羞成怒当面揭露周朴园的罪恶发家史，被周萍打了两个嘴巴。

大体来说，戏剧冲突主要包括三种类型：性格与性格之间的冲突；人与环境的冲突；内心的冲突。选文主要是性格与性格之间的冲突。

> 鲁侍萍：光绪二十年，离现在有三十多年了。
>
> 周朴园：哦，三十年前你在无锡？
>
> 鲁侍萍：是的，三十多年前呢，那时候我记得我们还没有用洋火呢。
>
> 周朴园：（沉思）三十年前，是的，很远啦，我想想，我大概是二十多岁的时候。那时候我还在无锡呢。
>
> 鲁侍萍：老爷是那个地方的人？
>
> 周朴园：嗯，（沉吟）无锡是个好地方。
>
> ……
>
> 鲁侍萍：我倒认识一个年轻的姑娘姓梅的。
>
> 周朴园：哦。
>
> 鲁侍萍：可是她不是小姐，她也不贤惠，并且听说是不太规矩的。
>
> ……
>
> 周朴园：（汗涔涔地）哦。
>
> 鲁侍萍：她不是小姐，她是无锡周公馆的女仆，她叫侍萍。
>
> 周朴园：（抬起头来）你姓什么？

过去我们讲到这里往往让学生结合台词、潜台词进行人物形象归纳，如周朴园虚伪、自私、冷酷无情，鲁侍萍善良、刚强、自尊等。

现在对此提出了更高要求，揣摩台词要把握它对于揭示人物性格、推动情节发展的作用，而要揭示台词丰富内涵，揭示它的功能，重要的是要更好地把握尖锐复杂的冲突。惟有深入揣摩台词丰富内涵，才能更好把握戏剧冲突，欣赏剧情与品味人物的戏剧性。

由此结合选文展开对周朴园虚伪的赏析：怀念往事却出于自己私心歪曲事实；因难以逃脱内心的惩罚，在事实面前慌乱、紧张、痛苦。同样，鲁侍萍的悲愤、真诚也是值得揣摩的：想起不堪的往事内心十分痛苦；对周朴园的虚伪予以嘲讽；对周朴园绝情的抱怨与不满。

有了这样的认识，就能把握剧中的戏剧冲突：讲述往事时，周朴园出于私心歪曲事实、美化过去，而侍萍却一针见血地揭穿了周朴园的谎言与伪装，周朴园的虚伪与鲁侍萍的真诚构成了性格的冲突。

当然，剧中还有其他呈现了典型的戏剧冲突的部分，比如第一幕周朴园逼繁漪吃药的那段戏，也体现出两人性格之间的冲突。

　　周朴园：（冷峻地）繁漪，当了母亲的人，处处应当替子女着想，就是自己不保重身体，也应当替孩子做个服从的榜样。

　　繁漪：（四面看一看，望望朴园又望望萍。拿起药，落下眼泪，忽而又放下）哦！不！我喝不下！

　　周朴园：萍儿，劝你母亲喝下去。

　　周萍：爸！我——

　　周朴园：去，走到母亲面前！跪下，劝你的母亲。

　　【萍走至繁漪面前。】

　　周萍：（求恕地）哦，爸爸！

　　周朴园：（高声）跪下！（萍望着繁漪和冲；繁漪泪痕满面，冲全身发抖）叫你跪下！（萍正向下跪）

　　繁漪：（望着萍，不等萍跪下，急促地）我喝，我现在喝！（拿碗，喝了两口，气得眼泪又涌出来，她望一望朴园的峻厉的眼和苦恼着的萍，咽下愤恨，一气喝下！）哦……（哭着，由右边饭厅跑下。）

在这里，周朴园作为一家之主的独断、周萍的软弱、繁漪的辛酸无助赤裸裸展现在读者和观众面前。在这个场景中，冲突的双方是周朴园与繁漪，冲突的性质是封建家长专制对个人自由意志的压制。这场冲突围绕着喝药这个可视性极强的动作，经历了三个回合的斗争：周朴园强迫繁漪喝药，繁漪抗拒；周冲替繁漪说情失败，只好依从父命劝母亲喝药，繁漪把药拿起又放下；周朴园让周萍跪下来劝告后母喝药，繁漪抢在他跪之前忍着愤恨把药喝了。三个回合中，周朴园的家长意志辐射着家庭中每个成员，而周冲、周萍、繁漪先后屈服于周朴园的权威却有不同心理基础：周冲的屈服里有对母亲的同情与对父亲的反感；周萍的屈服有对父亲的畏惧和自己的难堪；繁漪的屈服里有对周萍的不忍与对周朴园的愤恨。

二、戏剧冲突的结构形态与意蕴指向

F老师这节课安排的"学习任务一"是分析《雷雨》选文的人物关系从而落实对"这是一个_____的周公馆"的理解。付老师在创意说明中也给予了说明：从人物关系的角度看，分析复杂人物关系背后深层的社会原因和作者的创作意图，可为下文分析具体人物形象打好基础。这里其实涉及三个值得优化的点：第一，将《雷雨》人物关系介绍所在课时前移；第二，将人物关系落实在戏剧冲突的形态分析上；第三，由第二点进一步探究戏剧冲突背后指向的深层意蕴。付老师创意说明的逻辑性还需要完善：人物关系应该在第一课时予以梳理，这里呈现的是第二课时，应该是由人物关系深入与之相关的戏剧冲突，探究深层意蕴或主题思想。其实这里可以先引导学生把握选文戏剧冲突的结构形态，进而延伸到对整本书戏剧冲突结构形态的把握，从而关联对作品主题意蕴的探究。所以不妨进一步完善这部分的问题，比如让学生研读选文内容，思考并回答以下问题：结合人物关系及台词，说一说这是一个呈现了周朴园与鲁侍萍之间_____的矛盾冲突以及周朴园与鲁大海之间_____的矛盾冲突的周公馆，从中我感受到选文主题是_____。

延伸来看，就要讲到《雷雨》整本书的戏剧冲突结构形态了。戏剧就是通过精心设计的戏剧冲突结构形态来反映生活、表现主题。有关《雷雨》的主要冲突是有争议的。有人认为，周朴园与繁漪之间的冲突是统摄全剧其他冲突的冲突，是主要冲突。比如钱谷融先生持这种观点，他指出《雷雨》中周朴园的主要对立面的不是鲁大海不是鲁侍萍，而是繁漪。从繁漪这一周公馆内部人的角度出发更能表现周朴园残酷、专制、伪善、充满罪恶等。还有人认为主要冲突是周朴园与鲁侍萍的冲突，代表人物是谭霈生，他指出："在这出戏的总体构思中，鲁侍萍和周朴园之间的关系，是全剧结构的中心，其他人物之间错综复杂的矛盾纠葛，都被它牵动着，影响着。"还有人认为繁漪和周萍的冲突才是主要冲突。

我们不如从戏剧冲突结构形态入手对《雷雨》的主要戏剧冲突进行分析。郭沫若在《屈原》《棠棣之花》《虎符》等历史剧中表现的主要冲突是进步、爱国的主人公与反动、卖国的黑暗势力间的尖锐斗争，突出爱国精神和反侵略、反压迫的主题思想；莎士比亚的剧作虽然矛盾冲突复杂，但在《哈姆莱特》《李尔王》《雅典的泰门》等著名悲剧中，以主人公同周围罪恶世界的尖锐冲突作主轴，展开了主人公与各色人物之间的复杂冲突；而在契诃夫的剧作中，主要矛盾冲突回归到人物内心，形成了寓深邃于平淡的艺术风格。

廖安厚在《〈雷雨〉冲突结构模式论辩》（《中国现代文学研究丛刊》1993年第2期）一文中认为："剧中人物都以自己为扭结点，与他人构成多向的网状矛盾关系，而且其中任何一组矛盾冲突的出现与展开，都与其他矛盾相纠葛、交织、关联，由此推动着整个剧情的发展。"比如，鲁大海首次出场，是以罢工工人代表的身份闯入周公馆，找周朴园谈判。其间，他又先后同继父鲁贵，以及周家大少爷——自己并不相识的嫡亲兄长周萍发生冲突。再比如，周冲他天真、纯洁、善良，生活在自由、平等、博爱的理想之中，他用纯真的眼光看待生活与周围的人们，但却处处碰壁。他同情母亲繁漪，不满父亲的专制强势。他关心并爱恋女仆四凤，却遭到父亲训斥，也不被大海理解；为了别人的幸福，他宁可牺牲一切，但是周萍与四凤却瞒着他二人的爱情关系，母亲繁漪甚至把他作为夺回情人的工具。在《雷雨》的网状冲突中，周朴园与侍萍、繁漪、鲁大海的矛盾，是富有社会意义的戏剧冲突。周朴园与侍萍之间，是压迫者与被压迫者的矛盾冲突，他与鲁大海的冲突，是资本家与工人的尖锐对立，他与繁漪的冲突，是封建家庭内部专制与反专制的斗争。这三对相互交织的矛盾冲突，构成了网状冲突的"圆形外壳"，揭示了本剧主题的表层结构，即暴露了带有浓厚封建性的资产阶级家庭的罪恶，鞭挞了旧中国的黑暗现实，表现了某种反抗与叛逆的精神。

《雷雨》想要表达的主题就是这些了吗？很多老师上课习惯一开始直接拿出背景，强调曹禺一再声明"并没有显明地意识着我是要匡正、讽刺或攻击些什么"，但他同时又承认"也许写到了末了，隐隐仿佛有一种情感的汹涌的流来推动我，我在发泄着这被挤压的愤懑，毁谤着中国的家庭和社会"。我们不要急于下结论，要多引导学生深入对文本的分析。剧中的爱情纠葛，构成网络结构的"圆形内圈",显示了主题的深层意蕴。曹禺写了周萍对繁漪的始乱终弃、繁漪阴鸷的报复、四凤在对爱情的执着中给繁漪和周冲带来的伤害等,共同构成了特殊的艺术视角,让人们在"广角镜头"中去观察宇宙与人生的困惑、苦难。而序幕和结尾是十年后一个冬日的下午,原来的周公馆变成了教堂附属医院,没有了冲突,变得平静了。疯了的繁漪和侍萍住在这里。这一天一位孤寂的老人(周朴园)来到医院,看望她们,彼此没说一句话。偶尔来到医院的年幼的姐弟俩目击了这一切,又好像听"古老的故事"一般听别人说起十年前的往事。这种安排就形成了审美的距离。曹禺想告诉我们:只有在人性建构中遵循"至善"的道德原则,实现自我完善,才能解除人生的苦难,将戏剧故事中郁热、愤懑与恐惧消解殆尽;在悲悯的审视下,剧中人之间一切的矛盾、冲突、争斗都消解了;悲悯对充溢在剧中的激情的净化、升华与超越。

三、戏剧冲突空间美学与手法分析

F老师这节课布置的第二个学习任务是从道具的角度引导学生分析周公馆是一个_____的周公馆。师生合作探究,发现了旧雨衣、窗户、旧衬衣、相片、家具、支票等道具。引导学生分析这些道具如何推动剧情发展的。付老师示范了相片和支票这两个道具,并且为学生提供了活动的学习支架——小组活动:(说一说)这些道具传达出人物内心哪些没有说出的话?(演一演)借助道具进行片段表演。(评一评)点评表演,并结合文本分析人物形象。

此处明确小组合作探究的活动,突出了课堂实践性,以学生为主体,特别是鼓励学生进行有针对性的课堂戏剧表演,很好地落实单元学习任务。F老师引导学生学会捕捉、发现、赏析戏剧作品中重要物象或道具,思考它们对于揭示人物性格、推动情节发展、突出戏剧冲突的作用,这甚至可以在合适的课时整合为相关专题展开探究。当然这可能要合理对教学内容进行安排了。

文段中涉及到的道具有窗户、门、旧衬衣、相片、家具、支票、电线等,抓住一两个深入探究即可。付老师也意识到了这点,课堂内容不贪多,比较务实。其实还可以进一步思考。有学者从寄寓空间的角度做研究。其实还可以通俗一些好懂一些。紧闭的窗户营造出的是烦闷、压抑的戏剧冲突空间（紧闭着窗户使空气不流通）；门营造的是出入来往的戏剧冲突空间（三扇门，中间门才对外，还隔着东西）；相片营造的是带有时间跨度、富有沧桑感、带有往事回忆的戏剧冲突空间；家具营造的是守旧、封闭、专制、不乏真情的戏剧冲突空间；支票营造的是带有现实物质利益交换、金钱至上人性异化的戏剧冲突空间。

接下来，F老师让学生圈画出第一幕、第二幕中写到窗户的部分，营造了压抑的戏剧冲突空间，运用"三一律"的结构理论来分析为何多次写周公馆的窗户。

第一幕

周冲：对了，您原谅我。我，我，——怎么这屋子这样热？

周繁漪：大概是窗户没有开。

周冲：让我来看。

鲁四凤：老爷说过不叫开，说外面比屋里热。

周繁漪：不，四凤，开开它。他在外头一去就是两年不回家，这屋子里的死气他是不知道的。（四凤拉开壁龛前的帷幔）

……

周萍：对了，我预备明天离开家里到矿上去。

周繁漪：哦，（停）好得很。——什么时候回来呢？

周萍：不一定，也许两年，也许三年。哦，这屋子闷气得很。

周冲：窗户已经打开了。——我想，大概是大雨要来了。

……

周朴园：怎么这窗户谁开开了？

周萍：弟弟跟我开的。

周朴园：关上，（擦眼睛）这屋子不要底下人随便进来，回头我准备一个人在这里休息的。

周萍：是。

周朴园：（擦着眼镜，看周围的家具）这间屋子的家具多半是你生母顶喜欢的东西。我从南边移到北边，搬了多少次家，总是不肯丢下的。（戴上眼镜，咳嗽一声）这屋子摆的样子，我愿意总是三十年前的老样子，这叫我的眼看着舒服一点。（踱到桌前，看桌上的相片）你的生母永远喜欢夏天把窗户关上的。

第二幕

（周萍……又走到窗户前开窗门……萍就把窗门关上）

……

周繁漪：（把窗户打开，吸一口气，自语）热极了，闷极了，这里真是再也不能住的。我希望我今天变成火山的口，热烈烈地冒一次，什么我都烧个干净，那时我再掉在冰川里，冻成死灰，一生只热热地烧一次，也就算够了……

……

周繁漪：（见鲁妈立起）鲁奶奶，你还是坐呀。哦，这屋子又闷热起来啦。（走到窗户，把窗户打开，回来，坐）这些天我就看着我这孩子奇怪，谁知这两天，他忽然跟我说他很喜欢四凤。

……

周朴园：（指窗）窗户谁叫打开的？

鲁侍萍：哦。（很自然地走到窗前，关上窗户，慢慢地走向中门）

周朴园：（看她关好窗门，忽然觉得她很奇怪）你站一站，（鲁妈停）你——你贵姓？

"三一律"由文艺复兴时期意大利戏剧理论家最早提出后成为欧洲古典主义戏剧结构的基本原则。"三一律"要求剧本创作必须遵守时间、地点和行动的一致，即要求单一的故事情节、戏剧行动发生在一天之内和一个地点。第一幕第二幕多次写到窗户，这都是周公馆客厅窗户，在揭示人物性格、展现戏剧冲突、推动情节发展的同时，也强化了剧情地点的一致性。也有助于在集中地点揭示戏剧冲突。

周朴园在从鲁妈对旧衬衣细节的熟悉以及鲁妈亮明身份，确认眼前鲁妈就是鲁侍萍后，不觉望望柜上的相片又望望侍萍的段落可以让学生加以关注，结合戏剧"发现"结构技巧来理解。按照亚里士多德《诗学》中的解释，"发现"是指从不知到知的转变，通常是剧中人物的被"发现"。第二幕"相认"这场戏周朴园不是一下子"发现"她是 30 年前的侍萍，而是一步步拨开疑云，"发现"中又有矛盾纠葛。在极度矛盾的心理状态下，周朴园终于发现眼前这老妈子就是侍萍，这里相片起到强化"发现"的效果。可见"发现"表达效果能够延宕剧情发展、酝酿并突出矛盾冲突、揭示人物形象。

周朴园与鲁侍萍相认后，紧跟着就是戏剧"突转"手法的运用。"突转"是指戏剧情势发生了急剧变化，往往与"发现"相伴随。文中第一处"突转"是（忽然严厉地）质问侍萍"你来干什么""谁指使你来的""三十年的功夫你还是找到这儿来了"；第二处"突转"是待周朴园稳住侍萍后，将谈话突转到"那么我们可以明明白白地谈一谈"的利益谈判中；第三处"突转"是得知鲁大海是他亲生儿子后，周朴园（忽然）质问侍萍"好！痛痛快快的！你现在要多少钱吧"，将本可温情一些的谈话突转到赤裸裸的金钱交易中；第四处"突转"是答应侍萍见周萍的请求，侍萍表达今后再也不想见到周朴园的想法后，周朴园从衣服内拿出签好字的一张五千块的支票，使得剧情再次突转到金钱之上，并且直接引发侍萍撕掉支票的戏剧冲突。所以我们可以从"突转"手法的角度揣摩支票道具的功效。

从《雷雨》（1934）到《日出》（1936）到《原野》（1937），是曹禺创作道路的第一阶段。《雷雨》描写一个现代社会中封建家庭的悲剧，《日出》进一步抨击金钱化社会的罪恶，《原野》呈现中国封建宗法制度统治下农民的遭遇与所做的反抗。教师可以安排课后作业让学生依据这一节课学到的对戏剧矛盾冲突的分析方法来阅读、解读曹禺《日出》《原野》。

附：

F 老师《雷雨》教学设计

【创意说明】

本课为统编版高中语文必修下册第二单元第 5 课，单元人文主题为良知与悲悯，单元所属任务群为文学阅读与写作。根据单元导引，确定本课的教学目标为理解作品中蕴含的对社会现实的认识和对人生的深切关怀，把握作品的悲剧意蕴，激发同情他人、追求正义、坚守良知的情怀；通过阅读鉴赏、编排演出话剧等活动深入了解戏剧作品，欣赏戏剧设计冲突、构思情节、塑造人物的艺术手法，体会戏剧语言的动作性和个性化，深化对戏剧体裁的认识。本人在构思教学设计时，深感《雷雨》中的内容千头万绪，十分混乱，于是就以《雷雨》的"乱"，来赏析情节冲突、人物形象以及戏剧语言，用"这是一个_____的周公馆"作为课文主线，表面上是从各个方面感知周公馆的危机，实际上在一步步探寻周朴园复杂的人物形象以及形成原因；同时在课堂活动中还穿插戏剧表演、学生朗读，让学生能够深化对戏剧体裁的认识。

【设计特色】

1. 创设情境，引生入情。本课选自《雷雨》的第二幕的开始，不同身份和社会阶级之间的矛盾冲突比较激烈，但有些同学是不了解全剧的前因后果，还需要进一步的阅读和了解，所以在导入部分用一句话高度凝练地概括出人物的悲剧命运，为学习本课奠定悲剧的感情基调。

2. 预习检测，注重基础。虽然是阅读鉴赏课，但曹禺先生以及《雷雨》在中国文学史的地位不容小觑，因此我提前布置了预习让学生对曹禺先生稍作了解，并在课上进行填空检测，进一步加深学生对作家作品的印象。

3. 任务聚焦，活动多样。以"这是一个_____的周公馆"为课堂主线，从人物关系、戏剧道具、戏剧语言三个方面入手，概括周公馆的同时把握周朴园复杂的人物形象。

从人物关系的角度看，分析复杂人物关系背后深层的社会原因和作者的创作意图，为下文分析具体人物形象打好基础。

从戏剧道具的角度看，通过课堂活动"道具会不会说话"揣摩人物在具体情境下的心理活动，学生明确戏剧道具的概念后，教师把任务聚焦在"支票"和"旧照片"这两个道具上，学生围绕道具出现的片段进行小组活动，角色扮演，充分感受戏剧体裁可以演的特点，通过对道具的不同使用方式，体会人物复杂的内心活动。

从戏剧语言的角度看，通过在语气词"哦"后补写一句话或几句话的形式，引导学生关注舞台说明和人物身份，品析台词的言外之意。选取的片段为人物心理活动丰富，潜台词意味深长的部分，填写完成后同桌二人进行演读，让学生能够充分参与课堂活动，概括出人物形象特点。

以上三个方面以"这是一个_____的周公馆"开始，以"这是一个_____的周公馆"收束，抓住周朴园形象中的"有情"和"无情"的主要方面，完成本节课的教学任务。

4. 交流探讨，深化认识。以课本学习提示中的问题"周朴园对侍萍的怀念中到底有几分真情？"展开交流，分析造成人物变化的社会原因，突出整个单元的悲悯主题。

【教学目标】

语言建构与运用：阅读剧本，熟悉剧情，把握剧中矛盾冲突。

思维发展与提升：学会鉴赏戏剧，理解剧中潜台词的含义。

审美鉴赏与创造：品读戏剧语言，揣摩人物心理，理性分析复杂人物形象的多重性格。

文化传承与理解：感受剧作家对社会现实的理解，激发心中的良知与悲悯情怀。

【教学重点】

1. 品味潜台词的含意，体会戏剧语言的动作性和个性。

2. 在戏剧情境中把握人物心理，辩证认识人物性格的复杂性。

【教学难点】

感受剧作家对社会现实的理解，激发心中的良知与悲悯情怀。

【教学过程】

一、情境导入

在 20 世纪 20 年代的中国，周公馆发生了一场雷电交加的"疾风骤雨"，它毁灭了周鲁两家，死的死，疯的疯，出走的出走，这一幕人生悲剧让人哀叹、深思。今天，我们就一起走进曹禺先生创作的话剧——《雷雨》。

二、预习检查

师：首先我们检查一下大家对作家曹禺先生的预习情况。

曹禺（1910—1996），原名万家宝，中国杰出的现代话剧剧作家。代表作品《雷雨》《日出》《北京人》。《雷雨》被公认为是中国现代话剧成熟的标志，曹禺先生也因此被誉为"_____"。

三、学习任务

师：老师想问大家一个问题，你们读完《雷雨（节选）》，觉得这是一个_____的周公馆？

师（过渡）：阅读剧本，我们首先要梳理人物关系，即弄清楚戏剧人物都有哪些？哪些是主要人物，哪些是次要人物？那我们就从人物关系的角度先下手，解读剧本。

（一）任务一：从人物关系看，这是一个_____的周公馆？

师：请大家根据思维导图介绍《雷雨》中的人物关系。

资料补充（课件）

1. 《雷雨》创作于 1933 年，两年前，刚刚爆发了日本侵略中国的"九·一八"事变，全国上下掀起了抗日热潮，曹禺也积极参与抗日宣传。曹禺出生于一个没落的封建家庭。青少年时代就目睹了半封建半殖民地中国社会的黑暗现实，产生了强烈的反抗情绪，经过几年酝酿、构思，1933 年在清华大学上四年级时，完成了他的处女作《雷雨》。作者在谈到写作意图时说，《雷雨》是在"没有太阳的日子里的产物"，"那个时候，我是想反抗的。因陷于旧社会的昏暗、腐恶，我不甘模棱地活下去，所以我才拿起笔"。

——《曹禺选集·后记》

2. 我写《雷雨》有一段酝酿过程。我刚读完南开中学，便立志想写《雷雨》这一类的剧本，因为我在自己的生活圈子里已经看到了一些像繁漪和周朴园这样的人物。《雷雨》中的每个人物都有真实的影子，但又不是一个人，而是集中了很多人物的特点，再加以我的创造。

——《收获》（1979 年 2 月）

师：《雷雨》的人物关系为什么这么错综复杂？除了想表现复杂的社会现实，表现出当时社会阶级之间的矛盾冲突外，还有什么？

师（归纳）：人物关系越复杂，冲突就越激烈，越能反映出复杂的社会现实和复杂的人性。

（二）任务二：从戏剧道具看，这是一个＿＿＿＿＿＿的周公馆？

师：请同学们找找节选中都用了哪些道具？（PPT 显示文字"道具会不会说话？"）

（PPT 显示图片：旧雨衣、窗户、旧衬衣、相片、家具、支票……）

（PPT 显示文字："旧物旧事旧感情，细微之处见深意"）

师：我们来看看道具是如何说出人物未曾说出的话的？

（PPT 显示图片：相片、一张支票）

分小组活动——说演评（说：道具说出了哪个人物内心没有说出的话？演：就你推断的"心里话"，借道具进行片段表演。评：点评表演，并结合文本分析人物的性格特点）。

师（总结）：通过刚才的表演，大家认为这是一个＿＿＿＿＿＿的周公馆？

（三）任务三：从戏剧语言看，这是一个＿＿＿＿＿＿的周公馆？

师：老师想问问大家全文一共用了多少次"哦"？曹禺为什么重复用"哦"这个字？

（PPT 显示文字：请根据戏剧情节在"哦"之后，补写一句话或几句话，要求能够结合舞台说明，贴合情景，符合人物身份，体现人物心理。）

片段一：

鲁侍萍：这个梅姑娘倒是有一天晚上跳的河，可是不是一个，她手里抱着一个刚生下三天的男孩。听人说她生前是不规矩的。

周朴园：（苦痛）哦！（　　　　　）

鲁侍萍：这是个下等人，不很守本分的。听说她跟那时周公馆的少爷有点不清白，生了两个儿子。生了第二个，才过三天，忽然周少爷不要了她，大孩子就放在周公馆，刚生的孩子抱在怀里，在年三十夜里投河死的。

周朴园：（汗涔涔地）哦。（　　　　）

片段二：

周朴园：什么？她就在这儿？此地？

鲁侍萍：嗯，就在此地。

周朴园：哦！（　　　　）

鲁侍萍：老爷，你想见一见她么？

周朴园：不，不，谢谢你。

师：讲讲你补写这一句的理由。

师（小结）：一个语气词"哦"显示了人物说话时的语气语调，表现了人物复杂的内心世界，揭示了人物的性格特征，"哦"字虽简，一字传神。从"哦"这个语气词看，这是一个_____的周公馆？

四、交流探讨

我们从剧本对白中体会到周朴园的虚情假意，从用支票打发侍萍中体会到他的冷酷无情，但是我们又在他保留相片的习惯中感受到他恋旧、温情，那么周朴园对侍萍的怀念中到底有几分真情？

（学生活动，小组讨论）

师（小结）：周朴园经过几十年的变化，心狠起来了。他跟警察局长、英国买办来往，残酷地剥削和压迫工人，甚至不惜用工人的性命来填满自己的腰包。侍萍的出现，使他一下子从对过去的怀念回到现实的利害关系中来了。"你来干什么？""谁指使你来的？"这是他三十年来在尔虞我诈的争夺中积累起来的社会经验：我这么有钱，别人怎么突然找到我的头上来。他把别人也当成和他一样变坏了，立刻审时度势对付，这就露出了他的资本家的面目。

最终还是半封建半殖民地的社会让他变成了这样一个复杂的人，才会在这样郁闷的天气中预感到巨大的潜在危机。

五、课堂小结

师：今天，我们从人物关系、戏剧道具、戏剧语言中的语气词入手揭开了《雷雨》的一角，我们看到了一个错综复杂、冷酷无情、岌岌可危的周公馆，一张相片、一张支票、一个语气词让我们初识周朴园，也看到了他身上社会的印记。《雷雨》中待我们解读的密码还有很多，下节课我们将继续走进《雷雨》爱恨情仇的故事。

板书设计：

雷　念旧　有情

雨　冷酷　无情

（本文为受《中学语文教学参考》编辑部邀请而撰写的评课讲稿）

由三个案例看"片段教学"

——关于"片段教学"的一些思考

近些年来，随着课改的深入，我们对有效教学的探讨日益细化，对课堂教学的评价渠道日益多元。而如今，"片段教学"已在中学教育领域"落地""生根""开花"。它以其"片段性""完整性""灵活性""易操作性""虚拟性""可信性"等特点，在教师课堂教学技能大赛等活动中，被广泛运用，成为一种考核教师专业素质的新兴方式。

从理论层面来看，关于"片段教学"的学科探讨、专业研究、课堂探索，主要围绕着"如何上好'片段教学'"而展开的。但总体而言，还存在以下不足之处：第一，将"片段教学"等同于"教学片段"，从"教学片段"中来谈对"片段教学"的认识；第二，介绍"如何上好'片段教学'"时，观点雷同，分析趋于常识化，针对性不强，反复强调"教学目标明确""教学重点突出""教学步骤完整""创设适宜的虚拟情境"的重要性，却不能与"片段教学"的"文本"相契合，没有足够的说服力；第三，不能有效地将"片段教学"与"课堂教学"连贯在一起，置放在课堂教学有效性的范畴内加以纵深分析；第四，对"片段教学"的一些"失败"案例的介绍、分析，还不够。对"片段教学"中的"实现期待"与"错位"（即"想教什么"与"教了什么"之间的"错位"）之间的双向比较，较少。

自工作以来，笔者参加了三次学校或教研组组织的"片段教学"比赛，有收获，也有遗憾。下面，笔者以这三次比赛的经历为据，来谈谈对于"片段教学"中一些问题的思考。值得注意的是，笔者是将"片段教学"置于文本解读范畴中加以论述的，侧重于分析"教什么"。

一、从《在马克思墓前的讲话》的"片段教学"看"学情"

2011年3月，语文教研组教学大比武暨校教学大比武初赛，采用"片段教学"的方式来进行。"片段教学"所选择的教学内容是必修（二）第四单元《在马克思墓前的讲话》的前五段。先备课一小时，然后面向评委进行15分钟的片段教学。

我认真阅读了文本，该文本已于上学期在课堂上讲过了，不会陌生。我按照以下思路准备、组织。

（一）备课，从"学情"备起。根据我之前的了解，学生在预习这篇课文时，有两个问题存在困惑：1. 恩格斯作为马克思的好友，为何在马克思墓前的讲话是采用一种叙述的口吻，并且口吻还那么平静？2. 如何把握该文的逻辑性？这些学生"未知"的内容理应是前五段的"片段教学"的教学内容。而把握选段的逻辑性，则是教学重点。

（二）围绕着"教学内容"与"教学重点"，结合学生的"学情"，撰写教学设计，完善教学步骤。我将上述学生的第一个"困惑"整合到"导入"部分，这种"导入"既贴近学情，又能启发学生带着探究的兴趣来思考。而对于学生上述的第二个困惑，我将其转化为一个主问题，与学生合作探究。第二段中说马克思的逝世"对于欧美战斗的无产阶级，对于历史科学，都是不可估量的损失"，那么按照这一逻辑，下文应该先来谈"对于欧美战斗的无产阶级"的影响，后谈"对于历史科学"的影响，可是从我们的阅读来看，恩格斯却是先说后者，后说前者，如何看待这种结构布局呢？难道恩格斯在这里不讲论述的逻辑性了吗？这一问题既能形成学生分析的兴趣，又具有较好的针对性，与教学重点相契合，贴近学情。

（三）完成了"教学设计"之后，我利用有限时间，在脑海中"模拟""操练"了几遍，熟悉了教学环节。在"片段教学"现场，我按照之前的"教学设计"安排教学，在引导学生探究主问题时，也适时引导学生把握第三、四、五段段首的"提示词"，以文解文，进一步把握文章论述的逻辑性。但是讲的节奏过快，15分钟的片段教学，我只用时10分钟。

这次经历，给我留下了深刻的印象。按照苏霍姆林斯基的观点，以上学生"未知"的学情，就是教材中的疑问点，而这种"疑问点"就是知识的交集点、结合点。他还指出，"在教学过程中，必须尽量使学生看到、感觉到、触摸到他们不懂的东西，激发他们的疑问。如果教师们能做到这一点，教育就成功了一半"。对于"节选一课时中的某个片段进行教学"的"片段教学"而言，它是"45分钟课堂"的"浓缩"。我们当然要引导学生从"未知"走向"已知"，干净、利索地完成指定的教学任务。无论是展现崭新的教育理念，吃透教材内容，还是选定明确的教学目标，体现清晰的课堂思路，顺利地完成教学设计，都离不开对学生"学情"的了解与把握。正因为我对"学情"的熟悉，才能较好地设计了合适的教学内容，展开有针对性的片段教学，使得教学重点突出，脉络清晰，针对性较强。但是，"片段教学"只讲了10分钟，时间分配不合理，则说明了自己在教学环节的时间分配以及内容的处理方面，安排得不好。

二、从《热爱生命》的"片段教学"看"矛盾"

2012年4月，语文教研组教学大比武暨校教学大比武初赛，依旧采用"片段教学"的方式，进一步提高青年教师的教学能力，提升青年教师的专业素质。本次"片段教学"选取必修（四）第三单元《短文三篇》中蒙田《热爱生命》一文作为"教学"的"文本"。先按抽签顺序依次备课一小时，完成教学设计；然后进行15分钟的片段教学。

《热爱生命》作为蒙田的一篇极为有名的随笔，篇幅短小，形式灵活，富含人生哲理。备课时，我反反复复地读了几遍，圈画了文本中的一些关键词句，逐一解读了各段的内容。按照以下思路准备、组织。

（一）利用之前的阅读积累，确定"导入"内容。以杰克·伦敦《热爱生命》、史铁生的人生感悟为据，引出"热爱生命"的话题。

（二）根据阅读体会，明确主问题。1. 请阅读第二段，思考作者为什么提到"糊涂人的一生枯燥无味，躁动不安，却将全部希望寄托于来世?"2. 本文主要在写"热爱生命"，但第三段中，作者为何说"不过，我却随时准备告别人生，毫不惋惜？"

（三）根据上述问题撰写教学设计，完善教学步骤。坚持"以文解文"，引导学生通过阅读筛选关键信息，最终解答问题。针对第一个问题，可从第一段中筛选出那些"哲人"的"打发""消磨""回避"的"习气"（按照我当时的理解，"糊涂人"在语义上应该与"那些'哲人'"相近，甚至是等同的），就大致可以算得上"答案"了。针对第二个问题，可引导学生找出"由于生之本质在于死"，针对这句话展开探讨。

（四）现场实践。片段教学现场，我按照教学设计进行讲解，板书内容较多，基本上把两问题的主要答案都写上去了。由于在"导入"以及分析第一个问题上花的时间较多，所以第二个问题刚开始解析，15分钟的时间就到了，没有较好地完成教学设计的安排。

本次"片段"的经历，让我意识到自己在解读文本方面的功力还不够扎实。如果说有"收获"，那就是终于将"15分钟"的时间用完了，课堂容量更大。还有，就是侥幸地从教研组比武脱颖而出，进入学校决赛。但是所暴露出的"问题"却不少。事后我与一些老师交流，他们的评价以及建议都给予我很大的启发：第一，所确定的教学内容之一，即第一个探讨的问题，本身是不恰当的。第二段中只是引用古罗马哲学家赛涅卡的那句话，在结构上起到过渡作用，将对其的分析列为课堂探讨的主问题，是不应该的；况且，"糊涂人"与第一段中的"那些'哲人'"没有什么必要的关联。我以上的教学设计，不仅不合理，而且可能会误导学生。第二，设定的第二个问题很好，应该予以充实，15分钟的片段教学完全可以主要围绕它展开。

听完老师们的建议，我联想到"矛盾分析法"。孙绍振教授认为，目前中学语文教师解读作品"在方法上，习惯于从表面到表面的滑行，在作品与现实的统一中团团转，缺乏揭示矛盾进入分析层次的自觉"。其实对于有限时间内的"片段教学"而言，要完成更多的有效教学，通过引导学生揭示、探究文本内部的"矛盾"从而把握教学重点，明晰教学线索，何尝不是一种行之有效的思路呢？可是，我却在这次的"片段"经历中"忘却"了这件"法宝"。当我尝试以"矛盾分析法"来重新设计此文本的"片段教学"时豁然开朗：

（一）导入：以杰克·伦敦《热爱生命》来引出"热爱生命"的话题，让学生围绕着此话题展开简短讨论（时间3分钟）。

（二）引导学生把握"日子"与"生命"之间的关系：本文写"热爱生命"，为何第一段前四句都在讲"日子"呢？这是否与"热爱生命"有矛盾之处？可引导学生认识到"日子"是"生命"的存在形式，"热爱日子"是"热爱生命"的表现（结合文段中相关语句加以分析）。"日子"是具象的，"生命"是抽象的。谈"热爱生命"，先由具象的"日子"说起，更能把抽象的哲理讲好（时间5分钟）。

（三）引导学生以文解文：本文主要在写"热爱生命"，第三段中，作者为何说"不过，我却随时准备告别人生，毫不惋惜？"这岂不是不热爱生命了，这与"热爱生命"岂不是有所矛盾？让学生联系上下文加以理解。该问题在下文中"这倒不是因生之艰辛或苦恼而致，而是由于生之本质在于死"揭示了答案。此处关键在于如何理解"生之本质在于死"，这是学生不懂的地方，老师可适当联系上下文，结合语境，予以拓展分析——恰恰是因为"热爱生命"，乐于生，所以"才能真正不感到死之苦恼"。后一句"因此只有乐于生的人才能真正不感到死之苦恼"既是前一句意思的递进，又可以进一步阐述段首第一句的涵义。本段后半部分，则是对"乐于生"的另一维度的解读（时间5分钟左右）。

应该说，很大程度上讲，"片段教学"就是在考教师"解读文本"的专业能力——能吃透教材，分析出关键的问题，明确教学重点，在创设的虚拟互动语境中展示干净利索的教学环节，就是成功的。而"矛盾分析法"确实是一种极为有效、值得借鉴的方法。

三、从《我有一个梦想》的"片段教学"看"语文味"

2012年5月，校青年教师大比武决赛分两个环节进行：先进行课件制作比赛，后进行"片段教学"比赛。在"片段教学"比赛中，根据组委会的安排，我要选定必修（二）第四单元马丁·路德·金《我有一个梦想》的某个片段进行讲解。按照抽签顺序，先用一小时的时间撰写教学设计，然后进行现场片段教学。

应该说，我对这一文本还是较为熟悉的，准备时间也较为宽裕，可偏偏在确定"教学内容"环节上出了"硬伤"，同时还犯了"常识"性的"失误"。我大致按照以下思路准备、组织。

（一）以复习上篇课文、重提"单元提示"、强调"文体"作为"导入"。结合板书向学生强调"演讲辞"的文体特点。

（二）介绍《我有一个梦想》的演讲背景，以课文下的注释为据。

（三）引导学生探究：为什么要在这里集会？作者从哪些方面论述理由的？请简要分析（该处只设置一个探究问题，目的在于使"片段教学"的思路更加明晰，针对性更强）。我在准备的"教学设计"中对这一问题都有所"预设"，试图引导学生通过简要分析相关语段内容，归纳出问题的答案，从而加深对本篇课文前半部分内容的理解。现场讲课时，把这一问题的几点答案逐一板书，试图让评委老师更加明白我的上课思路；同时也注意创设虚拟的教学情境，模拟师生对话。

此次"片段教学"是校级决赛，台下的评委都是文科各教研组的资深专家。由于之前自己没有经验，对规范的片段教学的步骤了解得不够，所以竟然不知道向评委介绍课题。比赛现场，自己完全按照"预设"的教学步骤，"滔滔不绝"地说。从实际情况来看，这是一次极为失败的"片段教学"。最终"惨淡"的"成绩"，也恰恰体现出我这次"片段教学"的质量。比赛之后，我做了如下的反思。

（一）最大的问题就是不像"语文课"，没有"语文味"。对于《我有一个梦想》这样的"文本"，除了可以做"语文"材料，还可以做"政治""英语"材料。面对这种有多副面孔的"文本"，作为一位语文教师，必须应选择从"语文"的角度切入，要讲出"语文味"，让学生通过品析语言文字来获得情感上的熏陶与感染。纵观我预设的教学内容，只是引导学生分析一个问题，只是引导学生通过分析段落大意归纳答案，这更像是"练习"，并未真正走进文本内部，只是在文本表面滑行。这种无分析、无咀嚼的"归纳"，是无法体现出"语文味"的，是一种粗糙的"直奔"，是一种缺乏深度的解读。那么如何"设计"与"生成"体现这一文本片段的"语文味"呢？比如说，围绕着

"'我有一个梦想'中的'梦想'包含哪些内容"引导学生体会第18—26段的句式表达作用，可适当放慢上课节奏，创设适宜的虚拟情境来涵泳语句。

（二）王荣生指出，"在评价一堂课的教学方法好不好之前，首先要考察它的教学内容对不对；在感受课堂教学的活跃气氛之后，更要关心学生是不是驻留了与教学内容相应的语文体验；我们还有十分的必要，关注语文课程目标的有效达成问题"，"合宜的教学内容是一堂好课的最低标准"。对于像《我有一个梦想》这种文本内容多元的"材料"，在"片段教学"中选择合宜的教学内容，关注虚拟情境下"学生"所获取的与教学内容契合的语文体验，是极为重要的，它高于"教学方法"的选择与"课堂氛围"的营造。也就是说，"教什么"比"怎么教"更重要。

（三）语文教师在想教什么与实际在教什么之间，往往存在着阻隔、矛盾乃至对立、冲突。当我们对所实践的"片段教学"进行思考、总结时，有三个问题值得关注：第一，教师在这堂课想教什么？第二，教师在课堂上实际教了什么？第三，在这堂课里学生实际在学什么，学了什么？我们往往对于"预设"有信心，而对"生成"不满意。归根到底，还是由于"预设"与"生成"存在阻隔之处，而这恰恰是我们需要努力修补的。

以上是我因三次比赛经历而引发的对"片段教学"的一些思考。"片段教学"最终还是要回归"45分钟课堂"。我们在"片段教学"中所遇到的诸如"学情""矛盾""语文味"等问题，功在平时。如果在平时的备课、上课中，都有意识地完善上述问题，那么把课上好也就是水到渠成的事情了。问渠那得清如许？为有源头活水来。

（本文收录于2012年福州一中教师优秀教研论文集《春华秋实》）

课程思政视域下语文教学设计的四大维度

——基于一次"教学设计"作业的观察与讨论

2016 年 12 月，习近平总书记在全国高校思想政治工作会议上强调，要坚持把立德树人作为中心环节，把思想政治工作贯穿教育教学全过程，实现全程育人、全方位育人；其他各门课都要守好一段渠、种好责任田，使各类课程与思想政治理论课同向同行，形成协同效应。语文学科在落实"立德树人"根本任务方面具有独特的优势，语文课程要自觉落实课程思政的要求与指向。在语文教学中，教学设计是至关重要的。"语文教学设计是教师依据语文课程标准，在充分进行教材、学情分析的基础上，拟定教学目标，据此制定包括教学内容、教学过程、教学方法等在内的教学方案，并在实施中获取反馈信息，对方案进行调整、优化的过程。"① 语文教学设计关乎课堂教学质量，十分重要。无论在理论上还是在实践上，核心素养背景下我国中学语文教学设计都有了不小的进步，但仍然存在教学目标混杂、教学内容不当、教学方式虚空、教学理念滞后、教学低效等问题。本文从课程思政的视域出发，结合具体案例，从五个维度展开对语文教学设计的相关思考。

一、目标：聚焦"育人"元素

教学目标是指语文教师基于语文课程标准、学生学业水平、教学教材等，通过引导学生展开课堂内容的学习，完成规定的课堂教学任务后应达到的目

---

① 靳彤. 中学语文教学设计［M］. 北京：高等教育出版社，2016：2.

标。布鲁姆将教学目标分类为"认知"（包括知识、理解、应用、分析、综合与评价）、"情感"、"动作"，加涅将教学目标分类为"言语信息""智慧智能""认知策略""动作技能""态度"，美国教育学家马杰提出行为目标理论（在"行为主体""行为动词""行为条件""表现程度"范畴实现目标分类），现代认知心理学派倡导表现性目标理论（明确规定学生应参加的活动）。无论何种理念的教学目标理论，都要落到实处——教学目标要贴近学生的接受水平，着眼于学生的"最近发展区"，便于教学操作，要更为具体地抓住课文艺术特色与情感特征，准确落实相关的需培养的核心素养，不应失之粗略，凌空蹈虚。

　　具体到语文学科，从"双基"到"三维目标"再到"核心素养"目标，体现出我国语文教学发展轨迹，也提示我们要基于当下学情设定适宜的教学目标。对于当下的语文教学而言，"核心素养"与"课程思政"是我们必须要遵循的整体本位理念（"核心素养"已经成为当下语文教师课堂教学的价值追求）。教学目标的重要性是不言而喻的，"它既是教学的出发点，也是归宿。或者说，它是教学的灵魂，支配着教学的全过程，并规定教与学的方向"①。我们需整体看待，整合优化教学目标，不应将素养本位的教学目标予以素养维度的片面割裂，崔允漷在《有效教学》一书中曾提出不能把三维目标化简为一个平面的三类目标，我们也不应将教学目标简单与语文核心素养四个方面加以格式化的对接与拼联，而应整体融合。笔者认为，教学目标聚焦课程思政元素有助于实现教学目标的整体优化。

　　为何这样说？无论是语文学科本身具有的人文内涵，还是立德树人的任务对于语文教学的内在要求，无论是语文教学在育人方面独具的优势，还是语文课标在课程理念、课程目标表述中对于学生人生观、价值观等塑造指向的强调，都使得我们在语文教学目标设定上要聚焦课程思政元素。教学目标聚焦于课程思政元素，能使课程教学将知识传授和价值引领有机结合起来，使"行为主体"在"行为动词"与"行为条件"中呈现目标的"表现程度"，从而较为真实形象地"提炼出课程中蕴含的爱国情怀、社会责任、文化自信、

---

　　① 崔允漷. 有效教学［M］. 上海：华东师范大学出版社，2009：110.

人文精神等价值范式，使学生在认知、情感和行为方面有正确的方向"①，有效落实立德树人的根本任务。聚焦课程思政元素，要求我们要突出对行为主体的学情分析，要通过可测量可理解的行为活动来创设行为条件（活动情境），从而达成对课程思政元素的表现，发挥语文学科独特的育人功能，这也有助于解决当下语文教学目标繁冗、零散、粗略、宽泛等问题，促使教学目标在有机统一中实现素养功效。

笔者本学期担任福建师范大学文学院 2020 级汉语言文学（师范）6 班"语文课程与教学论"任课教师，前不久给班级学生布置一份"教学设计"的作业：写一份《沁园春·长沙》教学设计（不限课时）。笔者结合从中挑选出的教学设计中的教学目标来进一步阐述。

A 同学的教学目标：

1. 语言建构与运用：了解词的结构及相关知识，抓住关键词语与重点语句，梳理本首词的结构，品味语言艺术，培养语言建构与运用能力；

2. 思维发展与提升：通过诵读、思考、分析、拓展等方法，深入探究词作，提升发展思维能力；

3. 审美鉴赏与创造：主动积极地感受诗词意境，感受思想艺术魅力，理解词中意象，培养审美鉴赏与创造能力；

4. 文化传承与理解：感受传统文化魅力，体会词作中"诗言志"的传统文化，不断增强文化自信。

笔者曾在教学设计作业讲评课上组织班级学生讨论。学生们发言积极，有学生指出这里教学目标指向语文核心素养，目标条理清晰，有学生认为此处教学目标比较宽泛，不够具体，有学生提出教学目标没有着眼于学生"最近发展区"（比如，高一学生在本课之前就学过词的知识了，这里目标定为"了解词的结构及相关知识"不够到位）。笔者肯定了学生发言的可取之处，同时引导学生展开进一步的思考：A 同学的教学目标将语文核心素养各自展开相关层面的目标设定，显得较为生硬；除了目标的宽泛之外，第 4 点目标

---

① 肖香龙，朱珠."大思政"格局下课程思政的探索与实践 [J]. 思想理论教育导刊，2018（10）.

"感受传统文化魅力"作为基于文化层面的育人目标，本身的表述与文本蕴含的课程思政元素是不契合的，在思政元素的提炼上出现了偏差；没有围绕着思政目标落实对文章育人价值的有效提炼，导致在认知、理解、体验等层面，在语言、思维、审美、文化等核心素养维度层面失去了本应由对词人青春理想、青春情怀的体验而形成的富有针对性的目标充实。

经过师生讨论，形成共识，将 A 同学的教学目标修改为：

1. 反复诵读，读出诗歌的节奏和情感基调，把握词作指向秋景、"同学少年"的内容。

2. 结合富有表现力的语言、手法，品味色彩绚丽、自由自在、生机勃勃的意象内涵以及阔大自在的意境特征。

3. 感受毛泽东以天下为己任的胸怀，激发青春激情。

B 同学的教学目标：

1. 了解词的有关知识和诗歌的创作背景；积累字词，品味关键词语；背诵诗歌。

2. 反复诵读，体味诗人蕴含于作品中的情感，感悟诗人博大的情怀，感受诗人以天下为己任的历史责任感。

3. 把握词的意象和意境，概括画面，并能从情景交融的角度赏析词作，提高诗词鉴赏能力。

4. 走进诗人的情感世界，领略诗人的人格魅力，学习革命先辈的胸襟和气概，思考当代青年学子的使命和担当。

学生在讨论中指出 B 同学的教学目标繁杂，不够简洁，想面面俱到，却没有找到教学的适切内容，没有做出必要的取舍，目标重叠。笔者肯定了学生们从语文教学目标的设计原则出发揭示 B 同学教学目标呈现不足的发言，接着从教材选文特点、课程思政元素提炼以及聚焦课程思政元素对于教学目标的有效表现性达成的整体推动作用等三个方面展开指导。统编高中语文教材坚持立德树人，整体规划，有机融入社会主义核心价值观，进行革命文化教育。学生学习毛泽东《沁园春·长沙》要感受革命领袖毛泽东昂扬向上、奋发有为、以天下为己任的青春志向和革命抱负，加深对青春价值的理解。因此，无论是把握作品内涵，还是从想象、语言、意蕴、情感等角度赏析，在获得审美体验过程中都要落实以上的美学价值教育。而聚焦如上的课程思政元素，就需要在教学目标上引导学生在诵读中感知文本节奏与情感基调、结合背景材料把握作品深刻思想内涵；就需要揣摩语言与形象来彰显语文化的育人目标，课程思政元素的强调也使得教学目标对于揣摩语言和品读形象有了清晰的价值指向。

基于讨论，我们将 B 同学的教学目标调整为：

1. 反复诵读，把握节奏与语气，理解词意。

2. 品味富有表现力的语言，揣摩意象内涵，体会诗歌丰盈深邃的意境。

3. 结合背景材料，领略词人昂扬向上、以天下为己任等青春志向与革命胸怀，进一步培养爱国情怀。

二、内容：具化"思政"内涵

2017 年 9 月，中共中央办公厅和国务院办公厅颁发的《关于深化教育体制机制改革的意见》第一次把"课程思政"写入国家文件中。2017 年 12 月，教育部颁布的《高校思政政治工作质量提升工程实施纲要》再一次明确"课程思政"的教学理念，大力推进基于"课程思政"的课堂教学改革。"课程"最初的意思主要指课业内容的学习进程。人们习惯从"课程"约定俗成的意义中对其进行基于知识传承手段的定位。其实，"课程"关乎"教什么""怎么教""为什么教"的逻辑论证，"只有当知识被赋予某种价值性、功能性及方法性才能成为课程"①，课程的教育性品质和逻辑系统使得它必须落实对意识形态属性的型塑。对于语文教学而言，课程教学要落实课程思政的内涵。但是课程思政绝不是"课程＋思政"简单的术语堆砌以及生硬的原理套用，而是如习近平总书记所言的使各类课程与思政政治理论课同向同行，形成协同效应。语文教学要致力于对语言形式的揣摩来挖掘课程教材蕴含的丰富思想文化内涵与情感特征，从而以适宜的教学内容具化课程思政的内涵。

---

① 郝德永."课程思政"的问题指向、逻辑机理及建设机制［J］. 高等教育研究，2021（7）.

加涅曾指出，思考并落实"要习得的是什么"十分有助于学习原理在教学上的应用指导。这里的"要习得的是什么"指向的不仅有目标，还有学习内容。学习内容整合到教学层面就是我们的教学内容。说起语文教学内容，就不得不提及思想与形式的关系。朱自清、叶圣陶等对此做出过相关的阐述，朱自清说语文文本阅读所获得的思想"存在语汇、字句、篇章、声调里"[①]；叶圣陶说"文学和其他艺术制作一样，内容和形式分不开来，要了解它就得面对它本身，涵泳得深，体味得切，才会有所得"[②]。我们要基于语文形式与思想来明确相关的教学内容。

具体到《沁园春·长沙》的课程思政教育，我们要坚持立德树人，有机融入革命文化教育，感受革命领袖伟大革命抱负和豪放胸襟，理解毛泽东热爱大自然、关心社会现实与国家命运的青春情怀，激发学生对青春价值的进一步思考，使得学生在学习和运用语言文字过程中受到熏陶感染，增强爱国情感和文化自信。我们要基于学习任务群、单元人文主题，结合文本审美特征、学情特点来建构教学内容。接下来我们结合学生交上来的教学设计作业做进一步分析。

C同学的教学设计将教学内容（第一课时）设定为：以毛泽东《沁园春·长沙》书法作品导入，整体感知词意内容，温习已学过的有关秋景的诗句，从色彩、炼字等角度赏析湘江秋景，理解"怅寥廓，问苍茫大地，谁主沉浮？"的内涵。这份教学设计的导入注重运用跨媒介手段引入毛泽东相关书法作品，有助于直观感受伟人自由豪放的人格情怀；整体感知词意贴近学生学情，便于形成对词作整体情感基调的把握。而温习学过的有关悲秋诗句则发挥了奥苏伯尔"先行组织者"的"支架"效用，有益于体会伟人颂秋的情感特质。如果在多角度赏析湘江秋景部分将炼字、色彩角度整合到揣摩意象内涵的方面，那么会使形式与内容得以优化融合，进而提升对"万物霜天竞自由"的艺术揭秘水平，更加有效地启发学生领会毛泽东热爱祖国大好河山的感情。

① 夏丏尊，叶圣陶. 文心［M］. 杭州：浙江文艺出版社，1980：2.
② 叶圣陶. 叶圣陶语文教育论集［M］. 北京：教育科学出版社，1980：75.

D同学的教学设计（第一课时）将教学内容表达为：以《觉醒年代》相关视频导入，进行背景介绍，寻找本诗上阕意象并分析意象作用，炼字，进一步感受湘江秋景。这里呈现出的教学内容是贴近文本的，主要指向对于湘江秋景的赏析。导入部分与课程育人内容保持一致且能以可视化的影像予以针对性呈现，知人论世的内容植入能从认知图式层面深化学生对毛泽东青春情怀的理解，聚焦湘江秋景的字词、意象、画面则能很大程度上推动对壮丽秋景的具体解读，但由于缺乏对意象指向的意境、情感、思想的揣摩与体悟，使得教学内容没有具体化的课程思政价值内涵。

我们至少要明确手法分析与思想内容相融合的必要性，上课时不应也不能只讲写作手法（如远近结合、动静结合等），要将对湘江秋景以及同学少年的赏析整合到其蕴含的课程思政育人内容之中，以便更好落实立德树人的根本任务。同时也不应为了追求"思政"思想，过度解读文本内容，走向教学歧途，扭曲课程思政的本意。总体来说，对湘江秋景基于意象的揣摩赏析以及在此基础上形成的对于抒情主人公承载其上的青春情怀、革命情怀的把握，对于抒情主人公在"独立寒秋""湘江秋景""峥嵘岁月"中表现出的青春形象的体知，对于下阕借助化用典故、知人论世等方式塑造的"同学少年"形象的整合以及进一步凸显出的伟人昂扬向上、以天下为己任等革命志向、青春追求的领略，构成了《沁园春·长沙》具化所关联的课程思政内涵的教学内容。

三、方式：渗透"价值"指向

教学设计需对教学过程进行系统组织，要蕴含对教学过程的技术规范，要对教学意图予以有效转化，要如美国教育学家马杰所言的教学设计要解决"我们到哪里去""我们怎样到那里去""我们是否到了那里"等层面问题。要促使教学设计保持要素之间的逻辑关系，可参考加涅提出的"教学事件"，

"可以把教学看成是经过有意识安排的，旨在支持内部学习过程的一套外部事件"①。赫尔巴特的"四段教学过程模式"、莱因的"五段教学过程模式"、杜威的"五步教学法"、凯洛夫"五环节教学过程模式"以及黎锦熙"三段六步教式"、钱梦龙"三主、四式教学模式"，虽然各有各的主张，但都重视教学设计的逻辑关联，指向的是基于教学方式的空间探索。

这里的教学方式与王荣生所说的"怎么教"是相通的。它是指能落实教学内容、推动教学过程有机衔接的策略、方法，是指呈现在教学环节中与教学内容共存互构并能体现教师教学设计智慧、充实课堂教学张力的教学存在。比如王荣生教授曾提及王崧舟执教纳兰性德《长相思》设计的三个教学环节：（一）借助注释，读懂词意；（二）展开想象，读出词情；（三）互文印证，读透词心。这里的"借助注释""展开想象""互文印证"就是指向方法策略的教学方式。

语文教学方式要渗透语文课程思政指向。2020 年 5 月，教育部颁布了《高等学校课程思政建设指导纲要》，对课程思政的指向、路径、原则等做了路线层面的指导。课程思政教学旨在将知识传授、能力建构、价值养成等融为一体，使得课程教学在彰显知识、能力本位任务的同时自觉渗透课程思政的价值指向，以同向并进的状态有效保证学科课程的教育成效。《普通高中语文课程标准（2017 年版 2020 年修订）》指出："普通高中语文课程应重视对学生情感、态度与价值观的正确引导。教学时应注意教学内容的价值取向，发挥语文课程的熏陶感染作用。尊重学生独特的学习体验，引导学生在语文学习中接受优秀文化的熏陶，获得丰富的审美体验，形成良好的人文修养，树立正确的世界观、人生观和价值观。"② 在语文教学设计中，我们要基于学习任务群、教材、学情等，丰富教学方式，激发学生的学习兴趣，引导学生深度学习，丰富学生的学习体验。我们结合本次学生提交的《沁园春·长沙》教学设计，来进一步分析这个问题。

---

① ［美］加涅，韦杰，等. 教学设计原理（第五版修订本）［M］. 王小明，庞维国，陈保华，汪亚利，译. 上海：华东师范大学出版社，2007：11.

② 中华人民共和国教育部. 普通高中语文课程标准（2017 年版 2020 年修订）［S］. 北京：人民教育出版社，2020：41.

该课可采用文本内外部矛盾关联分析的方法来明确学习任务，安排相关教学设计。E同学在引导学生分析上阕"看万山红遍，层林尽染；漫江碧透，百舸争流"时将教学着力点放在色彩选用、程度副词运用的角度，指出"红"象征激情，"碧"象征生机，两种颜色交相辉映，使得秋景呈现出勃勃生机，而"遍"体现出"红"的范围大，"透"强调了"碧"的深度。这里并不是说这样的教学方式完全没道理，而是要讨论它是不是被优化过的教学行为。笔者认为，从学情和思政指向出发，此处的教学要注意两点：一是上述只顾炼字而忽视整体赏析的方式并不契合学生认知习惯，学生往往习惯于形成整体感知再进行微观局部的审美；二是从课程思政指向来看，此处应该引导学生分析出"万物霜天竞自由"在"万山""层林""漫江""百舸"中的体现，即对相关意象内涵进行针对性赏析，从而让学生体会作者蕴含其中的对于湘江秋景的情感。所以课堂点评时笔者建议E同学调整教学方式，从文本内外部矛盾关联分析的角度展开文本细读：青年毛泽东独立橘子洲头，看到的是万重山峦角角落落都变成了红色，山上层层叠叠的树林全都被染成了红色，满江的水都变得碧澈，成百的船只争先恐后地航行——这里抒情主人公真的看到"万山红遍，漫江碧透；漫江碧透，百舸争流"吗？从生活实际出发不可能看得这么彻底，艺术形象与实际形象呈现矛盾。而之所以有这样的矛盾，还原分析后会发现，词人用了夸张手法在描摹"山""林""江""舸"物象时，饱含了自己的主观情感，成为了意象："山"是绵延不绝、全部红透的山峦；"林"是层层叠叠、全部变红的树林；"江"是宽阔、碧澈的江水；"舸"是数量众多、争先恐后的船只。这是无论远望还是近观都呈现出绚烂色彩、勃勃生机、自由自在、宏伟阔大的湘江秋景，蕴含毛泽东超越常人悲秋情绪展现的对于眼前祖国河山的热爱之情。

　　可采用引入背景材料创设相关情境的策略来整合教学方式。著名学者王荣生曾指出"教材中的课文有高于学生原有语文经验的一些因素，学生单凭原有的背景知识和语文经验，有些地方理解不了，有些地方感受不到。而这些地方往往是这篇课文最紧要的地方，往往是学生理解和感受的一些关键点"①，我们可以采取引入背景材料创设相关认知情境的策略解决这样的教学难点或学生认知的盲区。F 同学的教学设计为学生提供了如下的背景材料：长沙是毛泽东早期读书和从事革命活动的地方；在长沙读书期间毛泽东和同学们攀登岳麓山，到橘子洲游览，畅游湘江，共同研究学问，讨论国家大事，多次领导反抗军阀的斗争，寻求革命真理；他印发反对袁世凯称帝的小册子，开展反对袁世凯的斗争，参与领导反对张干的学潮，组织新民学会，开办中国第一所革命工人夜学，主编《湘江评论》，积极领导驱逐北洋军阀张敬尧的运动，创办"马克思主义研究会"、湖南自修大学，与何叔衡等组织湖南共产主义小组……1925 年 2 月毛泽东携家人回家乡韶山养病，并领导当地农民运动，同年 8 月，由于别人告密，湖南军阀赵恒惕下令逮捕毛泽东。毛泽东得知消息后秘密去了长沙，在长沙逗留一段时间后于 9 月上旬去广州办农民运动讲习所，离别长沙前他重访橘子洲，抚今追昔，写下了这首词。F 同学并非堆砌以上背景材料，而是巧妙地在文本分析时适时地引入这些材料，深化了学生对于创作背景的了解，在学科认知情境创设中深化了对毛泽东蕴含在本词中展现的以天下为己任的革命志向的感知、体悟。不过，也要注意不应以背景材料的片面择取来架空对文本的有效分析。G 同学在讲到湘江秋景时不合时宜地引用了背景材料产生了对词中"万山红遍"的过度解读：1918 年李大钊曾预言"试看将来的环球，必是赤旗的世界"，当时国内也出现了工人阶级运动，呈现出新的变化，所以"万山红遍"不仅是对于现实的客观描写，更是作者对于"星火燎原"思想的形象化表现，对革命和祖国前途光明的憧憬。这显然是过度解读，是不准确的。

四、理念：契合"立德树人"精神

课程思政是"以构建全员、全程、全课程育人格局的形式，将各类课程与思想政治课同向并行，形成协同效应，把'立德树人'作为教育的根本任

---

① 王荣生．语文教学设计的四个要点（上）［J］．语文建设，2020（17）．

务的一种综合教育理念"①。课程思政的精神要义体现在课堂教学对"立德树人"理念、任务的全过程贯彻。语文是一门学习祖国语言文字运用的综合性、实践性课程，它涵盖的内容包含了实施思政教育的资源，可以引导学生积累优秀文化知识，理解所蕴含的丰富思想内容，陶冶学生审美情操，激发学生的情感共鸣。《普通高中语文课程标准（2017年版2022年修订）》指出，语文课程的基本理念包括：坚持立德树人，增强文化自信，充分发挥语文育人功能；以核心素养为本；加强实践性，促进学生学习方式的转变等。语文课程在课程思政教育方面具有独特的优势。统编高中语文教材主编温儒敏指出统编语文教材具有鲜明的意识形态色彩，以"立德树人"为核心理念，处处体现"立德树人"思想。语文教学设计的教学理念要契合课程思政精神。

以本次教学设计作业为例，有些执教者将手法分析这类知识的习得及作品审美作为教学理念，导致学生无法深入理解毛泽东的青春情怀与革命胸怀。他们只是沉浸在对写景手法的分析上，花很多力气、时间引导学生赏析远近结合、动静结合、视听结合等手法，没有落实在借由这些手法的分析而深化对词中蕴含的意象的内涵以及情感特征的有效解读上，这就导致教学内容出现了偏差，也很难实现语文课程情感育人与文化化人的独特效用。

有的教学设计以任务统整化的教学理念来追求与课程思政精神的契合，精准契合了《沁园春·长沙》的课程思政精神（侧重于感受艺术形象，领略青年毛泽东昂扬向上、豪迈大气的青春情怀）。设计者认为，应基于对应的"文学阅读与写作"学习任务群以及诗词"体式"特征，尽量规避那些零散琐碎的课堂问题，整合教学内容、教学资源、教学方法等，将学习任务聚焦在对诗歌形象和情感的有效分析中，且能在"任务"中为学生提供学习支架，引导学生在揣摩相关语言文字中深化对思想内容的理解与感悟。比如，H同学在第一课时教学设计中安排了三项学习任务：任务一，在上阕前三句中，你读出了抒情主人公怎样的形象？任务二，阅读"看"字所领起的词句，谈谈作者笔下的湘江秋景具有怎样的特点，你是如何看出来的。任务三，请结

---

① 高德毅，宗爱东．课程思政：有效发挥课堂育人主渠道作用的必然选择［J］．思想理论教育导刊，2017（01）．

合词作内容以及相关背景材料，谈谈你对"怅寥廓，问苍茫大地，谁主沉浮？"的理解。此处教学设计紧扣结合语言文字的揣摩来感受形象、体悟情感的教学理念，实现了与课程思政精神的高度契合，从而也使得教学环节简约有序，学习任务简洁明快，把握本质问题，环环紧扣，有助于学生深切体会词作所传递的感情。

（本文收录于《2023年福建社科界青年学者论坛优秀论文集》）

高考语文文学类文本阅读的"三解"：
解读、解题与解答

一、关于"解读"

（一）重视对教材中文学类文本"学习提示"的解读与研究。

在正式展开对"文学类文本"分析之前，我们首先需要了解何为文学。韦勒克、沃伦《文学理论》指出"文学的外部研究侧重的是文学与时代、社会、历史的关系。文学内部研究把研究重心置于文学本身，它们要求高度重视作品的语言、形式、结构、技巧、方法等属于文学自身的因素。这就是雅柯布逊所谓文学之所以为文学的'文学性'"。

分析高考文学类文本阅读，应回归教材，解读教材中相关文学类文本"学习提示"是如何表述的。我们看一些例子。

例1："体会作者通过外貌、语言、动作等方面的细节塑造人物形象的精湛手法。"（《大卫·科波菲尔》）

点评：考查"手法"，提供"手法"的类型，重在"体会"。

例2："这部作品带有一点儿的'自传'性质。"（《大卫·科波菲尔》《复活》）

点评：侧重思考文学审美与现实人生的关联，现实形象与虚构形象的关联。

例3："有人认为，在作者笔下，玛丝洛娃这个人物比聂赫留朵夫更有光彩。"（《复活》）

点评：探究人物形象，有考查的张力，鼓励基于文本的个性化阅读。

例4："围绕老人这一失败英雄的形象及其象征意义，体会小说所赞颂的'人的灵魂的尊严'。"（《老人与海》）

点评：注重考查思维品质，既考查小说主题，也考查探究主题时的分析能力，防套作。

例5："细读作品中描写的老人与鲨鱼五个回合的搏斗场景，感受小说冷静、密实的叙事风格。"（《老人与海》）

点评：冷静是指客观淡定，密实是指翔实具体。结合文本内容理解小说相应的叙事风格。何为叙事风格？高中三年语文学习，学生在这方面应该掌握哪些必备知识？都非常值得重视。

例6："小说中作者叙述了'失眠症'造成'失忆'这一如真如幻的情节。阅读时，注意思考这一情节的象征意味。"（《百年孤独》）

点评：呈现相关情节，创设学科认知情境，考查理解情节象征意味的必备知识与关键能力。

例7："两篇文章有许多可以比较之处：比如二者都提到了'忘却'，前者以讽刺的口吻说'忘却的救主快要降临了罢'，后者则说'我不如忘却，不说的好罢'；又如二者都带有很强的抒情性，但前者的抒情直露显豁、汪洋恣肆，后者则使用了不少曲折隐晦的笔法。这些都值得深入探究。"（《记念刘和珍君》《为了忘却的记念》）

点评：我们在解读这里的"学习提示"时，不如将其整合为一个典型的问题——鲁迅《记念刘和珍君》与《为了忘却的记念》都写"记念"，但在叙述口吻、抒情方式等方面存在差异，请结合相关内容加以探究。

例8："这篇报告文学用文学的语言和手法报道社会生活中的典型事件，真实再现了包身工晨起与做工时的悲惨状况，字里行间饱含同情，阅读时要多留意其新闻性与文学性是如何做到有机统一的。"（《包身工》）

点评：新闻性和文学性如何在文本中有机统一，这值得我们关注。

例9："阅读时，要体会这几位作者深入生活、讴歌人民的共同的创作追求，以及他们各自不同的创作风格。《荷花淀》以清新的笔触刻画了善良勇敢的抗日军民形象，充满诗情画意；《小二黑结婚》具有极强的乡土气息，'土味'的语言使得人物形象个性鲜明；《党费》中的故事扣人心弦，体现了革命斗争的艰险和革命者对党的热爱与忠诚。"

点评：从这里，我们可以把握这三篇革命题材作品的创作风格：清新、诗意；乡土气息；情节富有张力。

例10："小说中有些'次要人物'也要关注，如'讲理学的老监生'鲁四老爷和'善女人'柳妈，这两个人物并不简单，尝试分析，看看他们在作品的'环境'构成中起到什么作用。"（《祝福》）

点评：考查次要人物在作品的"环境"构成中的作用。

此外，教材中必修上册的"文学短评"也很值得关注，比如如下的表述言简意赅、角度鲜明："曹操《短歌行》运用比兴手法和典故表述心志"；"陶渊明《归园田居》用白描呈现日常生活画面"；"李白《梦游天姥吟留别》用瑰丽的想象表现梦境"；"白居易《琵琶行》把抽象无形的音乐化为具体可感的形象"；"杜甫《登高》中蕴含的身世之悲和忧国之情"。

（二）切实做好经典课文的阅读指导。

以《复活》为例，揣摩《复活》选文的场景与人物心理，是解读的重点。

场景一　两人隔着栅栏对话：

玛丝洛娃："惊讶"（走到铁栅栏跟前，惊讶地盯着聂赫留朵夫）→献媚讨好（看到他是有钱人，嫣然一笑，把眼睛斜睨的笑盈盈的脸凑近铁栅栏）→痛苦（突然想起了他，不相信自己眼睛，笑容消失，眉头痛苦地皱起来，认出后脸色阴沉）

聂赫留朵夫：犹豫（不知用"您"还是"你"；"我想见见您……我……"）→激动（被自己认罪的勇气所触动。细节："他一想到这里，眼泪就夺眶而出，喉咙也哽住了。他用手指抓住铁栅栏，说不下去，竭力控制住感情，免得哭出声来。"）→挣扎（说出请求饶恕的话，害臊，羞耻，欣慰）

场景二　玛丝洛娃被带到聂赫留朵夫面前：

聂赫留朵夫：想尽力帮忙→惶惑（"天哪！你帮帮我，教教我该怎么办！"）→羞愧（"不是有过一个孩子吗？"）→想赎罪→尴尬难堪（竭力想帮助她，她向他要钱，他窘态毕露地伸手掏钱）→内心动摇（"这个女人已经丧失生命了""这个女人已经无可救药了"）→精神的觉醒（"他的心灵里此刻正要完成一种极其重大的变化"，对玛丝洛娃改称"你"，"产生一种特殊的新的力量"）

玛丝洛娃：冷漠（"您是怎么找到我的？"她不理他的话，径自问。她那双斜睨的眼睛又像在瞧他，又像不在瞧他）→气愤（说起死去的孩子，气愤。不想再说往事）→职业习惯的讨好（虽然震惊、痛苦，但还是向他妖媚地笑）→悲痛（说起自己被判决要去服苦役）→功利现实（要钱，夺钱，鄙夷不屑他的真情告白）→冷漠

在对文本有了基本的解读后，再引导学生在分析基础上理解"心灵辩证

法"。"心灵辩证法"是将人物放在特定矛盾处境中，用内心独白、对话以及全知视角的直接分析等手法细细展现，体现人物心灵的辩证发展过程，使人物感情变化能顺应自身性格的逻辑，自然而真实。

（三）读透文本，关注文学特质。

2022年新课标Ⅰ卷文学类文本《江上》选自冯至的历史小说《伍子胥》，整部小说共九节，本文选于第六节，可从以下几个角度进行解读。

1. 散文化的叙事节奏。选文《江上》故事很简单，写的是伍子胥过昭关，到江边，一渔夫渡其过江的故事，没有强烈的矛盾冲突。伍子胥与岸边持不同口音的路人没什么矛盾，与渔夫没矛盾。叙事延宕。过了昭关，本应写到江边，出现延宕，写到江边前的观望与感受，"世界好像换了一件新衣裳，他自己却真实地获得了真实的生命"，"眼前还是一片绿色"，"向南望去，是一片人烟稀少的平原"。到了江边，本应要写渔船，出现延宕，用相当的篇幅写岸上的人们的谈话内容以及他的联想。渔船出现了，本应写上船，出现延宕，写伍子胥对渔歌的感悟。上船了，本应接着写到对岸，出现延宕，用相当多篇幅写伍子胥内心活动。到了对岸了，本应写伍子胥接下来行动，出现延宕，用相当篇幅写与渔夫的对话。作者将叙事重点放在伍子胥在江边和船上的所见和所思。伍子胥过了昭关，没写他立即上船，而是先写他到江边之前的观望。又用白描舒缓叙述笔调把伍子胥"推"到江边。到了江边，用相当篇幅写他对岸上人们谈话的观望和联想。渔船出现，作者没写伍子胥上船的迫不及待，而是写对渔歌的领悟，最后是"身不由己"上船。上船到江岸这一段，用了近一半笔墨写伍子胥内心活动及与渔夫的对谈。这种散文化叙事节奏，舒缓迟滞，使伍子胥逃亡故事充满诗意色彩。

2. 情理化的语言风格。语言抒情和哲理融合。第一段"世界好像换了一件新的衣裳，他自己却真实地获得了真实的生命"一句，抒情意味极为浓郁，昭示伍子胥过昭关以后内心的变化与对生命的体认。渔歌的反复引用，与伍子胥流亡人生经历形成情理上的互文关系。伍子胥面对滔滔江水，想到了"郢城"、想到了"眼泪"、想到"得不到祭享的魂灵"，还想到"享受眼前的升平"的"郢城里的王公们"……所有这些思绪，都是他面对江水的生命体悟，更是一段心潮澎湃的复仇宣言。

3. 象征化的意蕴。《伍子胥》创作于全民族抗战的关键时期。小说涉及流亡与复仇的双重主题。但故事背后体现的是作者对个体命运的深沉思考。当伍子胥面对昭关以外山水，"他自己却真实地获得了真实的生命"耐人寻味。听到季札的故事，伍子胥起了一个愿望，蕴含深意。渔夫的形象也有象征意味，伍子胥与渔夫互为知己。

4. 语言、动作尤其是人物心理变化对于人物塑造的作用。钱理群先生指出诗化小说具有"显著的文化历史指向、深厚的文化意蕴以及具有独特人情风俗的乡土内容。这种小说，不注重情节和人物，强调叙述主体的感觉、情绪在创作中的作用"。我们要引导学生超越试题、研究文本独特的"文学性"或文学特质，这才是提升核心素养的关键所在，也是适应新高考随文设题、破除模式化命题的必然要求。

2021年新高考Ⅰ卷文学类文本阅读选自卞之琳《石门阵》。我们从以下这几个方面进行分析。

角度一：这篇文章，作者没选择知识分子"我"的视角，也没选择亲历者政治指导员的视角，而选择了作为普通群众的木匠王生枝的视角，为何如此安排？

这里其实涉及美国认知心理学家安德森所说的"陈述性知识"和"程序性知识"。按照安德森的解释，陈述性知识是描述性知识，个人用言语直接进行陈述的知识；程序性知识是经过学习后自动化了的关于行为步骤的操作层面的知识，是关于"怎么办"的知识。用政治指导员视角来叙事，会增加很多战争细节，更富有战场真实性，但削弱了这个故事最有特色的传奇性；用木匠的视角来叙事，站在普通群众的视角，更能呈现百姓眼中鬼子的丑态，更能表现百姓对八路军强烈的敬佩之情以及对抗侵略者的信心。

角度二：对于结尾部分的品读。

不能仅仅以所谓陈述性知识进行解读，比如结尾"意味深长、耐人寻味"，还要引导学生分析、品读、感悟、发现。

结尾是这样写的——

"王生枝在月光里走回家去的时候，倒认真地想起当真到了处处夜不闭户的时代。他常常想做一张极精致的衣橱，已经设计了多年，总可以有做成的一天了。不过他知道大家还得先摆多少次真正的石门阵，不是用口，'也得用手。'王木匠看看自己结实的突起了老茧的掌心，说不出由于哪一种情感，不由得感叹了一下：'我这双手呵！'"

这里的结尾具有意味深长、耐人寻味的艺术效果：心理活动写出了对于抗战胜利后宁静生活的向往、渴望；心理活动、语言描写呈现了他对现实局势的清醒认识；细节描写（外貌、语言）体现了王木匠的抗战热情。

所谓的丰富意蕴，与对语脉的分析是分不开的。我们可以举一个教材的例子，鲁迅《祝福》结尾一段"我给那些因为在近旁而极响的爆竹声惊醒，看见豆一般大的黄色的灯火光，接着又听得毕毕剥剥的鞭炮，是四叔家正在'祝福'了；知道已是五更将近时候。我在蒙胧中，又隐约听到远处的爆竹声联绵不断，似乎合成一天音响的浓云，夹着团团飞舞的雪花，拥抱了全市镇。我在这繁响的拥抱中，也懒散而且舒适，从白天以至初夜的疑虑，全给祝福的空气一扫而空了，只觉得天地圣众歆享了牲醴和香烟，都醉醺醺的在空中蹒跚，豫备给鲁镇的人们以无限的幸福。"陈日亮老师在《如是我读——语文教学文本解读个案》一书对此作了这番精彩阐述："这是《祝福》中除了故事开始前，抒写雪夜'独坐在发出黄光的菜油灯下，想'之外，又一个让人潜思玩味、含咀不尽的段落，用的是曲折的笔调和浓重的墨色，超脱的语气中带着热讽，懒散的口吻里带着冷峭，全然是鲁迅本色。"我认为《祝福》结尾包含三层意思：第一层，"繁响"拥抱了鲁镇也拥抱了"我"——"我"的心理情绪。第二层，"祝福"带来的"懒散且舒适"——"我"的忘却。第三层，"天地众神"准备"赐福"——"我"的沉思。

角度三：文中主要故事就是鬼子进村遭到八路军袭击，我们不能仅仅知道这篇小说放慢了叙事节奏。作者具体是如何放缓叙事节奏的？

看原文相关部分——

王木匠转过头来望望山坡下转进村子里来的白路，仿佛日本兵当真从那边来了，把听众给吓了一跳。

"他们先在远处山头上向镇上望，用望远镜，看得清清楚楚的。

"那条小街上有人吗？没有。

"那个院子里有人吗？没有。

"那堆小树丛背后有人吗？没有。

"八路军走光了。好，那个头儿，吩咐先下去五十个胆子最大的'皇军'。

王木匠没有理他，干咳了一声，接下去：

"骑了马，得意洋洋！瞧，第一个麻子，腰板挺得多直啊。瞧，第二个是八字胡子，第三个是小耳朵，小耳朵回过头来，看后面跟来的都很威风，就把头昂得高些。

"小耳朵的心是在一家老百姓的阁房里。

"八字胡子的心是在一家老百姓的铁柜里。

"麻子的心是在一家老百姓的猪圈里。"

"说话间，不知不觉，已经走进了村子。

"麻子忽然在一家门口勒住了马。八字胡子、小耳朵和后边四十七个人都勒住了马。满街上鸦雀无声。

"麻子盯住了一家的屋门，不作声。

"小耳朵也盯住了那家的门，不作声。"

"他们看见了什么呀？奇怪。"小梅子插上来一句，仿佛代表了全场听众。

"他们看见了什么呀？奇怪——后边那四十七个'皇军'也这样问哪，可是没有出声，他们不作一声在那边发愣，那五十个'皇军'。

"他们看见了什么呢？奇怪。

"他们什么也没有看见，只看见门里堵满了石头——石头门。

"他们索性向前跑，沿街向左向右转了两个弯。

"一路上——

"向左看：石头门。

"向右看：石头门。

"石头门。石头门。石头门。"

文中如何放慢叙事节奏？第一，讲述中注重反复手法的运用。有词语的反复，有词组或句子的反复，基本上是间隔反复。反复，出现在紧要处，以此推迟对下文的讲述，放慢叙述的节奏，产生延宕效果，引发听众好奇、急切的心理；第二，讲述中穿插听众的互动。既让整场讲述不再是单一地讲和单一地听，又调节了整个故事的叙述节奏。短暂的叙述停顿成功地调动起了读者紧张、痛恨、好奇等复杂交织的心理。

角度四：采用嵌套的叙事结构。

鲁迅《祝福》就采用这种结构。外部的框架叙事按照时间顺序讲述了"我"的故事，内部的嵌套叙事则以倒叙形式讲述了祥林嫂的故事。《石门阵》中王生枝说书的故事里嵌套着村民打鬼子的故事，即"讲故事的事"与"故事里的事"。"王生枝说书"即"讲故事的事"是一个"容器"，装着"故事里的事"，即"村民打鬼子"。此处解读的难点在于小说叙事手法的创新。卞之琳用了故事套故事的嵌套结构，这个术语在小说选择题中写得明明白白，让故事叙事变得复杂。学生如果看不懂这篇小说，原因在学生小说知识体系陈旧。切勿认为学会的传统小说三要素可以包打天下、包治百病，却不知高考小说考法日新月异，已经潜移默化加入"叙述""结构""虚构"等本体知识。

此外，学生受到阅读经验的影响，对现代主义小说不够了解。所以，引导学生解读教材中这类文章时，我们要尤为注重引导学生把握文本独特文学特质。

以小说《变形记》为例，旅行推销员主人公格里高尔一天清晨醒来后发现自己躺在床上变成大甲虫。小说写人在现代社会中的异化。社会现实是使人异化的存在。格里高尔为了生存整日奔波，却无法在生活中找到归属感。社会甚至家庭都让他感到陌生。小说写的是人的生存现状。当他和家人发现他变成大甲虫的时候，都丝毫没有怀疑这一变形在逻辑上的荒诞，都是把它当成一种自然而然的事实接受下来。现代人面临的正是自我的丧失和变异。即使在自己最亲近的亲人中也找不到同情、理解和关爱，成为一家人的累赘。

父亲甚至把一个苹果砸进了它背部壳中并一直深陷其中，连最初同情他的妹妹也不堪忍受他作为甲虫的存在。人与人的处境已经格格不入。人成为他所不是的东西，却对自己这种异化无能为力。

由"篇"到"类"，我们可以概括现代主义小说文体的几大特征：在创作上不满足对客观事物的摹写，要求表现事物内在本质；侧重对人性和心理世界的发掘，关注对人的存在本质的揭示；在具体方法上强调主观想象，强调对世界的虚拟和变形的夸张和抽象；往往借助于荒诞、变形、陌生化、抽象化等艺术手段实现。

为了便于学生理解，可以引导学生阅读更多卡夫卡相关作品。《地洞》所描绘的洞穴生存世界，《骑桶者》结尾所写的一个人骑着空空煤桶浮升到冰山以至永远消失，《在流放地》揭示的现代机器文明和现代统治制度给人带来的异化，《城堡》里 K 为了进入城堡开始一场毫无希望的斗争，都值得我们去阅读、体会。

根据高考语文文学类文本以素养为导向的选文和命题准则，以及文本组合和试题综合等的创新探索，我们唯有以文本为中心、以切实提高文本解读能力为着力点的备考才是有效的备考。

最后，我们归纳文本解读的几点建议：第一，学会从教材"学习提示"中思考问题；第二，懂得利用教材"学习提示"积累"必备知识"；第三，明确赏析角度，读透若干经典文本（课文、试题文本等）；第四，既要关注"篇性"也要关注"类性"。

二、关于"解题"

以前文学类文本阅读主观题更多是常规题（套路题），随着新高考改革推进，试题反套路倾向越来越明显，反对机械刷题，题目测评指向考生对文本内容深层次阅读后的理解能力，更重视考查学生的语文学科素养和关键能力。高考考查内容凝练为"核心价值、学科素养、关键能力、必备知识"。由此，"因文设题"指不以考查考生是否掌握文章的共性知识为目标，而以考生是否能把握文章的个性特征为指归，依据文章的个性特征，从文章理解、欣赏的角度，看哪些地方是阅读的重点、难点，然后据此设计成题目的命题方式。这是向阅读赏析轻浮化、套路化"宣战"，也是对"因点命题"的拒绝。

1. 聚焦文本，创设学科认知情境。

比如，2021年新高考Ⅰ卷《石门阵》第9题，"小说中多次出现的'门'，在不同层面有不同含义，请结合文本加以分析"。

高考语文试卷中文学类文本最后一道题是作为承担"区分任务"的高端试题。上述命题设置是平朴中藏有机锋的。题干中一些寻常字眼需要细致玩味："小说中"指向作品意义而非生活意义，"不同层面"指向复合维度而非单一维度，"含义"指向作者眼光而非读者眼光。这三个词构成试题的学科认知情境。我们就要走进文本，先找出文中写到"门"的相关语句，然后从不同层面进行提炼、归类，避免单一分析、重复分析。

2. 多文本之间建立对应关系，构拟学科认知情境。

在2021年全国新高考Ⅱ卷里文学类文本阅读也有类似的试题，"文本二指出，教小孩子作文要'能懂得小孩子的欢喜'，谈谈文本一是如何实践'能懂得小孩子的欢喜'这一主张的"。

试卷给出了两个文本《放猖》和《莫须有先生教国语》。第一篇是文学类文本，第二篇是讲作文方法的论述类文本。试题要求在两个文本之间建立起联系，用第二篇文本的观点——教作文要"能懂得小孩子的欢喜"，分析第一篇文本如何体现这种主张，即用文学理论解释文学现象，用某一写作主张分析文本的艺术特色。

3. 与教材文本关联创设情境。

2020年全国Ⅰ卷《越野滑雪》第6题D选项"小说主旨与《老人与海》较为接近，都是通过描写人挑战大自然或者投身不甘平庸的冒险生活，来塑造海明威式的'硬汉'形象"，体现出试题与教材文本的密切关联。这一情况也出现在2019年高考试题中。2019年全国高考Ⅰ卷文学类文本《理水》第8题，"鲁迅说'我们从古以来，就有埋头苦干的人，有拼命硬干的人，有为民请命的人，有舍身求法的人，……这就是中国的脊梁'。请谈谈本文是如何具体塑造这样的'中国的脊梁'的"。引述的这段话出自初中课文《中国人失掉自信力了吗》，引导考生进入文本，关联新旧知识和阅读经验，在新的文本情境中，用习得的认知去评价、判断"禹"这个形象。

4. 由文本向外，与同一作家的不同文本或不同作家类似风格的文本关联对比。

比如，福建省 2021 年关键问题推送卷（二）《大河上下碎碎念》第 9 题，"朱自清《荷塘月色》中写道：'这一片天地好像是我的；我也像超出了平常的自己，到了另一世界里。'与文章画横线句子相比，二者在表情达意上有何异同之处？请结合作品简要分析"。此处用同一作家的不同作品组合群文，引导学生联系课内外阅读、思考，不仅营造出真实阅读情境，还能考查出学生的阅读素养。

5. 以相关文艺或文学理论为支点，让考生置于学科认知情境中。

比如《越野滑雪》第 9 题，"海明威的'冰山'理论将文学作品同冰山类比，他说：'冰山在海面移动很庄严宏伟，这是因为它只有八分之一露在水面上。'本小说正是只描写了这露出水面的八分之一。请据此简要说明本小说的情节安排及其效果"。命题者将相对抽象的文学理论术语化解在题目相关阐述中，并以此为认知支点，引导学生走进相关学科认知情境。

6. 考查依托具体情境的学科"必备知识""关键能力"。

2020 年全国Ⅰ卷第 8 题"两人在喝完酒离开客栈前有一段一再相约的对话，请结合上下文分析对话者的心理"。这道题考查的是分析聚焦特定场景的人物心理（显性、隐性）的能力。首先，要锁定阅读范围；其次，要聚焦相应的对话；第三，要从人物对话中，从文本直接叙述、直接描写、间接描写三条路径分析人物的显性和隐性心理。

2022 年全国甲卷文学类文本阅读文本一《支队政委（节选）》（王愿坚），文本二《长征：前所未闻的故事（节选）》（［美］哈里森·索尔兹伯里）。第 9 题"这两个内容相近的文本文体不同，因而艺术表现也有差异。请比较并简要分析。"这道题指向对文体特征这个"必备知识"的考查，也融合"比较"和"分析"的关键能力，且提供了两个文本的情境。文本一是小说文体，可虚构，用场景、言行等塑造老胡的艺术形象。文本二是纪实性文学作品，以采访、回忆录等为基础，来塑造陈毅形象。文本一生动形象，文本二平实简洁。这道题也呼应"文学阅读与写作"的内容要求，即根据不同文体的不同艺术表现方式，从语言、形象、构思、意蕴、情感等多个角度欣赏作品。"艺术表现"，是指在艺术本体层面的表现，可从文体、情节、语言、人物形象、艺术手法、环境表现等角度展开思考。它强调对表现手法的考查，将成为未来高考文学作品测试的一个可开拓的空间。近年来，小说、散文等的专业知识正逐步走进高中语文课堂。就小说知识而言，已经突破了"三要素"的束缚，矛盾冲突、叙事视角（包括多视角转换）、重复叙事、横断面叙事、时距、节奏等内容已进入中学师生的视野。同时，追求专业阅读的小说创作以及鉴赏理论，也成为人们关注的内容。2020 年全国高考 I 卷《越野滑雪》，考查了"冰山"理论在小说情节安排上的体现以及艺术效果。就 2021 年高考卷而言，如《秦琼卖马》可以考查"矛盾冲突""时距""叙事节奏""细节暗示"等，《石门阵》则可以考查"对话艺术""虚实相生""多重虚构""多层次审美效果"等。2022 年新课标 I 卷《江上》，有一道题是这样表述的："渔夫拒剑是一段广为人知的历史故事，渔夫是一位义士，明知伍子胥身份而冒死救他渡江，拒剑之后，更为了消除伍子胥的疑虑而自尽。本文将渔夫改写为一个普通渔人，这一改写带来了怎样的文学效果。谈谈你的理解。"这道题在文本比较情境中考查必备知识——文学效果，应该是文学审美层面的效果，可从形象（人物）、意蕴（主题）、情节、语言、构思（结构）等层面展开思考。

最后，针对高考文学类文本阅读如何解题，我提几点建议：第一，转变应试观念，注重必备知识的积累与关键能力的培养；第二，考虑到题型的多样化，应理解、适应、训练题型的变式；第三，"文学类文本"阅读"棘手"是因为除了文本，还有题目，应多研究题目，发现规律；第四，建构完整图谱，不留知识盲点，即讲了什么、如何讲的、讲得如何。

三、关于"答题"

答题时要对考题考查方向有基本了解：领悟作品表达的感情、思想和观念；从不同角度和层面发掘文本反映的人生价值和时代精神；掌握常见文学作品的基本特征、一般体例和主要表现手法；合理分析、评价作品的表达效果和思想艺术价值；了解文本建构和文本理解所涉及的复杂因素（如作者的倾向与意图、作品的语言与形式、赏析角度等）；把握文章整体结构、段落结构、段与篇的逻辑关系、段与段之间的关系。

我们从"言之有序""言之有理""言之有据"三个方面进一步分析"答题"。

1. 言之有序。在答题时能准确审题，并根据题目要求，展开富有针对性的思考，并能明确答题角度，合理安排答题各个要点，分点作答，呈现出言之有序的答题景观。

2. 言之有理。所谓的"言之有理"是指考生的答案能根据题目要求，立足题目创设的情境，在题干设问的特定范畴中展开富有针对性的回答，立足于文本内容，规避无效的分析，在言简意赅的表述中凝聚考生思考的成果。

比如针对2022年新课标 I 卷语文试题中第8题，有学生后来回忆是这样答题的：（1）感到宁静。子胥初上船时，在无言中感到空气清新，江水温柔，心绪宁静平和；（2）重燃仇恨。子胥望着滚滚江水，回想起郧城、父兄，再一次燃起了对郧城王公害死自己亲人的刻骨仇恨；（3）深受感动，体味柔情。子胥再看渔夫，感动于他的歌声，感谢其为自己引渡仇恨，放下仇恨的他，感受到与渔夫相处的柔情。这个答案十分到位，无论是三个要点中对应的所提炼的"宁静""仇恨""柔情"等思绪关键词，还是每个要点依据思绪所展开的分析，都十分有道理，合乎答题的理性意识，处处说到了实处。

3. 言之有据。答题要立足于对题干内容、层次逻辑及设问指向的准确理解，要依据文本内容展开富有根据的表述，要言之有据，言之有物。

2022年新高考 I 卷试题中第4题"请结合材料一对这一现象加以分析"，第5题"请结合材料谈谈你的看法"，第8题"请结合文中相关部分简要分析"，第16题"请结合内容简要分析"，第19题"请结合材料简要分析其表达效果"，都较为明显地体现出试题对于答案的具体性与依据性的侧重。

比如针对2022年新课标 I 卷语文试题第9题，我们可以这样作答：（1）将渔夫改写为普通渔人，使渡江情节保留，使故事具有一定的真实性，利于展开伍子胥的江上思考，为送剑铺垫；（2）渔人不知伍子胥身份，疏散于云水之乡的世界与伍子胥血的仇恨形成对比，更显淳朴状况，反衬子胥使命重大；（3）因不懂子胥话意拒剑，更能为伍子胥带来心灵宁静与慰藉，减轻原义士故事悲剧壮烈，增添舒缓安宁效果。答案每个要点都能找到文本的依据，言之有据，有分析。

此外，答题要避免一些误区。比如要点不全、答非所问。针对2022年新课标 I 卷第8题，有学生回忆在考场上是这样作答的：（1）先写子胥过昭关后，心情豁然开朗；（2）接下来写子胥听人们议论季札之事，引发子胥沉思；（3）再写子胥听着歌声，被感动地上了船；（4）后写子胥望着江水，回忆往事与故人；（5）又写子胥对恩人渔夫的感激，并且希望时间慢一些；（6）最后，渔夫离去，留下子胥站在江边，心中泛起淡淡忧愁。答案（2）和（6）虽然答出"感动""忧愁"，但答案内容超出"舟行江上"相关部分，不会得分。有些还存在答案宽泛、表达空洞、套路化作答痕迹明显等不足。比如针对2022年新课标 I 卷第9题，有人这样回答：（1）本文在已有的历史故事基础上进行改编，拉近与读者的亲切感。更加引人入胜。（2）本文将义士渔夫改写为普通渔人，更好地表达了文章中心思想，使文章清新脱俗；（3）本文的改写透出隐逸、自由，与伍子胥使命在身、逃亡形成鲜明对比和衬托，升华文章主旨。该题答案（1）（2）泛泛而谈，有明显的套作痕迹。

（本文为受福州四中、古田一中、长乐一中邀请，为高三学子开设讲座的讲稿）

善用教材助读系统，有效落实深度学习

——以七年级上册《猫》为例

助读系统是初中语文教材不可缺少的组成部分，是重要的课程资源。从功能上来说，它能为学生多角度、多侧面、深层次理解课文提供帮助；从构成上来说，它主要由课前"预习"、课文注释，课后"思考探究""积累拓展"等元素组成。目前一线教师对教材助读系统的解读与利用尚存在不予重视、生搬硬套、未加转化等问题。我们应善用助读系统，为学生提供基于学情而富有挑战性的学习任务，吸引学生主动参与文本意义的建构，获得进阶的学习经验，使得深度学习化为真实的学习行为。本文以郑振铎《猫》为例，从整合预习任务、完善注释内容、"改造"课后习题等三个层面，阐述教材助读系统的实施路径。

一、整合预习任务，提高自主探究能力

预习是学生在正式进入课文学习阶段的前置准备活动。叶圣陶曾多次强调预习的必要性，"他们经过了自己的一番探索，或者是略有解悟，或者是不得要领，或者是全盘错误，这当儿再来听教师的指导，引入与理解的程度一定比较深切"①。预习离不开教师的指导，"学生拿了一篇文章来预习，往往觉得茫然无从下手。教师要训练他们去参考，指导他们去思索，最好给他们一

---

① 叶圣陶. 叶圣陶语文教育论集［M］. 北京：教育科学出版社，2020：7—8.

种具体的提示"①。部编初中语文教材在精读课文部分给学生提供预习任务，教师可整合预习任务，引导学生展开自主探究。

针对《猫》，教材编写者设计了两道预习题。第一道题是"一个爱猫的家庭最终'永不养猫'，其间发生了什么事情？带着这个问题去读课文，注意梳理文章的思路，特别是'我'思想、情感的前后变化"。这里的预习题能引导学生基于问题展开对课文情节脉络的积极探索，并提示学生注意把握相关的阅读方法，有助于培养学生良好的阅读习惯。但是学生在完成此题时可能会在清晰捕捉预习中心任务方面存在一些困惑。我们可通过整合预习任务来提纯预习题指向的学习方向，引导学生概括相关情节。预习问题的设计是有讲究的，"要科学合理，不能太空，也不能太多"②。另外一道预习题是"郑振铎善于写'平平淡淡的家庭琐事与脉脉温情中轻笼的哀愁'，主张文学作品要'质朴''真率'。阅读课文时，要注意这个特点"。这道预习题提示学生自读时要注意把握作者的创作风格与文学追求，有助于开阔学生阅读视野，为学生自学课文提供审美价值属性层面的指导，预习任务如若更具体些更易于学生把握。我们可以对这两道预习题做一些整合，一方面先提示学生作者善于在质朴直率的笔调中书写家庭琐事，进而引导学生梳理文中一家人由爱猫到"永不养猫"所经历的相关情节，尝试概括；另一方面紧扣学情，让学生从生活中的猫说起，促使个人体验情境与文本认知情境对接，启发学生去分析作者在平平淡淡家庭琐事中以质朴文字描写的三只猫的形象，写出自己的自读发现。

---

① 叶圣陶. 叶圣陶语文教育论集 [M]. 北京：教育科学出版社，2020：8.

② 顾晓白. 帮助学生养好良好的预习习惯 [J]. 中学语文教学，2010 (11).

教材中的"预习"任务	整合后的"预习"任务
1. 一个爱猫的家庭最终"永不养猫"，其间发生了什么事情？带着这个问题去读课文，注意梳理文章的思路，特别是"我"思想、情感的前后变化。 2. 郑振铎善于写"平平淡淡的家庭琐事与脉脉温情中轻笼的哀愁"，主张文学作品要"质朴""真率"。阅读课文时，要注意这个特点。	1. 郑振铎善于在质朴、真率的笔调中写平平淡淡的家庭琐事。在这篇小说中，一个爱猫的家庭最终"永不养猫"，其间发生了什么事情？请你梳理文章的思路，尝试概述相关的情节。 2. 在你的印象中，猫是怎样的？作者笔下的猫与你印象中的猫有何不同？请你带着这个问题默读课文，边读边思考，写出自己的发现。

二、完善注释内容，深化审美认知

教材中的注释是为了适应教学实际需要而设计的，其基本功能是帮助学生理解课文。为了深化对课文的审美认知，我们可以通过扩展已有注释、垦拓注释条目等策略，完善注释内容。

（一）扩展已有注释

课文注释"一是关于文章、文学常识的介绍，包括作家、作品、文体、背景等基本知识；二是对生字、生词、语句及引证的古诗、古文等做的注音、解释；三是课文中涉及的关于历史、地理、人物、事物等知识的说明介绍"[①]，其中涉及对作品作者介绍的注释往往放在课文注释之首。那么对其应如何注释呢？笔者认为可从以下四方面做进一步思考：一是不能含糊了之；二是应体现对相关学习的要求，不能仅仅满足于呈现一般常识；三是不能一味追求注释之简洁而不顾及注释内容的饱满；四是应在一定程度上开阔学生的视野。教材第 96 页注释①，呈现了编写者对于作品作者的介绍——"选自《郑振铎选集·上册》（福建人民出版社 1984 年版）。郑振铎（1898－1958），笔名西谛，福建长乐人，作家、翻译家、文学史家。"该注释为学生提供了课文

---

① 马章荀. 怎样利用课文注释进行教学 ［J］. 中学语文教学，1998（1）.

《猫》的出版信息与作者介绍，方便学生扩充阅读视野，从笔名、籍贯、身份等角度简要介绍了郑振铎相关情况，有助于学生整体把握作家。但是，从教材建设角度来说，此处注释在明确课文文体、揭示课文具体出处、介绍作家创作特色等方面还可完善。

在中国现代文学谱系中，以家庭为观照对象的作品，往往或基于社会历史视角展开对各种家庭问题的批判，或在家庭空间中聚焦新一代成长与叛逆，或以家庭为载体实现对民族品性的审视。郑振铎的家庭题材小说不是这样的。按照郑振铎所说，《家庭的故事》"从那几篇的故事中或可以略略看出这个神秘莫测的将逝的中国旧家庭的片影吧"①。学者陈福康认为，这部小说集"描绘了其中一系列人物的'积影'"②。在《风波》《书之幸运》《三年》《元荫嫂的墓前》《三姑与三姑丈》等作品中，作者或在对小资产阶级单调平淡生活描写中寄寓有关人性、人生问题等思考，或呈现对旧家庭婚姻问题的思考，或描绘封建宗法家庭中的人情世态并探索人物悲剧命运根源。对于家庭生活，郑振铎既有沉潜思索也有依依眷恋，他说"我对于旧家庭，旧人物，似乎没有明显的谴责，也许反有些眷恋"③。1920年郑振铎和沈雁冰、叶圣陶、王统照等人发起成立"文学研究会"，提倡"'为人生'的现实主义文学"，号召作家要蘸着"血"和"泪"来写社会和人生，他坚持文学的本体性，"又把文学的本体性主要落实在人的感情问题上"④。郑振铎还是著名学者，学识渊博，涉猎广泛，具有深厚的文化底蕴，他的代表作有《插图本中国文学史》《中国俗文学史》等。了解到如上的信息后，我们就可以扩展课文注释内容，明确文体，明确课文的具体来源，通过对《家庭的故事》的简要介绍引导学生从互文角度加深对《猫》的理解，让学生了解郑振铎文学创作主要特色。据此，我们可以这样扩展课文中注释："选自小说集《家庭的故事》（《郑振铎选集》上册，福建人民出版社1984年版）。在《家庭的故事》中，郑振铎对于旧式

① 郑振铎. 郑振铎选集（上册）[M]. 福州：福建人民出版社，1984：133.
② 陈福康. 郑振铎论（修订本）[M]. 上海：上海外语教育出版社，2017：293.
③ 郑振铎. 郑振铎选集（上册）[M]. 福州：福建人民出版社，1984：134.
④ 朱文华. 郑振铎对"五四"新文学运动的理论贡献——纪念郑振铎先生诞生一百周年 [J]. 文学评论，1998（6）.

家庭生活既有沉潜思索也有依依眷恋。郑振铎（1898－1958），福建长乐人，现代著名作家、学者，与友人发起成立'文学研究会'，提倡'为人生'的现实主义文学，追求真率、质朴的文风，学识渊博。他的代表作有《插图本中国文学史》《中国俗文学史》等。"

（二）垦拓注释条目

顾黄初指出助读系统"其实质内容就是对学习的要求、重点和方法的提示，对某些难疑问题的诠释、对相关资料的引述等"[①]。作为助读系统重要构成部分的注释，应发挥应有的功能。一方面，我们要巧妙利用现有的注释展开教学；另一方面，为了解决学生可能存在的疑惑，明确教学内容，我们可通过垦拓注释条目的方式深化相关理解。

课文《猫》第十二段"于是这个亡失证实了。三妹很不高兴的，咕噜着道：'他们看见了，为什么不出来阻止？他们明晓得它是我家的'！"，表现了三妹对于邻居冷漠麻木行为的不满。但学生们大都对"咕噜"缺乏字义的理解，只是将其视为不高兴的情态。我们可增加注释条目，对此处的"咕噜"进行注释——"咕噜：动词，小声说话（多指自言自语，并带不满情绪）"。垦拓了此项注释，学生就会发现此处三妹是小声说话且自言自语地表达不高兴的情绪，表达对邻居的不满。三妹为何小声说话、自言自语？她为何不直接与家人交谈，面向众人发表自己的看法？是因为三妹还是个儿童，儿童遇到一些不开心的事本来就习惯自言自语。心理学家维果斯基曾提出"儿童私语"，将外显的自言自语视为儿童语言发展所经历的阶段之一，指出当儿童焦虑不安、面对难题、沉浸在幻想世界时会表现出自言自语的行为。我们可以融入跨学科的知识来深化学生对此处三妹形象的理解，第二只猫亡失后三妹不仅很不高兴，还有些焦虑不安，面对突然而至的悲剧，她在表达对邻居不满的同时甚至还试图通过疑问来幻想邻居解救小猫的场景。分析到此，学生们就能更为深刻地把握作者质朴、真率的创作风格，加深对三妹形象的认识。

---

① 顾黄初. 语文教材的编制与使用［M］. 南京：江苏教育出版社，1996：30－31.

三、"改造"课后习题，培养高阶思维

郑振铎《猫》"看似闲散之笔，均为匠心安排"[①]，"写得那样情深性挚，哲思醒人，确实值得人们再三玩味"[②]。教材课后习题从理解文本、积累梳理语言材料、课外拓展延伸等三个维度，着力落实相关语文要素，注重对课文内容与形式展开思考、探究。为了更好地运用课后习题，我们可对它们进行"改造"，进行"二次开发"。接下来从三个方面来谈如何对课后习题进行"改造"。

（一）让"概括"更加有效

教材课后习题"思考探究"第一题，先是用简洁的语言介绍三只猫，"作者笔下的三只猫，特点不同，命运各异"，为学生提供认知写作对象的宏观支架，接着要求学生运用默读和摘录等阅读方法对三只猫的特点进行概括。为了便于学生实施整合，教材编写者还特意设计了包括来历、外形、性情、在家中的地位、结局等多角度的表格，并且给予一定程度的示范，以具体直观的形式强化概括内容的指向。但是由于所概括的内容，均可以在文中直接找到，习题较为简单，属于学生一望可知的内容。根据该单元实际，应引导学生在默读、摘录的方法下通过理清课文思路学会概括相关内容，该习题对理清思路之于概括内容的路径支撑作用缺乏必要的介绍。此外，既然是概括三只猫的特点，那么是否有必要为学生提供诸如来历、外形、性情、在家中地位与结局等角度的信息，也是值得商榷的。因为，按照康德、皮亚杰、鲁墨哈特等人的观点，阅读是通过同化与顺应不断修正、丰富学生语感图式的过程，我们应定位到阅读者原有的认知图式进而进行相关的补充、丰富和修正。具体到该题中三只猫的特点，学生认识图式无非就是外在特点与内在特点，我们命题追求的不是随意改变学生的认知图式，而是通过引导使得学生原有

---

① 赵俊怡. 行文中的不平淡，哀愁背后的觉醒——探寻郑振铎《猫》的文本密码 [J]. 语文学习，2020（2）.

② 黄科安. 郑振铎散文探赜 [A] //郑振铎百年诞辰学术研究会. 郑振铎研究论文集 [C]. 福州：海峡文艺出版社，1998. 146.

认知图式在与阅读课文新知识的相互联系中得以完善——在这里指的是学生对三只猫特点的深刻理解。我们还可以结合国外阅读理念进一步思考如何有效引导学生学会概括。PISA 阅读素养指标包括访问和检索信息，整合和解释信息，反思和评价文章等，强调要利用文本信息，参与文本意义的构建。从这个意义上说，为了展开有效的概括，培养高阶思维，我们还要兼顾在习题训练中引导学生学会在概括中参与文本意义构建，学会知识的运用与迁移。基于以上考虑，笔者对教材中的习题进行了二次开发。

教材中的原题	二次开发后的习题
作者笔下的三只猫，特点不同，命运各异。默读课文，直接摘录或者自己概括相关内容，填写下表（表格略）。	郑振铎在这篇小说中虚构了三只猫，请在梳理课文情节脉络的基础上，概括这三只猫的形象，并且根据三只猫的形象特点给它们取名。

（二）让"分析"更加真实

教材课后习题"思考探究"第二题，先是呈现蕴含三只猫或亡或失后"我"思想感情的三句话，随后要求学生分析这三句话对文章结构的作用。该习题试图将赏析关键语句与揣摩艺术构思融合起来，将对语句的分析置放在基于结构思路的整体阅读空间且暗含比较辨析意味，为学生提供了一个富有挑战性的学习任务，激发学生积极参与。但是为了促使相关分析更加真实，我们要多关注学情：《猫》写的是家庭琐事，但叙事结构层次多变，学生并不容易把握到文章的结构特征；学生对那三句话在文章结构上的作用，理解起来也有难度；学生更加关注那三句话体现出的丰富情感。语文阅读习题应着眼于为学生与文本相关内容的有效对话，提供既明确又自由的思考空间，从而助推学生真实分析的深度成长，要贴合学情，不要在习题设问中过多束缚学生的分析思维。叶圣陶曾一再强调务必要启发学生能动性，引导他们尽可能自己去探索。吕叔湘曾反复叮嘱我们关键要使学生的学习由被动变为主动。那么，如何在课后习题中激发学生能动性，促进他们的主动学习？应从测评对象特点出发，挖掘最有考查价值的地方，确保相关的分析能真实契合文本特点；从学情出发，贴合学生的认知特点，测评所需的分析能与学生面对语料时的真实分析理路相通，凸显习题的亲和力。基于这些思考，我们从品味关键语句、体会作者思想感情以及把握三次养猫经历中"我"的情感波澜的角度出发，对习题进行二次开发，让分析更加真实。

教材中的原题	二次开发后的习题
第一只猫死后，"我"安慰三妹说："不要紧，我再向别处要一只来给你。"第二只猫丢失后，作者写道："自此，我家好久不养猫。"第三只猫死后，作者写道："自此，我家永不养猫。"这三句话在文章结构上起到什么作用？	第一只猫死后，"我"安慰三妹说："不要紧，我再向别处要一只来给你。"第二只猫丢失后，作者写道："自此，我家好久不养猫。"第三只猫死后，作者写道："自此，我家永不养猫。"从这三句话中，你读出了作者哪些情感和情感的变化？

（三）让"拓展"更加明晰

教材课后"积累拓展"第二题，先是简要介绍了猫与人类的关系，"猫是与人类关系亲密的一种动物，人们常通过写猫，表达丰富的人生体验"，随后为学生提供了相关的课外阅读作品并下达了联读的任务——"课外阅读夏丏尊的《猫》、靳以的《猫》和王鲁彦的《父亲的玳瑁》，与课文比较，体会这些文章中作者表达的思想感情"。该习题以"猫"为线索，引导学生由课文阅读拓展到课外阅读，在联读中深化对文学作品中猫的审美空间的感知与理解，围绕着作家创作中经由猫展开的抒情内容这一核心知识，在知识运用与迁移中体会人与动物的情感关系。此外，还为学生提供阅读策略——用比较的方法来体会作者要表达的思想情感。

这里既然是"拓展"且提供了相关文本，本应对这些文本做些基本介绍以便学生从整体预知层面直观寻找文本之间的关联，推动联读的互文效果，可是该习题只是呈现了课外阅读篇目未对文本信息作最基本的介绍。法国学者克里斯蒂娃提出"互文性"，强调文本之间的联系和转换。联读是一种互文性的阅读。如何引导有效的联读？需要为学生提供相关文本的基本信息，进而促使学生展开相关的阅读联想，把握文本之间的关联。既然拓展的是现当代作品中作家的审"猫"情感，我们不妨以夏丏尊《猫》、靳以《猫》、老舍《猫》为例。夏丏尊《猫》刊于《一般》第二号，作于 1926 年 10 月。夏丏尊的散文善于撷取生活或事物的片段，描写既具体形象又简洁准确，于平凡细微处蕴含深长隽永的意味。他的《猫》围绕猫写人的聚散悲欢，猫是联想往事、联想亲人的媒介，后来猫又成了死者的纪念物，猫被野狗咬死后，最终失去了忆念亲人的重要载体。这篇散文表现了旧时代一个家道中落的普通人家的温暖与辛酸。靳以《猫》作于 1936 年 3 月。靳以是现代著名作家和编辑家，"起初由于个人感情生活受到伤害，心情不好，又酷爱俄国作家陀思妥耶夫斯基的作品，作品带着一种忧郁的调子"①。靳以《猫》也写了三次养猫经历，但无论是第一只猫在温和驯良中变得衰老，第二只猫亡失带给"我"的怅惘，还是第三次养猫中大小猫的分离以及两只小猫带来的累赘与悲哀，靳以抒发的大都是忧郁与悲伤。老舍《猫》发表于《新观察》1959 年第 16 期。老舍在这篇散文中用幽默的文字描写猫古怪的性格和满月时的淘气可爱，字里行间流露出作者对猫的喜爱之情。我们据此可以分别用一句话简要介绍拓展的文本内容。此外，教材中习题不仅要求学生阅读相关拓展文本，而且还要求将其与课文比较，这无疑叠加了阅读任务的难度，不妨简化任务指令，考查学生借助课文学习经验有效阅读拓展文本的能力。习题中"体会这些文章中作者表达的思想感情"固然属于阅读评价，但由于作者表达的丰富情感不易被明晰把握，不如换一个角度，参考该单元"学会概括文章的中心思想"学习目标，从概括中心思想这个角度实施相关考查。基于以上设想，我们可对教材中该习题进行二次开发，使其相关的拓展更加明晰。

教材中原题	二次开发后的习题
猫是与人类关系亲密的一种动物，人们常通过写猫，表达丰富的人生体验。课外阅读夏丏尊《猫》、靳以《猫》和王鲁彦《父亲的玳瑁》，与课文比较，体会这些文章中作者表达的思想感情。	猫是作家创作的重要素材，常被借以表达丰富的人生体验。夏丏尊《猫》围绕猫写人的聚散悲欢，靳以《猫》用忧郁的笔调写三次养猫的经历，老舍《猫》把猫的性格写得古怪。请你课外阅读这三篇文章，在理清思路的基础上概括文章的中心思想。

---

① 南南. 从远山的冰雪中走来·靳以纪传［M］. 太原：山西人民出版社，1999：286.

总之，在目前大单元、大任务等教学新理念尚需实践检验的背景下，从教材课程资源出发，通过对助读系统的转化与优化，我们可整合预习任务以提高学生自主探究能力，完善注释内容以深化学生对课文的审美认知，"改造"课后习题以培养学生的高阶思维，充分发挥教师的主导性与学生的主体性，进一步遵循"用教材教"的语文教学规律，有助于真正落实深度学习的生成。

（本文发表于《语文建设·上半月》2024 年第 8 期）

后　记

这是我的第一部语文专著。收录的文章，最早的一篇写于 2011 年暑期，最晚的一篇写于 2024 年春天。这部书稿，算不上是体例完整、内容系统的专著，而是汇聚我十余年有关语文教学教研的思考。其中有些文章发表在《语文建设》《中学语文教学》《中国教育报》《文艺论坛》《语文学习》《中学语文教学参考》《福建教育》《福建基础教育研究》《教育评论》等期刊，在这里我要感谢这些期刊的编辑朋友，是他们为我提供了展示和交流的平台。我不敢说本书的内容有多么深刻，但可以说篇篇文章都是我基于真实的实践或观察而写就的。

翻看着书中的不少文章，思绪又回到了当时写作的情境。2011 年暑期，解读陈日亮老师《我即语文》，深深为日亮老师的教育情怀所打动。2012 年春天，写那篇谈"片段教学"的文章，是对自己参加学校青年教师技能比赛决赛失利的"复盘"与"反思"。2013 年夏天，带完我第一届高三学生后，我静下心来思考有关课堂效率的话题并转化成文字。2014 年暑期参加福建省高中语文教师远程研修，面对不得不完成的作业，转化心态，将其视为学习的资源与深造的平台，认真完成的作业被评为优秀。2016 年左右，任教初中的我，对经典文本如何审美、作文教学如何情境化产生兴趣，边教边想边读，后来写成了那两篇谈民俗题材文本审美和中学作文教学情境敞开空间的文章。2016 年炎夏之际，受邀为学校网校开设语文精品课，每一节课时间短，只能讲一个小专题，不仅要全力以赴还需"上镜"。那时语文界似乎还未盛行"专题"，可是我为那些上课的学生们精心准备了教材文本的微专题系列解读，效果居然不错。2016年腊月，有一次观摩《项羽之死》"同课异构"课，既有触动也有另外的思考，索性就将其沉淀成了一篇文章。2017年和2018年冬，我连续受邀开设省级公开课，不刻意求新求异，从学情出发，紧扣文本而教，明确课堂主问题，引导学生走向深度阅读，公开课获得好评，后来我以此为基础结合相关材料写成了解读《赤壁赋》《项脊轩志》的论文。2020年我执教高一，对统编高中语文教材算是边教边学，那时专家们对教材实施的介绍多是宏观的，我想从教学中探寻，一边进行相关文本解读一边努力做些学理探讨，对《哈姆莱特》《中国建筑的特征》《在〈人民报〉创刊纪念会上的演说》三篇课文的解读以及对学习任务群与群文阅读内在关联的辨析，大体都写于那段时间。其他文章都是写于我调入福建师大文学院之后。有一篇文章，是在"立德树人"任务下展开的对《与妻书》教学的思考，成稿于2021年暑期，写得有些冗余，虽不太满意，但依然把它编入这本书中，我想它或许可以给读者朋友们带来一些感想。后来我进一步提纯对《与妻书》的解读，从语脉和语言角度进行分析，文章发表在《中学语文教学》。2022年5月，我接到邀请，写一篇解读最新颁布的义务教育语文课标的文章，由于我之前就在"语文课程与教学论"这门课授课时为学生系统介绍过2011年版义务教育语文课标，对课标十分熟悉，所以就有了将新旧课标相比较的想法，不到十天就把论文初稿写出来并及时发表，反响很好。也是在2022年，我接到邀请，评一节课，当时还在疫情期，我感染了新冠肺炎，但不好意思拒绝责编的热情相邀，忍受着病痛，看课堂录像、写评课手稿，还用新学到的技术给自己录了评课视频，大家看到的那篇点评《雷雨》课例的文章就是当时评课的手稿。2022年秋冬之际，我被学院推荐参加学校课程思政教学比赛，备赛时对课程思政做了不少阅读，虽然只拿了三等奖，但那篇谈论课程思政视域下语文教学设计四大维度的文章体现出我那时的认识。2023年春节过后，有感于对"大单元"纷扰的争论，我系统阅读了相关材料，也调研了一线教学中"大单元"实施情况，完成了相关论文的写作。2023年夏，我在外地出差，忙完手头事后，有将近半个月的自由时间，利用这段时间，我从早到晚沉浸在阅读孙绍振老师著作、论文的氛围中，加上之前已经积累的文献材料，我把一直想写的评论孙绍振老师文本解读的文章写了出来，后发表在《文艺论坛》，也得到了孙绍振老师的肯定与鼓励。也是在 2023 年，11 月份我有幸成为福建师大优秀教师先进事迹宣讲团成员，为全校师范生宣讲全国高校首批黄大年式教师团队"两岸文学教育与交流教师团队"领衔人孙绍振的先进事迹，那篇《他是一道奇丽的风景》正是宣讲讲稿。福建师大文学院一向注重与八闽大地各中小学保持交流，2023 年我先后受到福州四中、古田一中、长乐一中等学校邀请，为高三学子开设讲座，那篇谈高考文学类文本阅读"三解"的文章其实是讲座稿。在指导福建师大文学院汉语言文学师范专业学生和学科语文研究生钻研教材的过程中，我产生了研习教材助读系统的想法，想提醒一线教师时时刻刻不应忘记对教材的钻研与使用，最近在《语文建设》发表的那篇《善用教材助读系统，有效落实深度学习——以七年级上册〈猫〉为例》论文正是带着这样的初衷与目的。

这部论文集，既是对我这十余年走过的语文教研之路的回顾，也是还原本书收录的文章的写作背景。2010 年硕士毕业后我入职福州一中，在这所百年名校教了十一年语文，教过高中也教过初中。福州一中语文教研组"守正创新"的理念深深影响了我，语文组大家庭温馨民主的氛围成为我难忘的记忆。德高望重的陈日亮老师更是给了我太多的关爱与指导，让我感动，从他那里我懂得了语文教师应尊重学科特点、遵循学情、多阅读，自觉以厚重的学养体验语文和表现语文，要重视对学生语文学习状态的观察与调研，要锤炼教师课堂语言，课堂要与学生有积极有效的互动，要"以心契心""以文解文""以言传言"。

2021 年我调到福建师大文学院语文教学与写作教研室，面对的现实是完成中学教师到高校教师的"转型"。教研室主任冯直康老师如兄长般待我，在工作上和生活上给我提供了很多指导和帮助，使我顺利地适应了高校工作。教研室的同事们也都很体贴热心，让我能更有序地开展教学教研工作。文学院领导亲和有为，学院工作氛围十分民主融洽，这使得我能进一步坚定对语文教育的探索与研究。

感谢孙绍振老师在百忙之中为本书作序。孙老师学识渊博、著述等身，他是我国著名的文艺理论家、语文教育家，是福建师范大学文科资深教授。他既是高瞻远瞩、深谋远虑的智者，又是一员高举旗帜、闯关抢隘、冲锋陷阵的骁将。他不仅勇于批判，还注重积极建构，新世纪以来他将主要精力放在文本解读以及文本解读学建构上，出版了一系列著作，影响巨大。孙老师对于中国语文教育的弊端有着很确切的诊断，对其背后原因也给予明确的揭示。不仅如此，他还有很多良方与行之有效的具体对策。博闻强记、才华横溢、机智雄辩的孙老师，面对晚辈是仁厚、亲切、慈爱的。我几次拜访他，他思维催动着语言，雄辩簇拥着思想，幽默洋溢着机智，热情蕴含着慈爱，总是不乏对我的肯定与鼓励，让我充满力量。

最后，我要感谢我的家人。面对我整天的忙碌，他们理解我、支持我，让我少了很多现实的焦虑，让我感受到家庭的温暖。

人到中年的我，借用孙绍振老师的话是"正值壮年"，我将会继续立足实践，在语文教研的道路上毅然前行，也期待会有更多的积淀与收获！

2024 年 8 月 17 日，于长安山下逸夫楼